U0360244

意义与语力

Les Enoncés performatifs

施为话语
语用学

【法】弗朗索瓦·雷卡纳蒂 著

刘龙根 杨丽 译

上海交通大学出版社
SHANGHAI JIAO TONG UNIVERSITY PRESS

内容提要

本书为法国语言学家弗朗索瓦·雷卡纳蒂所著《意义与语力》的中文译本,原著公认为对语言哲学做出了新的重大贡献。作者首先驳斥了奥斯汀、塞尔等言语行为理论家的两个核心观点:①言语行为本质上具有规约性;②能够在句子层面使语力充分显化,亦即语力的领悟是对语言意义的解码。作者认为,任何话语均无法借由语言意义得以充分理解,而唯有语境推论能够提供完备的理解框架。在论证中,作者阐释了语用学与言语行为理论中的诸多重大论题,包括会话含义表达式、以言行事语力的分类、施为性与述谓性的区分、语言的非字义性用法、可表达性原则,以及规制性与交际性以言施事行为的区别等。本书适合语言哲学研究者及爱好者使用。

图书在版编目(CIP)数据

意义与语力:施为话语语用学/(法)弗朗索瓦·
雷卡纳蒂(Francois Recanati)著;刘龙根,杨丽译
.—上海:上海交通大学出版社,2022.10
  ISBN 978 - 7 - 313 - 27048 - 1

Ⅰ.①意⋯ Ⅱ.①弗⋯②刘⋯③杨⋯ Ⅲ.①语用学
—研究 Ⅳ.①H03

中国版本图书馆 CIP 数据核字(2022)第 117159 号

上海市版权局著作权合同登记号:09 - 2021 - 958

意义与语力——施为话语语用学
YIYI YU YULI ——SHIWEI HUAYU YUYONGXUE

著   者:【法】弗朗索瓦·雷卡纳蒂   译 者:刘龙根 杨 丽
出版发行:上海交通大学出版社   地 址:上海市番禺路 951 号
邮政编码:200030   电 话:021 - 64071208
印   制:上海万卷印刷股份有限公司   经 销:全国新华书店
开   本:710mm×1000mm 1/16   印 张:18
字   数:239 千字
版   次:2022 年 10 月第 1 版   印 次:2022 年 10 月第 1 次印刷
书   号:ISBN 978 - 7 - 313 - 27048 - 1
定   价:128.00 元

版权所有 侵权必究
告读者:如发现本书有印装质量问题请与印刷厂质量科联系
联系电话:021 - 56928178

中译本前言

我于 1978 年完成了关于所谓"显性施为语"的博士学位论文,这是本书的第一个版本。第二个版本同第一个版本一样用法文撰写,于 20 世纪 80 年代初以《施为性话语》为名由法国午夜出版社出版。数年后该书翻译成英文,由剑桥大学出版社出版。在这个中文译本中,我吸收了在英文版中所做的修改,其中包括增加了第 7 章,这一章基于我(1986 年发表在《心智与语言》杂志上)的论文《论交际意向的界定》而写。

刘龙根教授毅然承担重任,将我的大部分学术著作翻译给中国读者。我对他的率先之举与艰苦工作深表谢意。我很高兴他决定将我这本最初用法文撰写的早期著作纳入他的翻译计划之中。在过去几年里,言语行为理论再次引发了广泛兴趣,本书阐述的论题又一次成为学界关注的焦点。我相信,这个中文译本的面世恰逢其时。

弗朗索瓦·雷卡纳蒂

目　录

第一编　施为"前缀语"

第二编　激进规约论

第三编　施为话语语用学

第四编 意义与语力

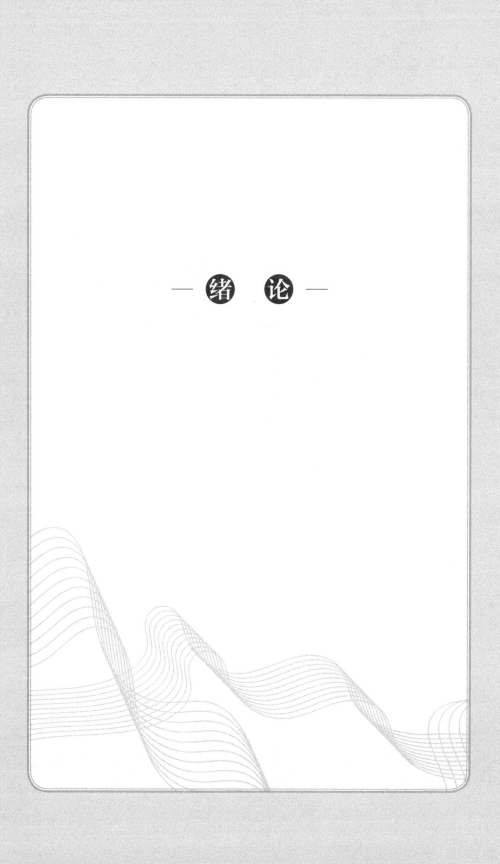

— 绪　论 —

第 1 节　语义学与语用学：传统观点

按照至少可以追溯到弗雷格(Frege)的哲学传统,许多当代语义学家愿意借由"真值条件"定义句子意义。简而言之,句子的真值条件是句子成真必须成立的条件。因此,当且仅当约翰与保尔相互结成某种关系,即结成拥有相同父母的关系,"约翰是保尔的兄弟"才能成真。[①] 如果这个关系不成立,相关真值条件没得到满足,句子则成假。换言之,句子的真值条件由句子描绘或表征的某种事态构成(在我们的例子中,有关的事态是约翰与保尔之间存在某种亲属关系)。当这种事态成立时,句子成真,否则成假。[②]

当代语义学理论承继了弗雷格与维特根斯坦的观点。按照他们的观点,理解一个句子(即懂得句子意谓什么)就是能够鉴别句子表征的事态,即如果

---

① 当然,要使该表达式成真,约翰还必须是男孩而非女孩。为了简单起见,我省略了这种额外的真值条件。

② 假如某个事态成立,这就是一个"事实"。成真句子"对应于一个事实";这个句子描述一个成立的事态,正是这一点使句子成真。[注意,我以这样的方式使用"事态",从而事件的发生(比如,采取一个行动)是一个事态。]

事态是真实的,就使句子成真。① 我们理解法语句子 *La neige est noire*(雪是黑色的),是因为我们懂得这个句子表征了什么事态。我们知道这一点,是因为我们知道当(且仅当)雪是黑色的,这个句子才能成真。但是我们却不知道"化身捡开帆布的眼睛"是什么意思,因为我们无法设想什么样的境况能够使这个句子成真。

正是由于句子意义与其真值条件(句子表征的事态)之间的密切联系,语义学有时被定义为语言学涉及意义的分支,有时被定义为语词与事物(或者语言与世界)之间关系的研究。假如我们接受句子意义仅为其表征内容,这些定义事实上就是等值的。按照这个观点,就某个句子说其意义是"猫在席上",就是说该句子表征猫在席上的事态。这样说就是说当且仅当猫在席上时,这个句子方能成真。

语义学研究句子意义,句子意义理解为表征内容。与语义学不同,语用学关注说话者与听话者对句子的使用。无论怎样,这是区分两个领域的传统方式。查尔斯·莫里斯(Charles Morris)首次表述了句法学、语义学和语用学的区分。按照他的观点,三者分别处理符号之间的关系、符号与其表征内容的关系以及符号与其使用者之间的关系(Morris 1938)。说话者说出一个句子时,这个句子是向听话者说出的。同时,这个句子与某种事态相联系。语用学的主题是发生在说话者—听话者轴线上的东西,亦即理解为主体间活动或者社会实践的语言交流。语用学研究说话者使用语词所做的事情,而语义学研究语词的意谓,研究说话者使用语词所谈论的东西。

应当说,莫里斯起初并没有旨在将符号意义完全局限于符号与其表征的客体之间的关系(Morris 1936)。在他最初的构想中,符号与客体的关系只是意义的一个维度;另一个维度存在于符号与符号的使用者之间的关系之中。

---

① 有人可能反对借由真值条件定义句子的意义,因为只有陈述句可能成真或者成假。这个合理的质疑后面(第 5 节)将会加以考虑。

因此,这就为区分语义意义与语用意义留有了余地:话语不仅表征事态,而且表达说话者的思想与情感,这正像话语引起听话者产生某些思想与情感一样;涉及说话者与听话者的那部分意义——符号"表达"或"引起"的东西——是其语用意义,与其表征内容或语义意义相对照。但是,哲学家们很快开始认为,唯一真正的意义是语义意义。正如亚瑟·帕普(Arthur Pap)所言:

> 与语言表达式因果性地相联系却不直接与真值问题相关的思想以及其他类型的心理状态构成表达式的**语用**意义。正常情况下,一个人带着肯定的口吻说出"会下雨的"这句话时相信将会下雨。但是,他是否相信自己说的话,这与他的所言是否成真这个问题无关。因此,信念不是句子真值条件的一部分。[Pap 1962:10]

说话者的信念不属于使"会下雨"这个句子成真必须满足的条件。因此,该信念不是句子语义意义的一部分。由于以下原因,这个信念属于语用意义,不是成真意义:句子的语义意义是其内在性质的一种,而其语用意义依赖于说话者在具体语境中使用该句子。不是**句子**"将会下雨",而是**朱尔斯说出这个句子的事实**,"表达"或语用地传达了朱尔斯关于将会下雨的信念。换言之,"表情性不是符号意谓的一部分……而是另一个符号的意谓,亦即存在于说出某个符号这个事实中的那个符号"(Morris 1946:68)。句子意义是句子的语义意义,即句子表征的事态。说话者在特定语境中说出句子传达了额外的意义,这个意义随说话行为的环境而变,根本不可能归赋给句子本身。帕普列举的例子更加清晰地表明了语用意义的外在性与可变性。在这些例子中,重要的不是说话者说话行为表达的东西,而是话语对听话者隐含的内容:

> 某某银行家没有例外地憎恨所有贫困者。每当听到某人被称作贫困者就可能引起他的憎恨;然而,他的憎恨与"贫困者"的语义意义毫无

关系……或者设想一个人，在其经历中只见过身材苗条、眼睛碧蓝的金发女郎，因而每当听到"金发女郎"这个表达式时必然设想一位身材颀长、长着蓝眼睛的女郎。对于这个人而言，这种意象就构成了该表达式语用意义的一部分。[Pap 1962:10]

显然，这个意义上的语用意义依赖于话语行为的特定境况。为了确切地揭示两种意义的差异，我们可以诉诸皮尔士（Peirce）所做的关于符号类型与符号例型之间为人熟知的区分。在"除了另外一只猫，再没有任何东西能有猫那样奇妙"这句话中，"猫"这个字出现了两次。可以说，这里存在两个数字上不同的字"猫"，即句子中的第七个字和第十七个字。但是，这两个不同的"猫"字只是同一个字"猫"的例型。**例型**是符号的具体出现，在时间与空间上局部化。例如，在本书某一页某一行出现的"猫"这个字。**类型**指称符号本身，例型是类型的具体出现。类型是抽象的实体，该实体由使类型实例化的许多例型共同的东西构成。像每个符号那样，句子可以理解为类型或例型。说出句子"雪是白色的"的每个话语是该句子类型的新的例型。于是显然，语用意义由例型而非类型传达。朱尔斯的信念（比如，雪是白色的）并不是由句子类型"雪是白色的"表达，而是由在特定话语语境中出现的一个例型表达的。

源于皮尔士的另一个区分可以帮助我们掌握语用意义概念。按照皮尔士的观点，某个符号的类型若规约性地与所表征的事物相关联，即为象征符号。正是借由将符号类型与所表征的事物相关联的规约，符号的每个例型才表征该事物。相形之下，某个符号的例型若"存在性地"与所表征的事物相关联，亦即，若这种关联是事实性的，而非规约性的，该符号就称作指示符号。并非借由任何规约，小孩儿的眼泪成为感情或身体上痛苦的符号；而是因为眼泪由痛苦引起，所以眼泪成为代表痛苦之符号。这正像烟是火的符号一样。（同样，朱尔斯说出"雪是白色的"这句话并不借由语言规约而传达他关于雪是白色的这个信念，而是因为他的话语与其信念因果关联，从而他的话语"表达"他的这一信念。)由于指示意义依赖于符号与事物之间的经验性关系或因果联系,因此显然,只有符号例型,而非符号类型,可能拥有这种意义。事实上,与一个事物或一个事件相联系的某个事物本身必须是一个事物或一个事件,唯有符号例型满足这个条件。

至此做出的论述支持以下结论,这个结论概括了语义学与语用学之关系的"传统观点":语义学研究将语言符号类型与其表征之事物相关联的规约,而语用学探究具体说话语境中说出符号例型。由于说出例型是一个经验性事实,就像任何事实那样,这个事实传达指示意义。符号例型指示意义的研究属于语用学范畴;语义学专门处理符号类型的规约意义或象征意义。基于这个观点,句法学与语义学关注语言本身,亦即关注理解为规则或规约系统的语言,而语用学则从也许可以称作外部的视角研究语言。语用学的研究对象不是语言本身,而是说话者与听话者利用语言所做的事情。语用学作为关于语言使用者实践行为的研究,较之其与逻辑学或语言学,它与心理学或社会学更加接近。

第 2 节　句子意义与话语意义

关于语义学与语用学分工的传统阐释遭到某些质疑,这些质疑导致哲学家与语言学家放弃这一阐释,或者至少对之加以实质性的改造。第一个质疑是原则性的,由日常语言哲学家以及诸如本维尼斯特(Benveniste)等语言学家提出。按照他们的观点,句子同事态之间的"语义"关系无法相对于句子同句子说出者和解释者之间的"语用"关系。原因在于,句子本身不描述或表征任何东西,这就像榔头本身不能钉钉子一样。句子用于描述事态,做出成真或成假的断言。句子与事态之间的语义关系只是复杂语用情景的一个方面。除了其他因素,复杂语用情景还包括说话者、说出的句子、提及的事态、听话者以及说话语境。

这样地加以表述,这个质疑没有多少力度。究其原因,如果语用情景的其他因素对句子与事态的关系不产生影响(也就是说,如果无论说话语境是什么,无论是谁在说话或对谁说话,句子始终表征或用于表征同样的事态),那么,孤立地考虑句子与事态的关系看来是完全合理的。无论说话语境是什么样的,"雪是白色的"这个句子始终用于言说同样的东西,即雪是白色的。将其看作句子类型的表征内容是很自然的,尽管严格地说,这个内容是使用这个句子可能做出的所有断言恒定的内容。

在20世纪上半叶逻辑学家建构的人工语言中,每个句子都像"雪是白色的";这种句子的表征内容或"语义意义"不受可能说出句子的环境影响。但是,在自然语言中,情况就不同了。这里,对传统观点的质疑开始显得更有分量。英语句子可用于不同的话语语境,并表征不同事态。"我牙疼"这个句子由约翰于1948年9月13日说出,表征约翰1948年9月13日牙疼的事态。但这同一句话由保尔12年20天以后说出,则表征保尔1960年10月3日牙疼的事态。这种句子仅当在确定的话语情景中说出时,才表征确定的事态。脱离了语境(亦即,看作句子类型),"猫在席上"不表征特定的猫在特定的时刻在特定的席上。但是,面对这个句子的特定例型,听话者可以利用话语语境,以弄清所指称的是哪只猫和哪张席子,以及何时那只猫在那张席上。因此,这种句子在下述意义上是"系统性地歧义的":句子的真值条件随话语语境而变。

句子如果包含巴尔-希勒尔(Bar-Hillel)像皮尔士那样称作"指示语"的表达式,就是系统性地歧义的。作为类型,"我"这个词并不指称哪个特定的人,而"我"的例型则指称说出这个词的说话者。在"我"的每个例型与其指称对象之间,存在经验关系或因果关系。这是否意味着"我"是一个指示符号而非象征符号?这看来推论过度了。尽管"我"像皮尔士指示符号那样,它的每个例型与该例型的指称对象因果性地相关联,但它作为规约性符号也类似于皮尔士的象征符号。"我"的例型规约性地指称说出这个例型的人。但是,哭泣并不是借由规约而表达痛苦或悲伤。像"我"这种词的区别性特征在于规约性象征符号关系并不存在于词的类型与指称对象之间,而存在于词的类型同每个例型与其指称对象结成的**因果关系**之间。[①] 像"我"这种词既非纯指示符号,又非纯象征符号。这种词与指示代(副)词、时态标记等一起可以称作"指示性象征符号"(Burks 1949),或者像莱欣巴赫(Reichenbach 1947,第50节)那样,称之为"例型自反性表达式"。例型自反性表达式是这样的表达式类型,其规约意义包含对例示该类型之例型的指称。因此,"我"的例型指称说出该例型的人。"我"这个词的每个例型反映说出这个词本身的事实:该词类型的意义如下,为了确定这个词某个例型的指称对象,必须考虑说出例型的具体场合以及周围的语用场景。

巴尔-希勒尔(Bar-Hillel 1954)将包含指示性表达式或例型自反性表达式的那些语言称作"指示性"语言,亦即在那样的语言中,符号同对象的语义关系不能与符号同符号使用者的语用关系相分离。在这些语言中,不再能将句子意义与其真值条件相等同。究其原因,真值条件可能随话语语境而变,而句子意义却保持不变。可是,只要注意将这样定义的"话语意义"与"句子意义"区分开来,就仍然可以将话语的意义认同于其真值条件。句子意义是相对于给定语境以确定在该语境中句子话语的真值条件(或者换言之,是确定话语所表征之事态)的东西。"我头疼"这个句子假如由朱尔斯于1975年8月9日中午说出,正是句子意义决定了为了使这句话成真,事实必须是朱尔斯于1975年8月9日中午头疼。换句话说,句子意义是以话语语境作为"自变数",得出一组真值条件(一个事态)作为"值"的"函数"(Kaplan 1977)。

[①] 就"我"的情形而言,涉及的因果关系是说出的因果关系;"我"的例型的指称对象是说出该例型的人。

第 3 节　以言施事行为

在指示性语言——从而在自然语言——中，句子与其使用者之间的语用关系干扰句子与其表征的事态之间的语义关系。由于这个原因，我们如果像卡尔纳普(Carnap 1942:9)那样，将"语用学"定义为考虑说话者与听话者语言使用的任何研究语言的方法，那么，就必须承认自然语言语义学从一开始就属于语用学。这就是为何巴尔-希勒尔(Bar-Hillel 1954)以及之后蒙太格(Montague 1968)使用"语用学"指表指示性语言的语义研究，将"语义学"留作指称非指示性语言中相应研究的原因。在这个框架中，语义学与语用学不是研究同一语言的两条不同路径，而是从同一视角(以真值条件定义的意义之视角)对两种不同语言的研究。①

将语用学认同于指示性语言语义学可能不是一个好的主意。究其原因，只在符号与符号使用者之间的关系干扰符号与其指称对象的关系时，指示性语言语义学这一学科才关注这一关系，而这个关系是语用学的论题。在巴尔-希勒尔为语用学与指示性语言语义学之同一性做出论辩的同时，牛津哲学家 J. L. 奥斯汀(J. L. Austin)正着手系统考察符号与符号使用者的关系。与奥斯汀的研究相比，巴尔-希勒尔与蒙太格所思考的并非真正的"语用学"，而只是一种包含语用学参数的语义学。像非指示性语言语义学那样，他们的方法关注以真值条件定义的句子意义，而奥斯汀理论旨在阐释人们使用句子能够做什么事情，旨在阐释人们使用句子所实施的"言语行为"。巴尔-希勒尔与蒙太格的研究最好描述为"指示语语义学"，而将"语用学"这个术语留作指

---

① 正如盖茨达(Gazdar 1979:2)所指出的那样，这样确定我们的术语要求我们放弃下述传统观念：每个语言都可以从三个角度加以研究，即句法学、语义学和语用学的角度。由于指示性语言的语义现在认同于语用学，这些语言只能由两个学科加以研究——句法学与语用学。

称那样一些理论,这些理论像奥斯汀理论那样,直接关注符号与使用者之间的关系。正如我们将看到的那样,这些理论导致对语义学与语用学分工之传统观点的进一步修正。语义学与语用学分工的传统观点,第1节中做了引介。

根据奥斯汀的观点,说话者在交际场景中带有当真意图说出一个句子时,就实施了某种社交行为。奥斯汀将这种行为称作"以言施事行为"。在这种行为中,我们可以提到下列行为:命令、发问、忠告、表达一个祝愿或愿望、建议、警告、致谢、批评、控告、断言、祝贺、乞求、威胁、允诺、侮辱、致歉、提出假设、发誓、授权、宣告,等等。在实施以言施事行为中,说话者承担某个角色,并赋予听话者以相应的角色。通过发出命令,说话者表达要听话者执行某种行为的意愿,并且将自己呈现为具有必要的权威使听话者实施有关的行为,这只是因为实施这个行为是说话者的意愿。发出命令的说话者所承担的社会角色体现在"上级"这个组织概念之中。奥斯汀强调施事行为角色的规制性体现,以表明语言本身是一种范围广泛的规制,包括一系列规约角色,这些角色与一系列得到社会承认的言语行为相对应。

在奥斯汀看来,语言远不只是表征现实或表达思想的手段,而且是用于实施行为的规制,这些行为只有在该规制内并且借由该规制而存在。这正像"胜一盘"这个行为存在于网球规制内并且借由该规制而存在。言语中实施的行为像球赛中实施的行为那样,受规则制约。例如,正是断言的规则要求,要做出断言,断言者必须相信自己断言的内容。明知故犯地做出虚假断言的说谎者违反了会话规则。因此,由断言"将会下雨"表达的信念与银行家说出**"他是贫困者"**可能传达的憎恨是两种完全不同的东西。做出断言的说话者相信说出的内容,这涉及规约。这与说话者的任何社会或心理个性毫无关系。根据规约,断言 p 就是将自己呈现为相信 p。借由做出断言这个简单事实,甚至说谎者也假装相信自己说话的内容。因此,信念与断言之间的联系不是因果联系,因为即使说话者不相信自己断言的内容,这个联系依然存在。相反,这是一个规约性联系,与那位银行家心目中**"贫困者"**这个词与憎恨的感情的联系大不相同。

在奥斯汀的研究中,语用学回到了语言学范畴,尤其是语用学不再是索绪尔(Saussure)在使用言语这个词时所带有的贬抑意义上对于言语的研究。索绪尔(Saussure 1971:38)说:"语言以存储于社团每个成员大脑中的一集印象这种形式而存在,酷似一部词典,一册册相同的词典分发给每个成员。因此,语言是某种存在于每个个体,而同时又为所有人共有并且独立于任何拥有者之意愿的东西。"另一方面,"言语则不存在任何集体的东西;言语的表现具有个体性与瞬时性。言语中只存在特定实例的总和"。但是,对此我们现在可以回应道,存在"存储于每个大脑"的言语游戏规则。这些规则为所有人共有,独立于个体意愿而存在。语用学研究言语,但不研究语言使用中特定的个体现象。正如辛迪加(Hintikka 1968:17)所言:

> 与在句法中可以不关注说话者个体发音中的个性特征一样,原则上我们同样可以研究使用中的语言规则,而不关注使用者个体受心理或社会条件影响的个性特征。

第4节 意义与语力

用奥斯汀的术语来说,当我说"公牛要冲过来了",意在向你发出警告,我的话就带有警告的"语力"。① 更加普遍地说,话语的"施事语力"是说话者借由其话语显现出实施某个以言施事行为的意向。假如说话者在说出一句话时意在向听话者发出命令,那么这句话语就具有命令的语力;同样,假如说话者意在提出建议,他的话语就具有建议的语力,不一而足。

---

① 有些人宁愿说,在这样一个实例中,话语意在具有警告的语力。关于佐证我眼下用法的考虑因素,参见斯特劳森(Strawson 1971:150)。

我们在第 2 节看到,为了弄清话语的意义,通常必须不仅考虑所说出句子的意义,而且必须考虑说话语境。要理解"朱尔斯会来"的意义,必须知道实施话语行为的时间(如果发生在时间 t,这句话成真,当且仅当朱尔斯在时间 t 之后到达;因此,这句话表征朱尔斯在时间 t 之后到来);但是,不需要知道说话者究竟意在发出警告,还是意在预言、承诺、断言或威胁。根据奥斯汀(Austin 1975:98)的观点,即使话语的施事语力没有精确地确定,话语意义对于听话者也可能是完全清楚的。我们经常理解对我们说的话,却不确切知道"如何加以领会"。奥斯汀对话语意义与施事语力做出的严格区分隐含着下述理论图景:句子意义与话语语境一起确定话语意义,即确定话语表征的事态;然后,语境决定话语的施事语力。因此,第 1 节勾勒的传统观点必须在两个方面做出修订。其一,句子意义不能认同于句子表征的事态(句子的真值条件)。这是因为大多数句子除了相对于话语语境,不表征事态,不能被赋予真值。其二,(在由句子意义与话语语境决定的话语意义之外)由话语行为传达的"语用意义"不能认同于所表达或引起的思想与情感。话语的语用意义至少部分地存在于话语的施事语力之中,即存在于说话者归于话语并意在听话者辨识的规约义值。图 1 和图 2 分别例示了第 1 节表述的传统观点与经过修正的观点。

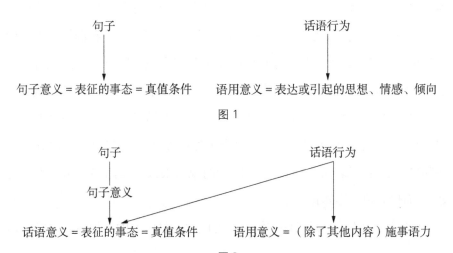

句子　　　　　　　　　　　　话语行为

句子意义 = 表征的事态 = 真值条件　　　语用意义 = 表达或引起的思想、情感、倾向

图 1

句子　　　　　　　　　　　　话语行为

句子意义

话语意义 = 表征的事态 = 真值条件　　　语用意义 = (除了其他内容)施事语力

图 2

然而,图 2 中描绘的修订结果证明并不充分。首先,甚至是区别于句子意义的话语意义也不能等同于真值条件。其理由在于,非陈述性话语具有意义,却没有真值条件。像"到这儿来"这种话语既不成真也不成假,而且始终也不成真或成假。将话语意义认同于其真值条件也许对陈述性话语是恰当的,但对于非陈述性话语则是行不通的。因此,这一观点必须放弃。

这并不必然意味着也必须放弃将话语意义认同于所表征事态的观点。究其原因,大多数非陈述性话语正像陈述性话语那样表征事态。假定"明天去伦敦"这句话于 1808 年 8 月 3 日对朱尔斯说出。这句话像同一天说出的"朱尔斯明天将去伦敦"一样,表征一个事态,即朱尔斯 1808 年 8 月 4 日去伦敦。差别在于,如果朱尔斯确实于 1808 年 8 月 4 日去了伦敦,"朱尔斯将去伦敦"这个断言即成真,而带有命令语力的"明天去伦敦"并不只是因为所表征的事态出现而成真;而更加确切地,我们会说,在这种情形下该话语"得到服从"。换言之,不同的话语类型可以表征相同的事态,但却是以不同的方式表征相同的事态。断言将事态表征为情形如此。当(且仅当)事态确实如此,断言成真。命令将事态表征为听话者有责任使之存在的某种东西。当(且仅当)听话者这样做了,方可认为命令得到服从。带有命令语力之话语所表征的事态对应于我们也许可以称作其"服从条件"的东西:命令得到"服从"必须满足这些条件。将陈述话语的真值条件、祈使话语的服从条件以及其他话语类型的等值条件在"满足条件"这一共同名称下汇集到一起,我们便可以将话语意义重新定义为话语表征的事态或"满足"话语必须成立的条件。现在,句子意义将成为相对于话语语境确定在该语境中说出句子之话语的满足条件。话语的语力将成为当这些条件得到满足时出现的满足类型。这些重新定义构成对传统观点新的修正,这个新的修正如图 3 所示。在图 3 中,"真值条件"由"满足条件"取代。但是,图 3 例示的观点很快就暴露出不尽如人意之处,转而也必须做出修正。

可以说,话语的满足条件在施事行为性质上是中性的。相对于给定的话

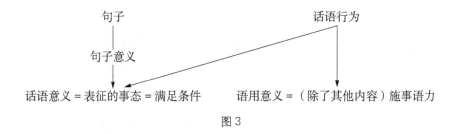

图 3

语语境,"朱尔斯将去伦敦"和"朱尔斯,明天去伦敦"表征相同的事态,拥有相同的满足条件,尽管两者在以言施事语力上完全不同。正是由于满足条件在施事语力上中性的特点,显然,我们不能将之认同于话语意义,也不能将句子意义认同于在给定语境中决定话语满足条件的东西。说"朱尔斯明天将去伦敦"与"朱尔斯,明天去伦敦"具有相同的满足条件,这倒也不错;但这两句话显然并不意谓同样的东西,意义上的差别反映在说出这两句话中实施了不同的以言施事行为上。此外,话语意义上的差异对应于句子意义上的差异。

　　句子的句法类型(一个是陈述句,另一个是祈使句)对句子意义做出某种贡献,句子的句法类型对句子意义的贡献同说出句子之话语所表征的事态毫无关系,但却涉及在说出句子中实施的以言施事行为。换言之,不可能将句子意义与句子话语在特定语境中传达的施事语力截然区分开来。句子意义不仅在鉴别话语表征的事态中发挥作用,而且在甄别其施事语力中起着作用。这正如图 4 所示。

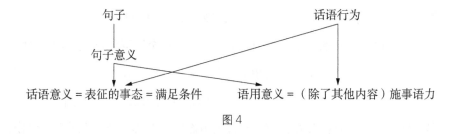

图 4

　　现在,与图 1 例示的传统观点的决裂就完成了。我们不再有句子在一边表征事态,话语行为在另一边传达语用意义。图 4 表明了一种不同的图景,在这个图景中,话语行为作为在时空中局部化的事件,在鉴别话语表征的事态中发挥作用;而且在这个图景中,句子借由"语气"(祈使、陈述、疑问,等等)对话语的语用意义做出贡献。因此看来,意义与语力的严格对立也应当抛弃:事实上,施事语力是话语意义的一个方面,即话语的语用意义,与其描述意义(即所表征的事态)相对。同样,句子意义本身也有两个方面需要区分:一是句子的描述性意义,这是句子类型对其例型的描述意义做出的贡献;二是句子的语用意义,这是其对例型之语用意义做出的贡献。

第 5 节 描述意义与语用意义

我至此称作句子意义的东西——在特定语境中说出句子借以表征特定事态的东西——只是句子意义的一部分,即句子的描述意义。"朱尔斯明天将去伦敦"和"朱尔斯,明天去伦敦"具有相同的描述意义。这就是为何两个句子在同一个语境中说出时表征相同的事态。但是,两句话由于并不具有相同的语用意义,所以并不意谓相同的东西。

句子意义两个方面的区分也可以在句子成分层面做出。"桌子"这个词的意义是描述性的,因为这个意义将这个词与人们用之谈论的某种物体相匹配。然而,祈使语气具有语用意义,这个意义不是将之与谈论的东西相匹配,而是在使用时将之与用于所做的事情——所实施的以言施事行为——相匹配。下面是另一个语用意义的例子。(一种意义上的)"甚至"不描述任何东西,对于鉴别包含这个词的话语所表征的事态不做任何贡献。"皮埃尔买了一些巧克力"与"皮埃尔甚至买了一些巧克力"都表征相同的事态。第二句话中的"甚至"只是标示在说出这句话的人看来,有关事态的存在作为支持某个结论的论据要比之前提出的论据更加有力(Anscombre 1973;Ducrot 1973,第 8 章)。

表达式的描述意义是这样一种意义,借由此意义表达式帮助确定任何包含该表达式之话语的满足条件。另一方面,表达式的语用意义并不影响话语的满足条件,因而并不帮助鉴别话语表征的事态。为了表征语用意义,满足条件的概念需要由"使用条件"的概念取代。因此,仅当说话者意在实施某种以言施事行为时,才使用祈使语气;仅在某种论证的语境中才使用"甚至",等等。因为这些表达式具有使用条件,使用这些表达式就标示①满足了恰当的使用条件。表达式的语用意义是借由这些条件使用表达式所标示的东西。

这种表征语用意义的方法并不完全令人满意,因为这隐含使用祈使语气就像使用榔头一样。朱尔斯说出"到这儿来!"时,使用了一种语气,即祈使语气,用于实施某种施事行为。他在使用这一语气的事实就表明或标示他意在实施这样一种施事行为。同样,朱尔斯使用榔头就表明他意在钉钉子或做某种类似的事情,因为这是通常认为榔头具有的功能。不过,由使用榔头与使用祈使语气所传达的两种标示存在重要的差异。榔头用于钉钉子,即使没有人明白我做的事情,我仍然可以为此目的而使用榔头。祈使语气用于实施某种交际行为,但是,假若没有人明白这是我在使用祈使语气时的意向,我就无法实施这个行为。假如某人不明白我意在向他下达命令,我就不能对他发出命令(Austin 1975:116 - 117)。更加普遍地说,说话者意在通过话语实施某个施事行为,这一意向的有效实现要求听话者辨识这一意向(参见第 9 节;关于对其的限定,参见第 7 章)。换言之,祈使语气用于实施某种施事行为,正是由于(而且在以下程度上)使用祈使语气表明这是说话者的目的。理解为符号类型之祈使语气的功能(意义)并不独立于使用祈使例型所标示的东西,而存在于这种例型(系统地)传达的标示之中。

这个考虑使我们回到"指示符号"与"指示性象征符号"的区分。"好的!"这个表达式用于表达同意,因而说话者使用该表达式标示他表达同意。但是,由使用"好的!"传达的标示并非某种增加到表达式意义的东西。为了明白这一点,考虑一个不同的案例。某人使用表达式"本体论论证"表明他懂得

---

① 关于(语用)"标示"的概念,参见第 9 节。

一点哲学，但是，正如莫里斯强调的那样，由使用这个表达式传达的标示并不属于表达式的意义。"好的！"案例根本不同，因为使用这个表达式标示说话者表达同意，这是该表达式标准的规约意义。表达式例型的意义是语用性的。在表达式例型与说出该例型的话语所标示的东西之间（例如，在"好的！"的话语与表达同意的行为之间）存在因果关系。但是，作为类型，表达式规约性地与这个关系相关联。

我刚才定义的语用意义与第 1 节中讨论的语用意义大不相同。传统观点认为，句子类型的语言意义纯粹是描述性的，而语用意义是由句子类型的例型传达的额外意义。因此，语用意义不是附于特定语言形式的规约意义，而是与话语行为本身相联系的非规约性、非语言意义。话语行为被看作"表达意义的"事件，正像婴儿哭泣"意谓"他/她感到不适。针对这个观点，我们看到，某些表达式具有规约性语用意义，包含这些表达式的句子类型也具有规约性语用意义。这种语用意义与其描述意义结合，构成可以称作其整体语言意义的东西。

第 6 节　语义学与语用学之间的重叠

我们不能继续松散地将语义学定义为句子意义的研究或关注句子与事态之间关系的学科。仅当句子意义简约为描述意义时，即简约为这样一种意义，借此意义，句子在某种语境中说出时，鉴别某种事态。但是，与使话语能够与世界相联系的描述意义相伴的，还有语用意义。这时，出现了两种选择：要么通过术语规定将语义学范围局限于句子的描述意义，要么承认语义学关注句子规约意义的所有方面。第二个办法看来更可取。我们需要一个词语指称普遍性语言意义的研究，"语义学"这个术语传统地用于这个目的。那么，为什么不遵循传统用法并选用另外一个表达式——例如，"真值条件语义学"——指称仅仅关注词语借以代表事物之描述意义的那部分语义学？

　　我们如果允许语言语义学既处理描述意义又处理规约语用意义,那么,关于语用学,仍然需要做出选择。我们是否应当从语用学范围中排除与语言形式规约意义相联系的一切内容,即使有关意义是语用意义? 这可能有点似是而非。人们若不考虑某些类型的句子特殊地适应于正常使用这些句子的方式,就无法认真研究句子的使用。例如,若不考虑某些句子(即祈使句)提供了做出命令特别恰当的工具这个事实,就难以研究命令行为。另一方面,正像看起来很自然的那样,将语用意义研究看作语用学的一部分,这似乎就同我们的以下决定相抵牾:使用"语义学"并不专指描述意义的研究,而是指称语言形式规约意义所有方面的研究。后一个选择就意味着规约语用意义和描述意义一样,属于语义学范畴。这样,说作为语用意义,该意义也属于语用学,就是说该意义属于语义学与语用学两者。如果我们承认语用学与语义学是两个互为补充但相互独立的学科,属于两者的说法就是矛盾的。

　　当然,可以放弃最后这个概念,容忍语义学与语用学部分重叠的观点。语言学家奥斯瓦尔德·杜克罗特(Oswald Ducrot)在论述法语语用标示成分的著述中,为这个观点做出了论辩(Ducrot et al. 1980;Anscombre & Ducrot 1983)。在杜克罗特看来,语义学研究语言形式意义,因而必须包括语用成分,以阐释下述这样的表达式,即不是同包含这些表达式的句子所谈论事态的某个方面规约性地相关联,而是同说话者说出句子所做的事情相关。语义学中的语用成分添加到真值条件成分之上,真值条件成分将指向话语语境的满足条件赋予句子。① 语用学关涉句子使用,语义学关涉句子意义。因此,两者共有一个元素,即"综合语用学"(Anscombre & Ducrot 1976:8),处

---

① 在把这个观点归于杜克罗特时一定程度上要加以小心。尽管他经常区分意义的"提供信息"方面与"语用"方面,但不能确定他会接受与语义学之语用成分相伴存在第二个真值条件成分。杜克罗特在强调"在大多数话语中,存在独立于其信息内容而决定语用值的某些特征"(Anscombre & Ducrot 1976:7)时,经常更进一步,否定存在其他对称性特征,这些特征独立于语用值而决定话语提供信息的内容。例如,他最近提出,"不可能分离出任何不已经带有语用功能痕迹的意义部分"(Ducrot 1980b:8 - 9)。

理与句子使用相联系的句子意义。综合语用学着眼于其意义是语用性的而非描述性的语言形式，并且通过具体描述使用条件分析其意义。

根据我刚才概述的观点，语用学不是一个同质性学科。语用学的范畴既包括某些表达式的规约意义（"综合语用学"），又包括那些方面的意义，这些方面的意义并非规约性关联于语言形式，而是由语境中的话语行为传达的[这些方面的意义属于杜克罗特（Ducrot 1969,1972）中所描述的"修辞成分"，其功能类似于格赖斯（Grice 1975）中讨论的语用机制的功能]。可以像D·布罗克韦（Brockway 1981:61）那样，在这种缺乏同质性的现象中看到反对这个语用学观点的一个论据。然而，杜克罗特与布罗克韦看法一致的重要一点在于，存在语言形式规约意义的语用（非描述性）方面。究竟这些方面仅仅属于语义学，还是应当置于语义学与语用学的边界之上，纯粹是术语问题。试图解决这个问题可能是徒劳的。自此往下，我如果继续使用"综合语用学"这个术语，只是为了指称语义学的那个部分（这个部分涉及语言形式的规约语用意义），而不想引起"综合语用学"究竟是否也属于语用学这个（纯粹术语上的）问题。

第 7 节　显性施为语

是讨论本书主题的时候了。本书研究奥斯汀（Austin 1975）称之为"显性施为语"的话语。① 按照奥斯汀的观点，每个话语都用于实施以言施事行为。

---

① 最初，奥斯汀区分"施为"话语与"述谓"话语。后来，他确信所有话语事实上都是施为性的，从而放弃了这一区分，代之以"基本施为语"与"显性施为语"的区分（"述谓"话语结果证明只是一种基本施为语）。在第 19 节，我将表明，与奥斯汀的观点相反，施为性/述谓性之分值得坚持。当奥斯汀将"施为性"这个术语扩展到包括述谓语在内的所有话语时，他隐含地改变了施为性的涵义。究其原因，述谓语事实上并非该术语原初意义上的施为语，尽管它们是第二种涵义上的（基本）施为语。奥斯汀第二种理论中的"显性施为语"是原初意义上的施为语，将在第 6 章中的针对后者的理论框架中处理。然而，在引介最初的施为性/述谓性分界之前，只有基本施为与显性施为语的区分同我的论述相关。

存在各种元素(动词语气、词序、语调,等等)帮助说话者标示他究竟意在实施哪种行为。这些标示手段并非始终精准。听话者经常必须依靠自己的语境知识以确定话语传达的确切语力。取决于语境,"继续往下"这句话可以理解为给予准许、发出命令、激将听话者做出某事,因为这里的祈使语气只是标示正在实施哪类以言施事行为。但是,奥斯汀还引起对存在一类话语的关注。这类话语相当具体地(而非只是笼统地)标示其以言施事语力,从而使听话者摆脱了考虑语境的义务。取决于语境,"我不会待很久"可能是一个允诺、警告、预言,诸如此类。与这个话语不同,"我向你保证我不会待很久"与"我警告你我不会待很久"具有独立于语境的、确定的施事语力。奥斯汀将诸如"继续往下"和"我不会待很久"这种施事上歧义的话语称作"基本施为语",而将"显性施为语"这个术语留给由无歧义地标示其施事语力的"前缀语"引导的话语。显性施为语引起的问题如下:引导这种话语的前缀语("我向你保证……""警告你……",等等)属于前一节定义的综合语用学的范畴吗?

　　乍一看,答案似乎是它们肯定属于这个范畴。根据奥斯汀的看法,"乔治没有来"和"我陈述乔治没有来"分别作为基本施为语和显性施为语,两者具有相同的真值条件,表征相同的事态,即乔治没有来的事态。当且仅当事态确实如此,亦即乔治事实上没有来,两句话才都成真。换句话说,施为前缀语"我陈述"对其引导的话语之表征内容没添加任何东西。由于缺乏任何描述意义,这个前缀语的唯一功能是使话语的施事语力显化。像"甚至"或祈使语气那样,这个前缀语看来属于综合语用学范畴。

　　作为证据,考虑一下以下这些句子:

(1) 可以肯定[法语 certes],阿尔弗雷德能力很强。

(2) 我认识到阿尔弗雷德能力很强。

(3) 我承认阿尔弗雷德能力很强。

(4) 我(不情愿地)承认阿尔弗雷德能力很强。

（5）阿尔弗雷德能力很强。

头四个句子大致具有相同的意义。这四个句子与第五个句子具有相同的描述意义——这是以另一种方式说，相对于给定的话语语境，它们表征相同的事态。将（1）～（4）同（5）区分开来的是前面四个句子标示在说出这些句子时所实施的施事行为。这样，在（1）中，这个标示归于"可以肯定"这个表达式，这个表达式不描述任何东西，而只是（借由支配其使用的条件）大致用于标示说话者意在向听话者承认某种东西。看来很清楚，"可以肯定"，或者无论怎样，其法语对应的表达式 certes，像"甚至"或祈使语气那样，具有纯语用意义。但是，"我认识到""我承认""我（不情愿地）承认"这些前缀语都在包含这些前缀语的句子与句（5）之间造成差异，这种差异与"可以肯定"（或 certes）在（1）与（5）之间带来的差异相同。因此可能看来，这些前缀与"可以肯定"或 certes 具有几乎相同的意义，即纯语用意义。

当然，事情并不如此简单。事实上，在具有纯语用意义的表达式（无论"可以肯定"是否为一个好的例子）与施为前缀语之间存在显著的差异。当表达式类型具有纯语用意义时，从包含该表达式的话语中去除这个表达式例型不能改变话语表征的内容。另一方面，尽管可以从（4）中去除"我（不情愿地）承认"这些词语，而不改变话语表征的内容，但正像（6）和（7）表明的那样，实例（4）的情形不能推而广之：

（6）皮埃尔相信我（不情愿地）承认阿尔弗雷德能力很强。

（7）皮埃尔相信阿尔弗雷德能力很强。

从（6）中删除"（不情愿地）承认"产生（7）。显然，（7）与（6）并不具有相同的真值条件。这两句话表征两个不同的事态。很可能相对于同样的话语语境，一个成真，另一个成假。换言之，（6）中的"我（不情愿地）承认"具有描述意义，尽管它在(4)中的意义是纯语用性的。①

"我(不情愿地)承认"这些词语可能有时具有描述意义,这几乎并不出人意料。出人意料的是,这些词语有时看来缺少描述意义。在第5节,我以"桌子"这个词作为描述性表达式表征某种物体的例子,以与祈使语气相区别。祈使语气尽管不表征任何东西,却(借由其使用条件)在每次使用时传达某种语用标示。在这方面,"(不情愿地)承认"与祈使语气的接近程度相比,明白无误地更加接近于"桌子"。该动词表征某种行动,正像这个名词表征某种物体一样。假如我们用一个非同义的动词替换句子中的"(不情愿地)承认",句子的真值条件就会发生变化,这正像当"桌子"由"凳子"替换时,句子的真值条件会改变一样。因此,"(不情愿地)承认"这个动词拥有一个描述意义,该动词的每个例型都会传达这个描述意义。借由这个描述意义,在以第一人称单数陈述语气的形式出现时,这个动词就会表征说话者在说话时实施了(不情愿地)承认之行为。

说出(4)的话语尤其应当表征说话者(不情愿地)承认阿尔弗雷德能力很强,而不表征阿尔弗雷德能力很强。要想明白这一点,我们只需要将(4)与"乔治(不情愿地)承认阿尔弗雷德能力很强"这句话加以比较。这句话表征

---

① 人们也许可以反对道,例(6)中包含"我(不情愿地)承认"这些词语的内嵌句是奎因称作模糊语境的情形。但是,即使是诸如"因此"或"此外"这种话语品词也不可以从模糊语境中去除掉而不改变话语的表征内容。上述话语品词无可争议地是语用性的。因此,句子(8)和(9)像(6)和(7)一样,不具有相同的真值条件:

> (8)"此外,他迟到了"是一个含有[六个字]的句子。
> (9)"他迟到了"是一个含有[六个字]的句子。

那些觉得这个反对意见可信的人只需要用句(10)代替(6):

> (10)如果我(不情愿地)承认阿尔弗雷德能力很强,皮埃尔就满意了。
> (11)如果阿尔弗雷德能力很强,皮埃尔就满意了。

对于"我(不情愿地)承认"这些词语,句(10)并不构成模糊语境,然而,从(10)去除这些词我们就得到(11),而这个句子并不具有相同的真值条件。

乔治(不情愿地)承认阿尔弗雷德能力很强。"乔治(不情愿地)承认阿尔弗雷德能力很强"与"我(不情愿地)承认阿尔弗雷德能力很强"的差异仅在于用"乔治"代替了"我"。一般说来,当"我"由说话者的名字替代时,话语的表征内容(其真值条件)不会改变。"我很快乐"这个句子由马塞尔说出时所表征的事态,与另外某个人说出的"马塞尔很快乐"这个句子所表征的事态相同。因此,假如是乔治说出了"我(不情愿地)承认阿尔弗雷德能力很强",这个句子应当表征与"乔治(不情愿地)承认阿尔弗德能力很强"所表征的相同的事态。正如我们看到的那样,最后这一句并不针对阿尔弗雷的能力,而是针对乔治(不情愿的)承认。那么,怎么会(4)表征的不是说话者(不情愿地)承认阿尔弗雷德能力很强,而是(完全是另外一回事的)阿尔弗雷德能力很强的事实呢? 我们如何解释"我(不情愿地)承认"这些词语在正常情况下具有描述意义,而在(4)中显然只具有语用功能?

对于这个问题业已做出了数种回答,其中有些回答比其他一些回答更加令人满意。但是最近,几位哲学家与语言学家拒绝了这个问题本身。他们拒绝接受"我(不情愿地)承认阿尔弗雷德能力很强"意谓阿尔弗雷德能力很强,而且仅当阿尔弗雷德真是能力很强时,这个句子方能成真。也就是说,他们拒绝奥斯汀的主张,即像"乔治没有来"和"我陈述乔治没有来"表征相同的事态、具有相同的真值条件。在他们看来,第一句话表征某个事态,即乔治没有来;第二句话表征了另一个事态,即"我"陈述乔治没有来。他们认为,当且仅当乔治没有来时,第一句话成真;而第二句话成真,当且仅当"我"陈述乔治没有来。因此这个问题就得到了解决:动词"(不情愿地)承认"(或"陈述")在作为施为前缀语,用于第一人称单数现在时陈述语气时,并不神秘地失去其描述意义;"我(不情愿地)承认阿尔弗雷德能力很强"的确具有与用说话者名字替代"我"而产生的话语相同的真值条件。

这个解决办法的问题有悖于直觉。看来并非"我陈述乔治没有来"成真,当且仅当"我"陈述乔治没有来。正如中世纪逻辑学家和经典逻辑学家注意到的那样，当某人说出陈述句"我陈述地球是扁平的"时，人们如果知道事实上地球不是扁平的，就可以合理地回应"那不对"。只是因为说出这句话的人事实上陈述了地球是扁平的，并不能使这句话成真。同样，"我陈述乔治没有来"针对乔治没有来——这句话成真或成假取决于乔治究竟有没有来过。因此，奥斯汀的主张似乎证明是有道理的：在说"我陈述乔治没有来"时，"我"陈述乔治没有来，而不(或不仅仅)是说"我"陈述乔治没有来。

　　不过，有一种方法能够使这个看似有悖直觉的解决办法成为可接受的。只要诉诸自 H. P. 格赖斯（Grice 1975）的研究以来，语用学广泛使用的区分就足矣。这就是区分话语字面意义与话语行为实际传达的意义。① 假定某人说"你能把盐递过来吗?"从字面上看，说话者是在询问听话者递盐的能力。当然，这句话真正做的是要听话者实际地把盐递过去。递盐的请求尽管没有字面地表达，却仍然得到了传达。这个请求在听话者心中冲淡了作为其基础的字面问题。类似地，我们可以承认，说话者说出"我陈述乔治来了"字面上言说**他在**陈述乔治来了，同时不放弃奥斯汀直觉地令人满意的主张，即说话者借此陈述乔治来了。乔治来了这个断言只不过是传达的意义而非字面意义。按照这种观点来看，"乔治来了"与"我陈述乔治来了"之间的不同类似于"把盐递给我"和"你能把盐递给我吗?"之间的不同——两个句子尽管字面上并不意谓同样的内容，但却都用于实施相同的施事行为。如果我们着眼于字面意义层面，"乔治来了"与"我陈述乔治来了"并不具有相同的真值条件，因为第一个句子成真，当且仅当乔治来了，而第二个句子成真，当且仅当说话者陈述乔治来了。但是，就所传达的意义而言，这个差异不复存在。究其原因，这两句话断言乔治来了，从而成真，当且仅当他真地来了。

---

① 如今，这个区分发挥十分重要的作用，大多数人基于这个区分考虑语义学与用学的区分。语义学被认为处理句子的语言意义，语用学处理语境中话语传达的意义(Katz 1977:13 - 22)。根据这个观点，杜克罗特称作"综合语用学"(即语言意义语用方面的研究)的内容属于语义学的一部分，而不是语用学的一部分。

这正是我将在本书后半部分提倡的解决办法。在此之前,我将对下述理论做出批判,即显性施为语中的"前缀语"是规约性"标示语",其意义是语用的,而非描述性的。然而,在进一步论述之前,我应当阐明在这场看似范围有限的争鸣中究竟涉及什么问题。

第 8 节　话语解释作为推论过程

我们看到,句子意义不纯粹是描述性的,而是部分地语用性的,包括针对话语施事语力的标示。借由这些标示,在说话时实施的言语行为反映在所说出句子的意义中。我们可以再进一步,说句子意义只不过是由话语施行的言语行为的投射。正像话语的施事语力(即行为类型,诸如断言、命令,或者话语用于实施的任何行为)反映在句子的语用意义之中,该行为的"内容"(所断言、命令,等等的**内容**)反映在句子的描述意义之中。用不同的方式来说,句子意义是某种"施事行为潜势"(Alston 1964)。理解像"到这儿来"这个句子就是明白这个句子用于让听话者到这儿来,明白这一点就是认识句子借由其意义专门适于实施的行为。

诸如约翰·塞尔(Searle 1969)等一些哲学家推断,话语解释潜在地简约为句子解释。据说,要解释一个话语——亦即要确定说话者实施的施事行为之类型与内容——原则上说,理解所说出的句子就足矣。当然,经常有必要诉诸语境,以填充句子所提供的标示之不足,并且从句子意义达致话语意义;当句子是指示性的时,尤其会出现这种情况。但是,按照这些哲学家的观点,指示性是非实质现象,原则上可以消除(Katz 1977:19 - 20)。若不是需要简明,我们始终可以费事地更加明确地加以表达。不仅就话语的描述意义如此,其语用意义也如此。描述意义可以由句子更加详尽地表明。当使用"基本施为语"时,听话者必须依靠语境以确定究竟意在实施哪种行为,但说话者

本可以选择使用显性施为语。因此可以认为,话语解释原则上(如果不是事实上)是句子理解的事情。

这个观点与我在本书中将要对显性施为语做出的分析不相容。根据这个观点,话语解释实质上是语言解码的问题。究其原因,如果我们允许像"我陈述地球是扁平的"这种显性施为语不是"直接地"(借由语言的语义规则)断言地球是扁平的,而只是间接地这样做,就像"你能把盐递给我吗?"间接地请求把盐递过去一样,那么,我们就必须承认,即使是解释显性施为语也要部分地依赖于语境推论。这个推论的性质将在本书第三编加以探究。

在最后一编,我将提出话语解释的一般观点,其精神与卡茨-塞尔的观点相对立。① 我将论辩,即使施为前缀语**是**带有纯语用意义的标示语,尽管它们传达的标示具有显性特征,仍然有必要诉诸语境推论,以确定它们所引导的话语的施事语力。证明这一点就相当于表明,与塞尔以及大多数评论者的观点相反,奥斯汀严格区分"语力"和"意义"毕竟证明是合理的。经常有人说,这个区分与下述主张不相容。这个主张也由奥斯汀加以论辩,即话语意义部分地为语用性的,包括涉及其语力的标示。我将表明,尽管表明不然,该主张与上述区分并非不相容。如果话语借由其表达的意义呈现出具有特定施事语力,也并不确定话语确实具有其(一定程度上显性地)赋予自己的语力。在奥斯汀意义上加以理解,话语语力始终必定超出其意义;意义包括话语施事语力的"投射",而不是语力本身。语力必须由听话者基于假定的说话者意向推论得出。

───────────────

① 在这样做的过程中,我将追随巴赫(Bach)、哈尼希(Harnish)、斯珀伯(Sperber)、威尔逊(Wilson)以及其他当代语用学家的先导。这些语用学家努力阐发语言交际的一种推论模式。

第一编

施为"前缀语"

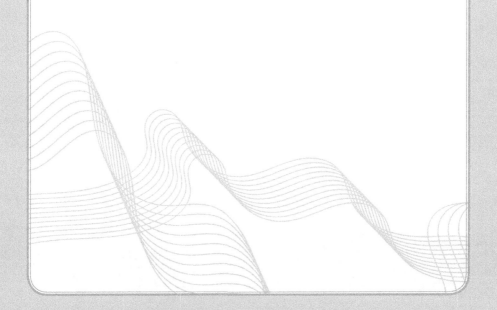

第 1 章
描述性标示的问题

第 9 节　话语意义的双重特性

埃及学家 A. H. 加德纳的《言语与语言理论》(Gardiner 1932)在许多方面先于言语行为理论领域中更近的研究。他在该书引入了两个关键概念表征话语意义:①"意谓的事物"与"句子性质"。"意谓的事物"是我称作话语描述意义的东西,即话语表征的事态。"意谓的事物"这个表达式有点似是而非,因为按照加德纳的观点,所表征的事态并非话语意谓的唯一内容。除了事态,话语还意谓说话者意在同听话者交流。只有通过表达这样一种意向,话语才能获得"句子性质"。"句子性质"使之成为真正的话语,而不只是噪音。因此,话语在表征事态的同时,还表达说话者的交际意向——话语**将本身呈现**为说话者对听话者说出、带有实施言语行为的目的。

加德纳对话语意义的分析与格赖斯的"非自然意义"理论以及奥斯汀的以言施事行为理论具有重要的相似之处。按照格赖斯(Grice 1957)的观点,

---

① 正像奥斯汀所说的那样,本书中使用同一个词"utterance"(说话;话语),既指说话的行为,又指说出的话语。我将让读者根据语境确定意在表达的是哪个涵义。

将意义传达给接收者有几种方法。关于是否意在让接收者辨识信息发出者的交流意向，这些方法存在不同。有时，信息发出者有意掩盖交流意向。打扑克牌中加码下注以使其他玩家相信自己有一副硬牌的玩家，肯定意在交流某种信息，但仅当不被这个信息的对象察觉时，这个意向才能实现。非自然意义的情形(包括但不限于语言话语)大不相同；在这种情形下，交流意向必须是"外显的"或"公开表示的"。除非我对之说话的人辨识我的意向，否则我就不能成功地**告诉**他**某种事情**。语言交际中，不可能将所交流的**东西**与交流某种东西的**事实**分割开来：说话者不能把某种东西(语言地)交流给听话者，而不同时也交流他在交流这个东西的事实。因此，存在加德纳所强调的话语意义的双重特性。同所意谓的东西(即交际行为的内容)相伴，存在话语显现的其本身的句子性质。

加德纳区分两种句子性质。一种性质我至此提到的是"一般句子性质"，话语仅仅借由表达交流意向而获得这种性质。但是，除了这个宽泛的意向，说话者心中还抱有具体目的的进行交流(具体目的可能是询问、请求、告知，等等)。正是这种具体意向赋予话语以其"特殊句子性质"。"特殊句子性质"事实上只不过是奥斯汀的施事语力而已。

像一般交际意向那样，说话者的具体意向得到表达，并且构成说话者传达给听话者的话语意义的一部分。正如加德纳所言：

> 听话者意识到说话者抱有一般性交际目的还不够；通常，听话者希望就此目的了解更多细节，从而相应地形成接受的态度。同样，说话者从自己的角度，也希望听话者确切了解其心中抱有什么目的或意向。事实上，话语具有作为句子的可辨识功能，作为做出交流这个一般性目的之媒介还不够；话语必须以某种方式显示或暗示说话者抱有的特殊目的。[Gardiner 1932:185 - 186]

奥斯汀在说"施事行为的实施包括获得领会"(Austin 1975：117)时，阐述了同样的观点。（除了别的方面）听话者理解话语的施事语力时，领会才会出现。按照奥斯汀的观点，除非听话者辨识说话者实施**该**行为而非某个其他行为的意向，否则以言施事行为就不会得到实施。假如我对某人说"那么继续往下"，意在表达允许，而假如听话者认为我在激将他继续往下，那我就没有成功地实施允许他继续往下的施事行为。按照斯特劳森(Strawson 1964)对奥斯汀和格赖斯观点的尝试性综合，我们可以说，说话者以言施事意向要获得成功，就必须得到听话者的认识。

于是，话语的施事语力是话语传达内容的一部分。然而，语力是以非常特殊的方式传达的。考虑一下下面这些引自加德纳的例子：

> (1) 你给那个可怜的乞丐什么东西了吗？
> (2) 我给了他一先令。
> (3) 你真富有同情心！
> (4) 你自己给他一先令！

加德纳做了如下评论：

> 我们将注意到，每一句话都传达说话者的某个具体意向，但却根本没有直接提到这个意向的名称。在所引的句子中，第一句是一个问题，第二句是一个陈述，第三句是一个感叹，第四句是一个请求。但是，这些句子中都没有显性地承认具有这几种性质。例如，**你给那个可怜的乞丐什么东西了吗？**是一个问题，但并没有陈述它是一个问题。[Gardiner 1932：191]

话语并不陈述自己的"特殊句子性质"。我如果问你是否给了乞丐什么东西,并没有陈述我在问你什么事情。你在回答你给了他一先令时,并没有陈述你在做出这一回答。特殊句子性质是**标示的**。但这一标示不是一种断言;更加普遍地说,这甚至不是一种表征。① 话语(1)～(4)中的每一句都带有某个语力地表征某个事态,但无一表征话语表征事态中带有的语力。当加德纳就这些话语说"第一句是问题,第二句是陈述,第三句是感叹,第四句是请求"时,他的陈述表征一种复杂事态,其中的每句话具有所描述的性质,但他的陈述却不表征它本身是一个陈述的事实。

我们在讨论的那种标示是一种自成一类的意谓方式,这一方式有别于表征方式。为了说明这两种方式的对立,加德纳使用"描述"与"隐含"两个术语。后来,这两个术语为日常语言哲学家频繁使用:

> 言语的基本方法[在]于将连续的词语-符号提供给听话者,每个词语-符号拥有确定的意义域。听话者使用这些线索,通过其智力活动,利用情景作为额外的推论之源,重新建构所意谓的东西。这样概括的方法密切对应于**描述**这个术语所隐含的思想……但是,言语还采用[另一个]方法……这个方法以'描述'这个术语表征不如用术语**隐含**表征得确切。部分地通过描述、部分地通过隐含,言语实现自己的目的。'隐含'更加微妙,不那么有意识地发挥作用。例如,疑问句式提示,说话者意在发问。如果情景佐证了这一点,听话者就能做出这一推断,而并不意识到自己做出了这一推断。[Gardiner 1932:195 - 196]

在加德纳看来,话语同某个事态相联系,话语表征事态;同时,话语本身又构成事态:说话者实施言语行为的事态,这个言语行为借由话语内容同所提到的第一个事态相联系。这两个事态——描述的事态与对应于话语行为本身

---

① 奥斯汀和加德纳都没有清楚地区分断言与表征。两位作者(频繁)使用的"描述"概念存在歧义,可以作两种理解。关于这个歧义性,参见第 17 节。

的事态——都是话语意谓的一部分,但意谓的方式不同。所实施的言语行为的属性由话语"形式"(祈使型、疑问型,等等)指明,不属于其内容——说话者正谈论该内容,并且希望将听话者引至这个内容。说话者在询问听话者的新帽子的颜色时,是在谈论听话者的新帽子的颜色,而不是在谈论自己在提出一个问题。当然,说话者成功表明自己事实上是在提出一个问题;言语行为的性质是"隐含的",但它不是事态的一部分,而是言语行为的内容。

区分两种意谓方式,其合理性可以基于业已做出的阐述,借由以下方法论证。我们如果允许,为了使某个内容(带有某个语力)得到传达,同时也必须传达这个内容(带有这个语力)得到传达这个信息,那么,我们就应当承认,话语传达带有某个语力的某个内容这个事实,不可能**以**话语内容得到传达**相同的方式**得到传达。究其原因,果真如此,就必须传达这个新内容得到传达的事实,这条推论路线很显然会导致我们无限地倒退。这就是为何可以说,传达话语的内容与传达该内容带有某个语力地得到传达这个事实是同一个交际行为的两个不同方面。话语**显示**或**标示**自己带有的施事语力。同时,话语**表征**某个事态。

鉴于自罗素那时以来归赋予自我指称性话语的错误特性,上述区分更加至关重要。人们曾经认为,话语只能合理地表征事态,并不构成事态的一部分(当然,这只是一个大致的表述,但这个观点却是广为人知的)。奥斯汀从未对这个观点抱有任何怀疑。他倡导的真值符合论带来的后果之一是对自我指称的荒唐解释(Austin 1950:121 - 126)。不过,奥斯汀非常强调以下思想,即每个话语借由各种标示手段指明自己的施事语力:每句话将自己呈现为断言、提问、命令,等等。这样,主张话语**标示**而非**表征**自己的语力,就可能调和这两种观点。按照奥斯汀的观点,话语(5)与(6)都传达自己是断言之事实:

(5) 猫在席上。

(6) 话语(6)是一个断言。

(借由动词语气、词序、语调)话语(5)将自己**呈现**为断言,同时表征猫在席上的事态。另一方面,话语(6)**表征**这句话是一个断言的事实。在奥斯汀看来,这足以使之成为谬论。

标示与表征的区分大致与我在第5节做出的"语用"意义与"描述"意义之区分相同。因此,在结束这一节之前,回忆一下我做出的阐述也许是有用的:

- 话语的描述内容由其满足条件(即话语表征的事态)构成。在给定语境中,句子的描述意义决定在该语境中说出句子之话语的满足条件。表达式的描述意义是其对包含该表达式之句子的描述意义做出的系统性贡献。
- 一些表达式具有纯语用意义;这些表达式是"标示语",对包含这些表达式的句子的描述意义不做任何贡献。标示语具有"使用条件",借由这些条件,亦即这些条件得到满足,这些表达式的语用意义是由其使用所隐含(或"标示")的内容。

第 10 节　插入性评论作为复杂标示语

加德纳认为,他关于句子(1)～(4)标示而不描述或表征其"特殊句子性质"的观点并不

与同样的句子加上描述其性质的前缀语这一点相矛盾;究其原因,**我问你,你给那个可怜的乞丐什么东西了吗?** 至少基本上是两个句子,

其中第一个句子没有告诉我们在做出陈述,第二个句子也没有提出问题……确实,增加这种前缀语确实描述性地标示说话者意在使用其句子的方式;但是,同前缀语相伴就新引入了句子性质。这个性质不是宣示的。因此,试图在句子本身中断言句子的性质只是将我们卷入无穷的倒退之中。[Gardiner 1932:191]

但这个观点是可以争鸣的。加德纳因而加以限定,说他的例子"至少基本上"包括两种不同的话语。显然,"我问你"这些词并不是置于其作为前缀语的话语之外的一个评论,相反这些词语构成话语的一部分。几页之后,加德纳颠倒过来说,这种表达式属于话语,话语的特殊句子性质由这些表达式描述。他引用的例子包括"大概""无疑"与"当然"(标示做出陈述的把握程度)以及"请"(标示话语是一个请求)。他补充道:

同这些表达式密切联系的是加了前缀语或缀以词语的话……这些话表明说话者或听话者与某个特定句子相关联的活动,例如,**饶了我吧,我求求你;我告诉你**,我不会做这种事的;**我向你保证**,我根本没这么想过。这些缀语……与其所指的话语密切结合而说出,必须看作同一个句子的一部分。[Gardiner 1932:226 - 227]

斯特劳森在思考诸如"这只是一个建议"或"那是一个警告"这种表达式用于具体描述(加德纳称之为"描述性地标示")话语语力时,也得出结论,绝不能将之看作分立的话语。他认识到,尽管这些表达式

表面上具有对本身之外的话语做出评论的特性…… 最好将这种情形……不看作我们拥有两个话语,一个对另一个做出评论,而看作单个统一的言语行为。大致地说,添加的类评论性词语"那是一个警告"**是整**

个警告行为的**一部分**。[Strawson 1964:160]

插入性评论的目的是使听话者辨识说话者意在实施的以言施事行为。由于实施以言施事行为除了其他因素之外,是使听话者辨识究竟实施了什么行为,所以,我们可以说,就由插入性评论伴随的话语而言,说出评论不是添加到第一个言语行为的第二个言语行为,而只不过是该言语行为的一个方面。

假如插入性评论真的属于其用于显化施事语力或特殊句子性质的话语,那么,这又如何与加德纳(频繁陈述的)观点调和呢? 加德纳的观点是,表述话语显性地陈述自己特殊句子性质的任何企图必定导致无穷倒退。关于插入性评论,加德纳指出,它们"描述性地标示"包含这些评论之话语的句子性质。然而,他也认为,话语只能**标示**其句子性质,而不**描述**这个性质(自此往下,我称之为"加德纳原则")。因为这两个相互抵牾的概念,加德纳的观点看起来是不一致的。

然而,描述性标示的概念可以与加德纳原则相调和。考虑一下(7):

(7) 到这儿来,这是命令!

依我看,理解(7)有两种方法,这两种方法都与加德纳原则一致:(i)我们可以认为(7)是两个话语的序列,即一个命令与关于这个命令的断言;我们如果接受这一理解,那么,说第二个话语——断言——表征或描述第一个话语是一个命令并不违反加德纳原则。在这个情形下,我们拥有两个不同的话语,而非描述其本身之施事语力的单个话语。(ii)另外,我们可以像斯特劳森那样,把(7)不看作两个话语的序列,而看作单个统一的话语,即一个"显性"命令。在这种情形下,话语描述其本身的施事语力吗? 不描述。"这是命令"的评论属于所评论的话语时,并不对整个话语的描述性内容做出任何贡献。整个话语(7)是一个命令;其描述性内容[即由(7)以命令语力表征的事态]只针对听话者到说话者所在的地方来，而不针对说话者向听话者发出命令。因此，插入性评论在作为整体的话语中不履行描述功能；它承担简单标示语的角色。①

在此，"功能"或者"角色"的概念很重要。看来，要拯救加德纳原则，我们必须允许表达式的一个新的范畴"描述性标示语"，拥有描述性意义，但却承担标示语的角色。"这是命令"的评论确实具有描述意义，尽管在(7)中起着标示语的作用；这个描述意义在没有结合到对之评论的话语中时，就将之描述为一个命令。我们也许还可以谈论"偶然性标示语"，因为这种表达式有时描述，有时标示，取决于其在话语中的功能。无论怎样，我们不再能够将标示语表征为一个表达式类型，其例型并不对它们所在话语的描述内容做出贡献；满足这个条件的表达式是固定的标示语。但是，我们还得为那样的表达式类型留有余地，这些表达式的例型有时对话语的描述内容做出贡献，有时并不做出贡献。

描述性或偶然性标示语的这个概念真的融贯吗？这个概念基于表达式意义与其在话语中的功能之间的区分，这个区分不应当推得太远。毕竟，一个表达式假如不对所在话语的描述内容做出某种贡献，那又怎么才能说这个表达式具有描述意义呢？表达式带有描述意义至少必须一般说来（正是借由其意义）履行描述功能。对于表达式不履行这个功能的那些情形，必定存在某个特殊的解释。就插入性评论而言，这个解释是什么？

插入性评论在形式上**结合到**话语**中**并对话语的语力做出标示。这个事实提供了解释的开端。正如我在别处论述的那样（Recanati 1987），如果表达式与某个特殊特征相关联，而这个特征标示该表达式无论拥有什么样的描述意义都不能理解为对话语的描述意义做出贡献的话，那么，具有描述意义的表达式就可能不对话语的描述内容做出贡献。可以认为，包含插入性评论就是这样一种特征，它在整个话语中是插入性评论之功能的一个形式指示

---

① 后面（第 23 节），旨在表明某个表达式起着标示语作用的那种论证将被证明是不可靠的。

符号。

然而,不将意义与功能对立,从而不模糊拥有描述意义的表达式与不具有描述意义的标示语之间的区分,也可以论证同样的观点。我将坚持把标示语表征为这样的表达式类型,其例型不对所在话语的描述内容做出贡献。因此,其例型确实至少有时对话语描述内容做出贡献的表达式类型将不算作标示语。另一方面,在标示语范畴中,我想区分简单标示语(诸如祈使语气)与复杂标示语。复杂标示语在其自己的层面上很可能由具有描述意义的成分组成。在我看来,借由在语调与/或句法上结合,插入性评论就属于这种复杂标示语。这种标示语由两个成分组成:句子表达式"这是命令"与这个表达式插入性地附加于另一个句子的形式环境。就其本身而言,表达式"这是命令"不是标示语,因为标示语空无描述意义。但是,插入性评论作为整体**是**一个标示语。作为表达式类型来看,插入性评论"这是命令",**作为结合到它对其做出评论之话语中的插入性评论**,不描述任何东西,亦即,对所在话语的描述内容不做任何贡献;而正像祈使语气所做的那样,插入性评论的每个例型标示所在话语的语力。因此,就插入性评论而言,这种表达式与作为句子成分的句子性表达式之间的区分,使我们能够解决"描述性标示"的问题。插入性评论在话语中不发挥任何描述功能,也不具有描述意义。插入性评论只在下述意义上可以说是"描述性"标示语,即它是一个(复杂)标示语,一个成分具有描述意义。

第 11 节　施为前缀语作为复杂标示语:两个假设

斯特劳森(Strawson 1964:160)说,从包括插入性评论的话语到显性施为语这一步"只是很小的一步"。在这两种情形下,话语都"显性地"或"描述性地"标示语力。诸如"我陈述弗雷格于 1925 年逝世"这种句子拥有描述意义，借由这个意义，句子可以用于描述说话者实施了陈述弗雷格于 1925 年逝世这一以言施事行为。这样一种描述用法由下面这个例子例示："在我的书中，我陈述弗雷格于 1925 年逝世，但这是个错误。"然而，当句子用作显性施为语时，亦即，当句子用于实施陈述行为、陈述弗雷格于 1925 年逝世时，以第一人称现在时出现的动词不再发挥描述功能。当我施为性地说出"我陈述弗雷格于 1925 年逝世"时，我所陈述的——我的话语的描述内容——是弗雷格于 1925 年逝世；我在做出陈述，这一事实是由"我陈述"这个小句"标示的"，但这个事实不是话语断言表征之事态的一部分。①

这里再一次地，我们看来遇到一个表达式（"我陈述"），拥有内在的描述意义，但却承担着简单标示语的功能。是否像我在上一节中那样说的，具有描述意义的表达式只是复杂标示语的一个成分，不具有描述意义？如果我们想要保留下述两个观点，这是唯一的出路：一个观点是，显性施为语中的动词"标示"而不"描述"话语的施事语力；另一个观点是，标示语空无描述意义，对所在话语的描述内容不做任何贡献。我最终将放弃这两个观点中的第一个观点（第 17 和 23 节）。但眼下，我们必须探索坚持这个观点的可能性。

就插入性评论而言，标示语由句子性表达式及其形式环境（即插入小句的环境）构成。就形式环境而言，关于显性施为语中的主要动词是否存在任何具体的东西？按照（普遍化）施为语假设的观点，每个句子在深层结构中皆为显性施为语。该假设对上面这个问题做出了肯定的回答，亦即，在诸如"我陈述弗雷格于 1925 年逝世"这种显性施为语中，"我陈述"这个小句在深层结构中是最上面的小句。这个形式特征使人们能够区分两种情形：一种情形下，"我陈述"用于标示包括这个表达式之话语的施事语力（施为性用法）；另一种情形下，这个表达式用于描述说话者实施陈述行为（描述性用法）。在后一种情形下，正像在前面提供的例子（"在我的书中，我陈述弗雷格于 1925 年

---

① 参见第 39 页脚注。

去世，但这是个错误")中那样，"我陈述"这个小句在深层结构中内嵌于更高层面(表层删除掉)的施为性主语从句"我说……"。因此，我们如果接受施为语假设，就可以将处理描述标示问题的复杂标示语解决办法扩展至显性施为语。我们可以说，尽管"我陈述"这个表达式具有内在的描述意义，但作为一个成分进入复杂标示语中，而这个复杂标示语不具有任何描述意义，对所在的话语之描述内容不做任何贡献。这个复杂标示语不止包括"我陈述"这个表达式，而是由这个表达式构成和，**因为它是所在句子中最上层的小句。**

当然，问题是我们并不接受施为语假设。该假设几乎被普遍拒绝(反对这个假设的论证出现在许多地方，如 Gardar 1979)。因此，我提出，我们应考虑另一个假设，该假设也将给我们提供一个解决描述性标示问题的"复杂标示语"办法。现在，我将简要介绍这个假设，并在下一章阐发和批判。

在波尔-罗亚尔逻辑中，我们看到对显性施为语"我证实地球是圆的"的下述分析：

> 存在附属命题，这种命题只关注命题形式，即当我说**我证实地球是圆的**时，由动词表达的证实；**我证实**只是一个附属命题，必定是主要命题中某个东西的一部分；不过，它显然既不是主词的一部分，也不是性质的一部分，因为并不对主词与性质引起任何变化。假如我只是说**地球是圆的**，它们仍然会作完全相同的理解。因此，受到影响的只是证实，证实以两种方式表达：第一种是普通方式，使用动词**是**：**地球是圆的**；第二种方式更加显性，使用**我证实**。[Arnauld & Nicole 1683：166 - 167]

根据波尔-罗亚尔逻辑，在"我证实地球是圆的"中"地球是圆的"是主句，"我证实"是一种相当特殊的**附属**小句。在"出众的将军拿破仑懂得如何下棋"中，主语是"出众的将军拿破仑"。这个主语包括附属小句"拿破仑是一位出众的将军"(Arnauld & Nicole 1683：153 - 154；当然，原来的例子中并不包括拿破仑）。在"布鲁特斯杀死了一个暴君"中,谓语以类似而又不如此明显的方式包括一个附属小句;这个句子等值于"布鲁特斯杀死了一个人,这个人是暴君",其中"这个人是暴君"是一个附属小句,将作为暴君的性质归于布鲁特斯杀死的那个人(Arnauld & Nicole 1683:155)。"我证实"这个施为前缀语也是一个附属小句,但既不属于主词("地球"),也不属于谓词("圆的");这个前缀语对话语的"论题"(即其内容,包括主词与谓词)不增加任何内容,而只是用于使其证实"形式"显化。

如果我们(像乔姆斯基那样)从句法上理解波尔-罗亚尔逻辑-语言学理论,这些理论似乎表明,显性施为语的深层句法结构不同于表层结构。在"我证实地球是圆的"中的"我证实……"只是看起来是一个主句,"地球是圆的"只是看起来是一个从句——事实上,主句是"地球是圆的","我证实"是一个附属小句,这正像"(他是一位)出众的将军"在"出众的将军拿破仑懂得怎样下棋"中一样。因此,"我证实地球是圆的"的深层结构根本不像"保尔证实地球是圆的"的深层结构。在后面这句话中,"保尔"是主语,"证实地球是圆的"是谓语;而在前面那句话中,主语是"地球","我证实"这个表达式除了具有使由系动词传达的证实显化之外,不具有其他任何功能。[①]

如果某种类似于刚刚勾勒的路径是正确的,"他(曾)在这儿,我向你保证"与"我向你保证他(曾)在这儿"的差异就纯粹是表面上的。在这两种情形下,"我向你保证"都是一个"附属小句",既不属于主句的主语,又不属于其谓语,而仅仅用于使话语的语力显化。在这个框架中,显性施为语不再构成问题,因为其深层结构似乎与包括插入性评论的话语之深层结构一样,我们已经知道如何处理这种话语。我们现在必须考虑是否有理由认为,显性施为语的这种分析方法也许实际上是正确的,或者至少是看似可信的。

---

① 注意,对波尔-罗亚尔逻辑学家也同样,系词标示而不表征这句话是一个证实(Arnauld & Nicole 1683:138,144)。

第 2 章
并列假设

第 12 节　第一人称现在时的非对称性

关于显性施为语,首先应当指出的是引导施为语之动词("陈述""警告""忠告""允诺""命令",等等)的独特性质。奥斯汀称之为施为性动词。这些动词的特点是"在[第一称单数现在时直陈语气主动语态]与**相同动词**其他人称及时态之间**系统的**非对称性"(Austin 1975:63)。这个非对称性可以通过改变显性施为语中动词的时态或人称观察到。例如,考虑一下下面这些句子,其中只有第一个句子是显性施为语:

(1) 我陈述我是无辜的。

(2) 他陈述我是无辜的。

(3) 我曾陈述我是无辜的。

在比较这些句子时,奥斯汀说,我们可以看到,第一句不同于其他两句。第一句中的动词"陈述"属**非描述性**用法。我在说"我曾陈述"或"他陈述"时,描述我曾陈述或他陈述的事态。但我在说"我陈述我是无辜的"时,并不是在以报告者评论面前正在发生的活生生事件的方式"描述"我陈述的行为。

并不完全清楚奥斯汀说的"非描述性用法"究竟何意。但我认为这个概念可以按下述路径加以澄清。句子(1)、(2)与(3)皆为陈述。三个句子都将某种事态表征为如此这般。(1)、(2)或(3)表征的事态,或者换言之,这三个句子的描述内容是说出这些句子时**所陈述的内容**。就(2)和(3)两者而言,这个事态是说话者或其他某个人(现在或过去)实施陈述的行为。我在说出(2)或(3)时所陈述的是我曾陈述或他陈述。就(1)而言,所表征的事态**不是**实施陈述这个言语行为。我在说"我陈述我是无辜的"时,所陈述的是**我是无辜的**,而不是**我陈述我是无辜的**。因此,在(1)中,"我陈述"这个动词是"非描述性"用法。其原因在于,这个动词对言语行为的描述性内容(即对所陈述的内容)不做任何贡献,而只传达关于正实施之言语行为类型的标示。

奥斯汀断言,第一人称现在时的非对称性是施为动词的标志。正如他所说:

> 对于不用作显性施为语的动词而言,这种非对称性一般根本不会出现。例如,在"我跑"与"他跑"之间没有任何这样的非对称性。[Austin 1975:63]

然而,有理由怀疑真是这样。第一人称现在时的非对称性——下面的性质(A)——看来不如它们具有的另一个性质,即性质(B)那样富有特点:

(A) 动词以第一人称现在时形式出现时对话语的描述内容不做任何贡献;该动词"标示"而不"描述"。

(B) 显性施为话语用于实施施为性动词指表的行为。

同奥斯汀认为的相反,我们不能将性质(A)用作甄别施为性动词的检验手段,因为这相同的性质也可以在诸如"相信"这样的某些命题态度动词中观察到[这也许可以解释为何奥斯汀(Austin 1975:162)极想将命题态度动词归入施为性动词]。独立于奥斯汀的研究,以第一人称现在时形式出现的某些动词之特殊性质也为本维尼斯特(Benveniste 1958a)注意到了。他列举的主要例子是命题态度动词:

> 一般而言,我在以动词(传统术语中的)三种人称的每一种的现在时形式使用时,人称上的差异看来并不导致词形变化动词形式之意义的任何变化。在"我吃""你吃"和"他吃"之间,动词形式提供了对行为的描述这是普遍恒定的事情。对行为的描述以相同的方式归于"我""你"或"他"。同样,"我痛苦"和"你痛苦"两者都描述同样的状态。这使我们感到是某种显见的东西,业已隐含于词形变化范型的种种形式之间。
>
> 然而,当人称变化时,若干动词并不具有这种稳定的意义。将讨论的动词指称心理倾向或运作。我在说"我痛苦"描述我目前的状态。我在说"我感觉天气将会发生变化"时,描述我具有的一个印象。但是,我假如不说"我感觉天气将发生变化",而说"我相信天气将发生变化",那么会出现什么情况?"我感觉"与"我相信"形式上完全对应。那意义又怎么样呢? 我能将这个"我相信"理解为与"我感觉"以同样的方式对自己做出描述吗? 我在说"我相信"时,将自己描述为相信吗? 当然没有。这个心理运作根本不是该话语的目的;"我相信……"相当于加以限定的断言……再考虑一下下面的话语:"我假定,你是史密斯先生";"我推测约翰收到我的信了";"他已经出院,因此,我推断他痊愈了"。这些句子包含运作性动词:"假定""推测""推断"表达逻辑运作。但是,"假定""推测""推断"在用于第一人称时,其性质并不像诸如"推论"或"反思"等动词,尽管这些动词似乎很接近。"我推论""我反思"这些形式描述我在推

论或反思。但"我假定""我推测""我推断"则迥异。我在说"我推断……"时,并不描述自己处于推断过程中;推断活动可能是什么呢? 我在说"我假定"或"我推测"时,并不表征自己在假定或推测。"我推断"所标示的是,从所陈述的事实我对某个事态做出推断。正是这个逻辑关系建构于人称动词之中。类似地,"我假定""我推测"与"我假装""我重新开始"大不相同。在"我假定""我推测"中,有一个标示出的态度,而没有描述的运作。[Benveniste 1958a:263 – 264]

本维尼斯特在研究第一人称现在时呈现非对称性的动词的过程中,重新发现了施为性动词。本维尼斯特指出,在说出"我发誓""我承诺""我批准"时,我并不描述我实施的行为,这就像当我说"我相信"时并不描述我的心理倾向一样。施为性动词的区别性特征是,当我使用这种动词的第一人称现在时形式时,我实际地实施了动词指表的行为[性质(B)]。说出"我发誓"就是发誓,但说出"我相信"并不就是相信。不过,这两种动词在允许其第一人称现在时形式作非描述性用法上相像[性质(A)]。我在说出"我相信天气将发生变化"时,我断言的**内容**是天气将发生变化。"我相信"非描述性地用于标示所做陈述的确切性质,亦即,加以限定的断言之性质。

性质(B)是在第一人称现在时形式呈现非对称性的这类动词 [即在具有性质(A)的动词]中,将施为动词区分开来的东西。但是,本维尼斯特提到的动词("我相信""我假定",等等)还由一种特性加以区分,即"透明性"特征[下面的性质(C)]。例如,在"我相信天气将发生变化"中,相对于补足语"天气将发生变化","我相信"是透明的,因为"天气将发生变化"尽管从属于"我相信",却作为独立话语而非作为内嵌补足语发挥作用。主句"我相信"所贡献的只不过是个主观色彩,使所做出的断言从某种角度铸就。这个断言由补足小句单独传达,假如删除主句,话语的基本意义不会改变。无论我说出"我相信天气将发生变化"还是说出"天气将发生变化",我差不多言说了相同的东

西,亦即,天气将发生变化。我们可以将透明性动词表征如下:

> （C）当且仅当复杂句子的话语大致等值于孤立地出现的"p"之话语时,动词"V"以单数第一人称现在时直陈语气主动语态形式出现在句子"我 V p"中,其中"p"是一个陈述句,该 V 即为透明的,或者更确切地说,是透明性地使用的。① 可以透明性地使用的动词即为透明性动词。

本维尼斯特提到的动词是透明性的,因为(4)～(7)大致都等值于(8):

> （4）我相信他来了。
>
> （5）我推测他来了。
>
> （6）我假定他来了。
>
> （7）我推断他来了。
>
> （8）他来了。

当然,(4)～(7)并不完全与(8)同义。假如主句省略[即如果说出(8)而不是(4)、(5)、(6)或(7)],借由(4)、(5)、(6)或(7)实施的言语行为依然可能得到实施。但这并不意味着主句在(4)～(7)中不发挥任何作用。按照本维尼斯特、厄姆森(Urmson)和其他许多人的观点,(4)～(7)中的主句用于针对语境安置话语。用本维尼斯特的术语来说,以第一人称现在时形式出现的动词是一个语用算子,该算子将无人称话语转换成"主观性"话语:

> 我在说"我相信……"时,将无人称地断言的事实(即天气将发生变

---

① 原则上说,当某个表达式图式地被提及时(即当该表达式由套语表征时,而套语包含代表表达式某个未具体确定成分的变项),套语应当置于角引号中,而不是放在通常的引号中。然而,在本书中,因为不可能产生歧义,我只是自由地使用通常的引号。

化,这是一个真实的命题)转变成一个主观性话语……我通过在的话语中包括"我假定""我推测",就隐含着我针对随后出现的陈述采取某种态度。应当已经注意到,引用的所有动词后面都接有"that"和一个从句[that 仅起引导宾语从句的句法作用,译成汉语时略去——译者注]:从句部分而非管割该从句的有人称形式,是真正的陈述。但是,另一方面,这个有人称形式可以说是一个主观性标示语。该标示语为随后的断言提供了一个主观性语境——怀疑、推测、推论——适于表征说话者对自己所做陈述的态度。[Benveniste 1958:264]

现在很清楚,在带有非对称性第一人称现在时形式这类宽泛的动词类型中,我们所区分的两种动词——亦即施为动词与透明性动词(或者用厄姆森的术语,称作插入性动词)——并不互相排斥。例如,动词"推断"是透明性的,也是施为性的。说话者说出"我从这一切推断乔治来了"这句话时,也从这一切推断乔治来了。同样,(1)中的施为性动词是透明性的,因为(1)大致等值于(9):

(1) 我陈述我是无辜的。

(9) 我是无辜的。

我们如果接受奥斯汀的建议(Austin 1975:71),也许可以将针对施为动词的透明性作如下定义。当且仅当显性施为语包括对应的基本施为语作为其一部分时,出现在显性施为语中的施为性动词才是透明性的。[①] 对应于显性施为语"我陈述我是无辜的"的基本施为语是"我是无辜的"。我们可以看到,后者包括在前者中,作为整个句子的一部分。据此而论,在显性施为语"我陈述

---

① 注意,这个定义超出了标准(C)对施为动词的严格适用范围,因为标准(C)仅仅相对于"我 V…p"句型定义透明性。但是,在现阶段,这个差异并不重要。

我是无辜的"中,施为动词"我陈述"是透明性的。对于"我推断乔治来了","我警告你他不开心"以及"我发誓那不是我有意做的",也许可以做出同样的分析。然而,并非所有施为性动词在以第一人称现在时形式出现时都是透明性的。显性施为语"我否认是这么回事儿"并不包括对应的基本施为语"那不是这么回事儿"。"我否认……"这些词语不能省却,否则就会改变意义。这与在"我陈述我是无辜的"中的"我陈述……"不同。因此,与"我陈述"相反,"我否认"不是透明性的。尽管在"我保证我会来的"中的"我保证"是透明性的,但严格说来,在"I promise to come(我保证来)"这个意义相同的句子中,"我保证"不是透明性的。其原因在于,至少从表层来看,"我保证来"并不包括陈述句"我将会来"。这可能在语法分析某个更深的层面上不同(参见第 15节)。但是,至此,我们只是相对于句子表层结构定义透明性。

在波尔-罗亚尔逻辑学家的例子"我证实地球是圆的"中,施为动词在相关意义上是透明性的。这就引起了下述问题,即第 11 节中提出的对这个例子的句法分析能否扩展至**不**由透明性动词引导的显性施为语。然而,在探讨这个问题之前,我们需要进一步对这一分析稍加阐发。

第 13 节 支持句法分析的论证

某些动词第一人称现在时形式的非对称性(无论这些动词是否为透明性的),可以更加恰当地描述为**潜在的**非对称性。与诸如"跑"这种普通动词不同,非对称性动词**可以**非描述性地使用,但这种用法不是强制性的。我在说"我(曾)相信 p"或"约翰相信 p"时,我在描述我过去相信或约翰现在相信。在言说"我相信 p"时,我在做以下两种事情中的一种:我要么描述我现在相信,要么(有保留地)断言 p。这第二种用法属非描述性用法。同一动词用于其他人称或时态时,这种非描述性用法呈现出熟悉的非对称性。然而,正如我们刚才注意到的,动词"相信"以第一人称单数现在时直陈语气主动语态形式出现,也可能具有描述功能。如果某人做民意测验,要我列述我相信的东西,我也许回答(除了其他东西)"我相信死后灵魂能够转世"。显然,在说出这句话时,我在描述我的信念之一。这时,我在说出"我相信 p"时,并没有断言 p,而是断言我相信 p。类似地,正像在"每当我小酌时,我陈述地球是圆的"或者"在我的书中,我陈述弗雷格于 1925 年逝世,但这是一个错误"(第 11节)中那样,我在说出"我陈述 p"时,可能在断言我陈述 p。

由以第一人称现在时形式的"非对称性"动词引导的句子因为可能有两种理解,所以某种程度上是歧义的。这正像所包含副词可以作描述性解释(作为成分副词修饰谓语)或者可以作非描述性解释(作为句子副词作语用标示)的句子一样。因此,"He is happily occupied. "(他开心地忙碌着。)在一个语境中等值于"It is happily true that he is occupied. "(他忙碌着,这令人开心地是真的。),在另一个语境中等值于"It is true that he is happily occupied. "(确实,他开心地忙碌着)(Strawson 1973:58)。在后一种(描述性)解释中,副词修饰谓语"……是忙碌的",产生复杂谓语"……是开心地忙碌的";于是,当且仅当主语符合这个谓语赋予的性质,话语才能成真。然而,在前一种解释中,当且仅当主语符合谓语"……是忙碌的",话语即成真。假如按照这个方式加以解释,省略该副词不会改变句子表达的命题。究其原因,由副词引入的修饰外在于这个命题,涉及说话者对命题的感情态度。这个态度既不是"陈述的",也不是"描述的",而仅仅是"标示的"。

人们如果接受句子副词与成分副词区别的句法现实性,"He is happily occupied. "(他开心地忙碌着/他忙碌着,这令人开心地是真的。)的歧义性就可以从结构上很容易得到解释。例如,我们也许可以说,在一种情形下,在深层短语标记中,副词直接由 S(句子)节点主导;而在另一种情形下,副词则由VP(动词短语)节点主导。至于由非对称性动词第一人称现在时形式引导之句子的歧义性,看来我们也应当从结构上做出阐释。无论怎样,这种程度的主张隐含于卡茨与波斯特尔(Postal)涉及一个不同例子时所做出的论述之中。

按照卡茨与波斯特尔(Katz & Postal 1964,第4.2.3节)的看法,像(10)这样的句子是歧义性的:

(10) 你将回家。

句(10)可能作两种解读:一种是祈使性理解,说话者让听话者回家;另一种是陈述性理解,说话者描述包含听话者回家的未来事态。然而注意,(10)并不包含任何像"bank"(银行/河岸)这样的歧义性词汇。卡茨与波斯特尔推断,这里的歧义是结构上的,而非词汇上的。他们想通过赋予句子两个不同的深层短语标记对之做出解释。一个短语结构标记包含祈使语素在音系上的零形式,另一个短语结构标记则不包含这个形式。根据这个观点,(10)对应于两个不同的句子:"你将_{直陈}回家"和"你将_{祈使}回家"。这两个句子碰巧具有相同的表层结构。但可以使用几个简单的检验将两者加以区分。例如,插入一个像"也许"这样的句子副词就足以排除祈使性解读。同样,如果把"你将"这两个词放在句子末尾的附加疑问句中(像在"Go home, will you."[回家,好吗?]中那样),或者径直删除掉(正像在"回家"中那样),直陈性理解就将成为不可能。在卡茨与波斯特尔看来,"你将_{祈使}回家"——尽管表面上不然——在句法上和语义上同"回家"或"回家,好吗"要比它与"你将_{直陈}回家"更加接近。

像(10)这样的句子与像"我相信 p"或"我命令你来"这种句子的类比引人注目。像(10)那样,后面这种句子是歧义的,但并不包含歧义的词汇。我们如果按照卡茨与波斯特尔的论证,就必须推断这些句子是结构上歧义的。这样,"我相信 p"事实上对应于两个不同的深层句子,一个深层句子中的"我相信"小句具有"描述性"解读,另一个深层句子中,这个小句具有"非描述性"解读。

第 14 节　插入性动词

包含以第一人称现在时形式出现的"透明性"动词的句子在结构上存在歧义,这样的假设乍看上去具有某种可信性,至少如果我们以厄姆森对这些动词的描述为出发点时是这样的。他将这些动词称作"插入性的"(Urmson 1952)。

厄姆森说,如果话语由插入性动词第一人称现在时形式引导,动词后面接着"that"(引导宾语从句的词,无实际意义——译者注)和一个直陈小句,那么,话语的主句(即包含插入性动词的小句)可以作非描述性理解。在这种情形下,其功能就纯粹是语用性的,标示内嵌补足语所传达的断言作何理解。在说出"我相信乔治会来"时,我言说乔治会来。我在这样做的过程中,标示我只是表达我的观点。在说出"我承认乔治能力很强"时,我言说乔治能力很强,标示我借此向听话者承认一个观点。在说"我很遗憾乔治死了"时,我陈述乔治死了,标示我对这个事实感到悲伤。下面是厄姆森对其关于插入性动词研究的概括:

> 当这些动词用于现在时第一人称时……断言本身包含在与之关联的陈述小句中,隐含断言是成真与合理的。在这种用法中,这些动词本身并不具有任何描述涵义,而只起到信号的作用,指引听话者在断言的社交、逻辑或证据语境中正确理解断言。这些动词不是断言陈述的一部分,也不是额外的断言,而是针对断言起着类似相关于一则附加提示"**仔细阅读**"的作用,或者像在部队里跺脚与敬礼可以起到表明某人是在正式报告的作用那样。这些动词也许可以比作剧本台词中的诸如"用悲哀(自信)的口吻说出"这种舞台指示。这些动词帮助理解与评价所言,而

不是所言的一部分。[Urmson 1952:239 - 240]

换言之,插入性动词是一种**前言**。正如范德勒(Vendler 1970:90)所言,这种动词是一种"元文本",而不属于"文本"(Recanati 1979a,第 7 章)。插入性动词传达的信息不属于话语的描述内容。描述性内容完全由内嵌补足语传达。

厄姆森对插入动词做出了句法表征:

以动词**假定**为例。我们也许可以指出,用其第一人称现在时形式,我们可以符合语言习惯地说出以下任何话语:

我假定你的房子很旧了。

你的房子,我假定,很旧了。

你的房子很旧了,我假定。

正像在以上例子中那样,以第一人称现在时形式出现、可后接"that"与一个直陈小句而使用,否则也可以插在陈述句的中间或置于句末使用,这种动词是插入性动词……除了文体方面的原因,这种动词究竟出现在所处陈述句的句首、句中或句末,在一些语境中,几乎是没有差异的;这并非始终如此。但当情况是这样时,这种动词就被认为纯粹是插入性地使用的。[Urmson 1952:221]

第一人称现在时透明性动词可以转变成插入性小句,这个事实并没有躲过奥斯汀与本维尼斯特的注意。在前面引用的那段文章中,本维尼斯特提供了出现在主句中的透明性动词的例子。在这些例子中,我们发现一个例子属于另一范式;尤其是句(11)同(12)和(13)归到了一起:

(11) 你是,我假定,史密斯先生。

（12）我推测约翰收到我的信了。

（13）我推断他痊愈了。

　　奥斯汀从他的角度提到，施为性动词经常可以作插入性使用（Austin 1975:77）。霍尔德克罗夫特（Holdcroft 1978:64）指出"我警告你吉尔在那儿"和"吉尔，我警告你，在那儿""只是文体变化形式"。按照类似的思路，布鲁斯·弗雷泽（Fraser 1975:188，注 1）说道，"在功能上而不是在形式上"，（14）与（15）是显性施为语：

（14）我将到那儿，我向你保证。

（15）我是，我承认，迟到了一会儿。

按照厄姆森的观点，"我相信 p"与"p，我相信"之间的差异纯粹是句法上的，没有对应的意义上的差异。自然地出现的问题是，这个句法上的差异本身是否纯粹是表层的。因为两句话在意义上等值，难道两者不会也可能在某个深层句法结构上等值？这样一种深层句法等值可能会与"我相信 p"的透明性与描述性两种解读上的句法差异密切联系。这正像卡茨与波斯特尔所指出的，在"你将_{祈使}回家"与"回家，好吗"深层结构上的同一性与"你将_{祈使}回家"和"你将_{直陈}回家"深层结构上的差异平行发生。句法分析可能为以下事实提供简练的解释：在"我相信 p"的透明性理解中，主句（即包含"相信"的小句）看来只不过是任选性附加成分，而内嵌补足小句看来带有独立断言的语力。在"我相信 p"的透明性理解中，假主句只是一个插入性小句，缀于实际上是一个独立的直陈性小句，这个主张可能为"透明性"之不甚牢靠的直觉概念提供一个尝试性的句法基础。

第 15 节　莱昂斯的假设

这个方法让人联想到波尔-罗亚尔逻辑学家的处理方式。为了充实这个方法,一个很好的出发点是乔治亚·格林(Green 1973:14 - 15)阐释萨多克(Sadock 1970)所称"疑问祈使句"的方法时,提到却予以拒绝的想法。"疑问祈使句"尽管采用疑问句式却具有祈使语力。例如,"你能把窗户打开吗?"既可以理解为就听话者未来行动提出的问题,又可以理解为请求听话者打开窗户;作后一种理解时,这就是一个"疑问祈使句"。格林提出,这种歧义性可以通过假定两个不同的深层句子结构加以解释。这样,"疑问祈使句"(即"你能打开窗户吗?"作祈使性理解的形式)就派生于一个深层结构,等值于"打开窗户,好吗?"格林说道:"有人也许主张,[疑问祈使句]只是简单祈使句添加了附加疑问句,然后将附加疑问句前置,这正如在(A)中那样,使这种'疑问祈使句'的疑问形式变得只不过是一个巧合"(Green 1973:114):

　　(A) 闭嘴→闭嘴,好吗？→你能闭嘴吗？

将上述分析应用于插入性动词,我们就会说"我相信天气晴朗"作透明性非描述理解时,实际上只是"天气晴朗"这个句子,"我相信"作为插入性前缀语添加到这个句子前。因此,单个表层句子对应于两个深层结构:作描述性理解的"我相信天气晴朗"和作透明性理解的某个类似于"天气晴朗,我相信"的结构。可以肯定,在(作透明性理解的)"我相信天气晴朗"中的"我相信"**看起来**并不像是一个插入性小句。但是,在法语中,有时会出现以下情况,并列结构的实例会被非从属性"que"的表面现象所掩盖(Grevisse 1969:131; Le Bidois & Le Bidois 1971, 1:331);按照这个观点,我们也许可以把在"I believe that the weather is nice"(我相信天气晴朗)透明性理解中的"that"看作只不过是一种空洞的占位符。这种观点可能符合奥斯汀多少有点模糊不清的建议,即间接话语("He said that`...`"他说……)中的"that"与出现在显性施为语中的"that"不一样(Austin 1975:70 - 71)。

刚才表述的并列结构分析看来解释了为什么像"我 V that p"(其中的"V"是以第一人称单数现在时直陈语气主动语态形式出现的动词)这种句子可以作两种理解,一种为描述性理解,另一种是透明性理解。但这种歧义只是一种更加普遍的现象中的一种,亦即,许多以第一人称现在时形式出现的动词允许描述性与非描述性(但不一定是在前面定义的涵义上为**透明性**)这两种理解。例如,在句子(16)～(21)中,主句的动词有时是施为性的,有时是透明性的,有时同时兼具两个性质:

(16) 我命令你来。

(17) 我允诺来。

(18) 我允诺我会来的。

(19) 我向你保证我会来的。

(20) 我相信我会来的。

(21) 我假定我会来的。

每个句子有两种读解:一种为描述性读解(如果我们在"我"后面插入"经常",就必须做出这个理解);另一种是非描述性读解。在非描述性读解中,主句动词仅用于标示话语应当如何理解,而不对话语的描述内容做出贡献。此外,在句子(18)～(21)中,作非描述性读解的主句动词也是透明性的,从而可以省却而不会实质性地改变整个话语的意义。我在说出"我允诺我会来的",是在说我会来的,我本来完全可以说"我会来的",通过将之省略的简单策略可以表明插入性前缀语的任选性特征。借由赋予(18)～(21)以一个句子结构,该结构包括独立的陈述小句,这个小句通过占位性"that"依附于主句,非从属"that"理论可以说明(18)~(21)的歧义性。但是,这个理论无法阐释像(17)这样的句子。在这种句子中,主句动词不是在前面(第 12 节)定义的意义上为透明性的。

尤其是就显性施为语而言,我们可借由奥斯汀基本施为语的概念重新表述刚才提出的困难。我们业已将基本施为语概念用于定义施为动词的透明性。按照插入性前缀语理论,显性施为语衍生于将一个插入性评论前缀于恰当的基本施为语。因此,例如,"我允诺我会来的"产生于将"我允诺"附于"我会来的"。这个理论如果正确,那么据此推论,显性施为语始终应当包括对应的基本施为语作为其一部分。但显性施为语并不这样包括。尽管"我允诺我会来的"包括"我会来的"作为整体的一部分,但对于"我允诺来"而言,情况并非如此。因此,这构成了该理论的一个反例。

以这种方式表述,该质疑看来并不是不可克服的。问题在于"我允诺来"不同于"我允诺我会来的",并不包括基本施为语"我会来的";后一个表达式在形式上并不等同于"我允诺来"中的任何部分。然而,塞尔提供了一条出路:

> ……在"我允诺来"这个句子中,表层结构看来并不允许我们区分施事语力标示语与命题内容标示语。在这方面,这个句子不同于"我允诺我会来的"。在"我允诺我会来的"中,施事语力标示语("我允诺")与命题内容标示语("that 我会来的")之间的差异正好存在于表层结构。但是,我们如果研究第一个句子的深层结构,就会发现其深层短语标记像第二个句子的深层短语标记一样,包含"我允诺"+"我会来的"。在深层结构中,我们经常可以鉴别对应于施事语力的那些成分,完全独立于那些对应于命题内容标示语的成分。[Searle 1969:30-31]

换言之,"我允诺来"和"我允诺我会来的"两者在深层结构中都会包含"我会来的"。于是,难道我们不能通过说显性施为语不是在表层结构而是在深层结构中包括对应的基本施为语,借以改变插入性前缀语理论的表述方式,以拯救其精神实质? 这种观点可能保存下述概念,即显性施为语中的第一人称现在时直陈语气主动语态动词,是一种插入语而非主要动词。像"我会来的"这样的句子在其非描述性读解中会衍生于一个深层结构,在这个深层结构中,"我会来的"与"我允诺"并列,而不从属于之;而在其描述性理解中,相同的表层句子会衍生于一个结构,在这个结构中,"我会来的"从属于"我允诺"。

大致地说,这是约翰•莱昂斯(John Lyons)为阐释显性施谓语提供的假设。莱昂斯提出,深层结构中的两个小句可能互相结成从属关系、并列或并置关系。考虑一下两个小句在深层结构中并置的情形:这种关系可能在表层结构中保持不变,这正如在"我会来的,我允诺"中一样。但是,按照莱昂斯的观点,这种关系也可能以一种形式呈现,这种形式可能被误认为从属关系,这正如在显性施为语"我允诺来"或"我允诺我会来的"。为了阐释这种情形,莱昂斯提出了以下方案:

> [可能]施为性主动词在表层结构的性质应当由语法规则做出解释,该规则作用于两个并置的或并列地相关联的小句。在深层结构中,这两个小句中的任何一个都不从属于另外一个。这条规则的一个语义效应会产生例型自反性的独特性质。但这个效应不会破坏施为小句的插入性质;这是一个重要的观点,必须予以阐释。**我向你允诺我将到那里**和**我将到那里,我向你允诺**的施事语力看来是相同的;在两种情形下,**我向你允诺**与允诺行为之间的关系相同。[Lyons 1977:782]

据此而论,像"我允诺来"这种句子在结构上是歧义的。其原因在于,看上去像从属关系的一个例子的结构,在深层结构中可能对应于一个真正的从属关

系或者对应于一个并列关系。因此,莱昂斯对这些句子歧义现象的阐释与第
13节中讨论的卡茨与波斯特尔论述一致。

第 16 节　莱昂斯假设批评

两条证据似乎为莱昂斯假设提供了佐证。其一,在显性施为语中,正像
以下事实表明的那样,即可以通过使用等值的基本施为语"我会来的",而不
使用"我允诺来",在语境中释义一个显性施为语,主句显然具有次要性或附
带性——或者至少其传达的信息如此。施为前缀语仅就其引导的话语施事
语力做出更加确切的描述。其二,传达次要的或附带的信息的施为动词可以
出现在插入小句中,这个小句附加于基本施为语,从而"我会来的,我允诺"与
"我允诺来"等值。

然而,显性施为语中的主句是否始终为附带性的,或者始终可以由一个
等值的插入小句替代,这并不是显而易见的。让我们从最后这一点入手。艾
莉丝·戴维森(Davison 1975:170 - 171)论辩说,在显性施为语中插入
"hereby"(特此)阻隔了将施为动词转变为一个插入小句的可能性:

(22) 我允诺我将于 10 点钟到那儿。

(23) 我将于 10 点钟到那儿,我允诺。

(24) 我特此允诺我将于 10 点钟到那儿。

(25) ＊我将于 10 点钟到那儿,我特此允诺。

例(23)是可以接受的,与(22)意义等值。但是,按照戴维森的直觉,例(25)与
(24)等值却是不可接受的。类似地,厄姆森要求关注某些施为动词。这些施
为动词在作插入性使用时,不再具有其通常的语力:

……将"他不会有好下场,我担保"看作真正的担保,或者(比赛中)要求(对方)让步或者当某人说"他会忘记来,我打赌"时,喊道"接受(打赌)",就会像亚里士多德可能会说的那样,是未受过教育的标志。[Urmson 1952:238]

厄姆森正确地推断,"打赌"被施为性地(而非修辞性地)使用时,不能转变成插入性小句。正像在(26)和(27)中那样,提及下了多少赌注就足以表明情况如此:

(26) 我赌 100 美元蔚蓝美丽队将赢得比赛。

(27) * 蔚蓝美丽队将赢得比赛,我赌 100 美元。

现在是回到我提出的另一个观点的时候了。关于句(26)中的主句根本不存在任何**次要**或**附加性**的东西。尽管在大多数情况下,"我打赌明天天气将晴好"经常可以意译为"明天天气将晴好",但是,说出"我赌 100 美元蔚蓝美丽队将赢得比赛"肯定不只是言说"蔚蓝美丽队将赢得比赛"的另一种方式。说话者并没有说蔚蓝美丽队将赢(他或许是一个受虐狂,认为蔚蓝美丽队将输);相反,他说**他赌 100 美元**蔚蓝美丽队将赢,因而对于话语意义,主句显然是不可或缺的。同样,说出"我为把咖啡撒你身上而道歉"不是告知你我把咖啡撒你身上的一种方式。将我的话意译为"我把咖啡撒你身上了,我道歉"是不恰当的。在这个意译中,施为动词被转变成了一个插入小句。

由于(26)中主句传达的信息是实质性的信息,所以,难以找到一个与这个显性施为语等值的基本施为语——亦即,可以用于实施相同施事行为却既不包含施为动词,也不包含施为动词的同义词。"100 美元押在蔚蓝美丽队"不能奏效,因为这只不过是某个类似于"我赌 100 美元押在蔚蓝美丽队"的省略形式,其中"我赌"(或"我押""我下")这些词语省略掉了。就"我为把咖啡撒到你身上道歉"而言,找到一个意译更加容易。在这个意译中,施为动词并不出现——例如,"我抱歉把咖啡撒你身上了"。然而,这并不证明**在显性施为语**"我为把咖啡撒你身上而道歉"中,由主句传达的信息在任何方面是次要的或附带性的。**在这句话中**,省略包含施为动词的主句产生一个话语(大意为"我把咖啡撒你身上了"),这个话语在意义上甚至都不接近于等值。

如果"我把咖啡撒在你身上了"是一个基本施为语,对应于显性施为语"我为把咖啡撒在你身上道歉",那么,我们也许可以将后者的深层结构理解为包含一个与插入施为动词并置的基本施为语。这正是莱昂斯假设所要求的。但正像我们业已看到的那样,"我为把咖啡撒在了你身上而道歉"并不等值于"我把咖啡撒在你身上了"。"我为把咖啡撒在了你身上而道歉"确实对应于像"我抱歉把咖啡撒在你身上了"或"原谅我把咖啡撒在你身上了"这种基本施为语。这些基本施为语并不包含施为性动词"道歉"或其同义词。但是显然,"我为把咖啡撒在了你身上道歉"不可能具有与施为性套语"我道歉"并置的"我抱歉把咖啡撒在你身上了"这个基本施为语作为其深层结构。在这种情形下,莱昂斯假设是完全行不通的。

一般说来,仅当显性施为语可以分析成两个成分小句时,莱昂斯假设才是可行的。这两个小句中一个包含施为动词第一人称现在时形式;另一个(在一定的抽象层面上)对应于一个基本施语,这个施为语等值于显性施为语。很容易看到,像"我允诺来"这种句子就属于这种情形。像塞尔提议的那样,其深层结构包含(等同于)"我允诺"和"我会来的",其中"我会来的"是一个对应于"我允诺来"的基本施为语。但是,对于像"我赌 100 美元蔚蓝美丽队将赢得比赛"或者"我为把咖啡撒在了你身上道歉"这种句子,这个分析是不能成立的。确实,每个句子都包含两个小句,一个包含施为动词("我打赌"与"我道歉");但在此,剩余的小句根本不像一个在涵义上等同于整个话语的基本施为语。

现在转向"我命令你来这儿"这样的话语，人们**也许可以**认为，这个话语包括"我命令你"和对应的基本施为语，这个施为语只不过是"来这儿"。无疑，"我命令你来这儿"包含一个深层祈使语，这个主张是非常成问题的。但假定我们允许这一主张——那么我们如何能够将这个分析扩展至诸如（28）这样的例子，在这个例子中相应的基本施为语是（29）？

（28）我禁止你来。

（29）不要来。

显然，将（28）分析成"我禁止你"和"别来"是相当别扭的。究其原因，即使我们假定（28）以某种方式包括祈使语，该祈使语出现在表层相对应的基本施为语中，但还存在否定的问题：否定出现在（29）这个基本施为语中，但却不能出现在显性施为语（28）这个内嵌补足小句中，因为那样的话，说话者就会禁止听话者**不来**。这个事实看来迫使我们得出结论，即插入显性施为语中的"基本施为语"**并不包含否定**（大概也不包含祈使）。但是那样，若没有否定，它就不再是大致等值于作为整体的显性施为语的一个基本施为语了。

莱昂斯假设要求每个显性施为语分成两个部分，一个部分（施为"前缀语"）标示话语的具体施事语力；另一部分（补足小句）大致等值于对应的基本施为语。正如我论辩的那样，人们可以反对这个观点，指出补足小句不能始终认同于对应的基本施为语。但是，还有一个更强的质疑：有时甚至不可能以这种方式将施为语分成两个部分。诸如单个小句式的显性施为语这种东西确实存在；"我辞职"就是一例。塞尔（Searle 1975b：367）[①]说，语义上看，"我辞职"等值于"我宣布我的工作终止了"，这个句子中确实有两个命题，一个包含施为动词，另一个等值于对应的基本施为语（"我的工作终止了"）。但

---

① 并参见范德勒（Vendler 1972：23 与附录 2）以及科尔尼利耶（Cornulier 1975：78 - 80）。

从句法上看，"我辞职"并不等值于"我宣布我的工作终止了"。它不是衍生于深层结构中的两个小句，无论是否是两个并置的小句。"我感谢你"也是单个小句式显性施为语。人们也许可以分辩说，这只是"我感谢你做了这个那个事情"的省略形式。但是，这个举措并不令人信服。无论怎样，这种办法对于"我向你致敬"不会奏效。无疑，这个施为语仅由一个小句组成。并置分析法对于这些案例毫无用处，因为在这些案例中，只存在一个小句，不可能存在并置结构。

第 17 节　两种歧义

前面的考虑因素表明，按照前缀语理论建议的方式，将显性施为语分块是徒劳的。因此，描述标示的悖论再次抬头。带有内在描述意义（借以指表言语行为）的施为动词怎么对其引导的话语之命题内容不增加任何东西，而只起到"标示"话语施事语力的作用？

至此，最佳的举措是拒绝这个问题的最初前提，亦即，施为动词只是"标示"话语的施事语力，而不对之加以"表征"或"描述"。究其原因，正如我们所看到的那样，某人说出"我道歉"或"我赌 100 美元蔚蓝美丽队将赢"是在**言说他道歉**或他打赌，这等于在说他的话确实描述由施为动词指表的施事行为。[①] 但是那样，我们就不再能够声称动词对话语的描述性内容不增添任何内容。确实，**说话者**在施为性地说出"我道歉"时，不"描述""表征"或"报告"任何东西；但**他的话**确实描述或表征道歉的施事行为的实施。"我道歉"的"施为性"读解不同于其所谓"描述性"读解。但两者的区别不是"描述性内

---

① 因为说出"我道歉"确实用于实施有关的施事行为，话语描述这个行为之事实看来与主张话语只能标示其施事语力而不描述话语（"加德纳原则"）相矛盾。然而，事情并不如此简单。我们在第 23 节中将看到，这里并不一定存在矛盾。

容"的事情。在两种理解中,施为动词描述其指表的施事行为的实施。因此,两者的差异不(像拥有描述意义的符号与纯"标示语"之间的差异)是语义性的,而相反是语用性的,涉及话语实施的特定言语行为。[①] 某个说出"我道歉"的人可能借此实施道歉的行为,或者他可能报告(在语用涵义上"描述")一个不直接与话语行为相联系的事实——例如,假如在回答我关于他眼下正在写的一封信的内容之疑问时,他回答道"我告诉你,你的房子烧毁了,我为放了火而道歉,我允诺不再会做这种事情了"——但是,在两种情形下,**他说了同样的东西**,即他道歉。两种理解之间的差异不是**所言**的问题——假如施为动词只在一种理解上对话语的命题内容做出贡献,就会是这种情况——而是**所言作何理解**的问题。[②]

因此,施为性理解与描述性理解之间的歧义现象不是语义性的。句子如果包含歧义性词汇或具有不止一个深层句法结构,那就是歧义的。在其中任一情况下,结果都是在说出这种句子时,人们可以**言说不同的内容**。我在说"John has quite frankly admitted everything"时,可能言说按照我坦率的看法,约翰承认了一切;或者言说约翰以相当坦率的方式承认了一切。脱离了语境,这句话的所言可能并非始终是显见的。但是,包含施为动词之句子的歧义完全是另一类型。"禁止吸烟"[③]显然只有一种字面意义,无论谁说出这个句子都**言说吸烟被禁止**;但是,在特定场合**说出这句话的行为**也许可以不

---

① 对这些问题发表论述的许多哲学家相对于(语义的和语用的)这两个方面,歧义性地使用"描述"这个术语。奥斯汀经常从一个涵义转变到另一个涵义。这或许就是为何他使施为动词成为"标示语"的一个原因。"描述"与同族词语[(动词)"描述"等]的歧义性解释了刘易斯(Lewis 1970)为何区诸如"我道歉"这种话语的"自我描述"读解与"施为性"读解,即使同时证实作施为性理解的话语描述用以实施的施事行为。这使之在另一涵义上成为描述性的(Ginet 1979:263,注11)。

② 这一点后面必须加以限定。正如我将在第41节中表明的那样,在命题内容层面上,"我道歉"的两种理解之间存在差异:"我道歉"作施为性理解是"自我指称性的"——这句话说的是,说话者**正是通过这个话语**道歉的。

③ 正如这个例子清楚表明的那样,显性施为语中的动词不一定始终以第一人称现在时直陈语气主动语态出现。然而,这里做出的论证并不依赖这一点。

同方式理解——说话者可能只是注意到吸烟被禁止,或者他可能实际上在禁止某人吸烟。看来我们在此面对的是一个影响话语的语用歧义,而不是一个在句子类型中的语义歧义。

这样一种语用歧义类似于表征基本施为语中的歧义(Austin 1975:33)。在不同语境中,"继续往下"可以解释为具有这样或者那样的施事语力;同样,"吸烟受到禁止"可以解释为对事实的陈述或一道禁令。据此,第13节讨论的卡茨与波斯特尔论证缺乏效力:从一个歧义句不包含任何歧义词汇的事实,**除非**得到确证该歧义是语义性(而非语用性的),否则就不能推断该歧义是结构上的。就显性施为语而言,在像"你将回家"这种句子中,(不那么尖锐地说)远非显见的是,歧义性确实为语义性的。①

在下一章,我将讨论并批判奥斯汀的观点,即施为动词规约性地标示所引导之话语的施事语力;然后,我将(在第4章)探讨奥斯瓦尔德·杜克罗特支持这一概念的历时论证。

---

① 区分语用歧义与语义歧义的实例,另一个检验手段如下:在说出语义歧义的句子时,说话者极少旨在交流不止一个可能的理解(那些不符合这一点的一般属于修辞领域),但若歧义是语用性的,他就很可能这样做。当航空公司雇员向一队乘客宣布吸烟被禁止时,他告知乘客吸烟被禁止的事实,在这样做的过程中,他禁止他们吸烟。

激进规约论

第 3 章
施为话语与施事行为:规约论观点

第 18 节　施为性与述谓性:奥斯汀
对自己前期观点的批判

奥斯汀引入施为性话语概念之时,哲学家对语言的语用维度与社会维度持蔑视态度。几乎全神贯注于为"科学"目的而设计的人工语言导致产生了一种观点。根据这个观点,话语实质上是对现实做出成真或成假的描述。语言也是社会交流的工具,这一点被认为是无足轻重的(参见第 1 节)。始于 20 世纪 30 年代,某些分析哲学家开始反对这个观点。这些哲学家开展了对基于夸大语言信息功能重要性的"描述谬误"的批判。这些哲学家以系统的方法开始研究那些话语,这些话语的功能不是描述现实:非陈述性话语诸如祈使话语,显然既不成真也不成假;陈述性话语以第二人称现在时出现,包含情态动词"应当"或"应该",用于规定而非描述;或者,同样,包含审美词项或道德评价词项(诸如"美丽的"或"善良的")的陈述性话语。

除了"后期"维特根斯坦在剑桥的追随者之外,反描述论的中心是牛津;这个中心的中心[借用斯特劳森曾经用于莱尔(Ryle)的短语]是奥斯汀。奥斯汀对反描述论的最著名贡献是区分施为话语与述谓话语。后来他认为这个区分是个错误。在这一节,我将介绍这个区分——根据奥斯汀在《如何用语词做事》中对之做出的解释,他反驳这一区分——以及导致奥斯汀放弃这一区分的理由。在下一节,我将表明,不同地加以解释,这个区分因可以抵御奥斯汀的质疑而得到辩护,他对这一区分的拒斥部分地归因于"施为性"这个词词义的转变。

即使我们坚持《如何用语词做事》中提供的解释,施为性概念可以更加严格或不那么严格地加以理解。在最宽泛的意义上,如果话语实施某个行为,因而本身构成一种事态,而不是对某个事态做出成真或成假的描述,该话语就是施为性的。像"雨停了"这种"述谓语"描述事态,其成真或成假取决于雨是否事实上停了。相反,像"立刻回家!"或"几点啦?"这种非陈述性话语(在这种宽泛意义上)是施为性的。在说出这些句子时,我不在描述现实;我在发出命令或提出问题。这些话语既不成真也不成假,不反映先前存在的现实,而创生一个新的现实,这个新的现实本身可以由一个述谓性话语描述("他告诉我回家"或"他问我几点了")。

在这个意义上,有些陈述话语也是施为性的。我可以通过说出"你立刻回家!"向你发出一道命令。当我说"我的家就是你的家"时,我在实施款待某人的行为,而不在描述独立于我的话语的一个事实。同样,当说话者旨在休会时,话语"休会"就是一个施为语。奥斯汀尤其对这种话语感兴趣,"施为话语"这个表达式一般在更加局限的第二个意义上意指任何在宽泛意义上具有施为性的**陈述**话语。

在各种可能具有施为性的陈述话语中,奥斯汀尤为关注一种,亦即,那些像(1)~(3)的话语,提到用于所实施行为之名称的话语:

(1) 我以圣父、圣子、圣灵的名义为你洗礼。

(2) 我命令你回家。

(3) 我允诺来。

按照奥斯汀的观点,当我说"我允诺来"时,我并不描述我允诺来这个事实,而我实际上在做出这样一个允诺。由于我的话语是实施一个行为,所以,既不成真,也不成假。诸如(1)~(3)这种话语的区别性特征在于它们是**显性**施为语。诸如"我会来的"这种话语是述谓语,如果说话者仅仅满足于陈述一个事实。这种话语也可作施为性理解,在作这种理解时,说话者不是做出徒然的预言,而事实上通过其话语承诺来;然而,说话者没有明确做出允诺,没有任何东西(或者至少没有任何语言表达)迫使听话者认为说话者这样做了。相反,对于像(3)这样的显性施为语,话语的施为性质——这是一个允诺的事实——得到显化,不可能会产生误解。

奥斯汀将显性施为语用作查明诸如"我会来的"这种歧义性话语中的施为性的一种检验手段。在给定语境中,这样一种话语假如可以由一个显性施为语意译,那么,就判定为施为性的,如(3)。如果不能这样意译,那么(除了极少的几个例外),话语就不是施为性的——奥斯汀最初旨在通过这个检验手段建立施为性话语与述谓性话语的系统区分。但是,这个检验手段导致他质疑这个区分。结果证明,直觉地归入述谓语的所有话语均可以由一个显性施为语意译,从而必须看作施为语。

诸如(4)这样的话语是显性施为语:

(4) 我陈述地球是圆的。
(5) 地球是圆的。

说出(4)的说话者并不描述他正在实施陈述地球是圆的这个行为,他在实施陈述行为。但像(5)这种述谓性话语描述事态,因此成真或成假,可以由像(4)这种显性施为语意译。奥斯汀得出结论:"述谓性"话语实际上是施为性的,因为这种话语用于实施言语行为,即做出断言的行为,从而本身创生了一种事态,而不只是描述一个事态(新创生的事态本身可加以描述——"他陈述地球是圆的")。因此,施为性与述谓性之间的对立打破了,并非由于话语(成真或成假地)描述现实而不能对现实做出贡献。每个话语创生一个事态,亦即,实施某个言语行为,即使这个行为只不过描述一个独立于该话语的事态。奥斯汀(Austin 1975:135)评述道,像(4)这种准确无误的施为性话语可以像(5)那样用于相同的描述目的,从而可以成真或成假。两者都描述地球是圆的事态。当且仅当事态实际如此时,两者才都成真。两者的差异不在于第一个话语用于实施一个行为,而第二个话语描述一种事态;两者都用于实施行为,两者都描述事态。差异仅在于,与(5)不同,(4)显性地标示其施为语特性。

据此而论,所有(认真的)话语在说出这些话语的说话者借此实施了一种行为这个意义上,都具有施为性。这些行为包括允诺、警告、断言,等等。如果该行为的名称由话语本身提到,那么,该话语就是"显性施为语";否则,就是"基本施为语"。最初理解为述谓性话语的东西只不过是带有断言语力的基本施为语。这些话语不仅应当区别于"到这儿来"和"几点了"这样的话语,分别是带有命令与发问语力的基本施为语;而且应当区别于像例(4)这样的话语,这种话语具有断言语力,但显性地标示如此(Hare 1971:102 - 105)。

第 19 节　对奥斯汀批评的批评

奥斯汀放弃施为性/述谓性的区分,这样做正确吗? 奥斯汀让人们关注诸如"猫在席上"和"雨停了"这种话语具有语用维度,用以实施言语行为。这种做法无疑是正确的。这个洞见使他能够表明,每个话语(只要是"当真的")就具有某个施事语力。然而,仅当我们以某种方式解释施为性这个概念时,施为性/述谓性之分才与述谓性话语用以实施言语行为这个观点不相一致,具体地说,就是以奥斯汀在《如何以语词做事》结尾反驳自己最初的观点时,解释施为性概念的方式。或许奥斯汀不再看到——或假装不再看到——最初激励他区分施为性/述谓性的思想。无论那是否可能,至少还可能对施为性概念做出两个另外的解释,这两个解释都允许我们调和施为性/述谓性之分与述谓性话语具有语用维度的思想。在这些解释中,话语用以实施言语行为的事实不是话语具有施为性的充分条件。

在其中的一个读解中,施为语与述谓语之间的不同对应于一个重要的二分。这个二分在两个粗略划分的类别之间做出,由语词与世界之间的"适应指向"加以区分。当我命令某人过来,或者当我宣布休会时,我的话语呈现为意在产生话语表征的事态(例如,假定使听话者来的事态,或者休会的事态)。在此,是使世界符合我的语词。但是,当我陈述"雨停了"时,则是我的话语应当符合话语旨在描述的现实。当我们比较"休会"两个可能的读解时,这个差异清晰地呈现出来——在作述谓性理解时,话语描述一个事态,即会议结束,而作施为性理解时,旨在**创生**这个事态。当然,在第一个情形以及在第二个情形下,都实施了言语行为。但在此,施为性/述谓性之分可以重新解释为两种施事语力的区分,这个区分借由语词与世界之间的适应指向定义(参见第38节)。因此,我们也许可以说,在第一种情形下,句子"休会"带有述谓性语力说出,而在第二种情形下,话语则带有施为性语力说出。

为了使话语在这个意义上成为施为性的,话语创生新事态,亦即实施给定的言语行为,这是不够的。相反,话语必须创生(或呈现为旨在创生)**话语所表征的事态**。这就是为何述谓性话语不是施为性的。我的话语"地球是扁平的"创生的事态包含我**陈述**地球是扁平的,这与话语表征的事态(即地球是扁平的)根本不是一回事儿。然而,假如我对你说"到这儿来",我的话语表征你来这儿。这句话将自己表征为以某种方式 "引起"或旨在引起这个事态的出现。也就是说,我的话语不仅创生一个事态,在这个事态中,我向你发出一道命令,而且旨在创生话语本身表征的事态,在这个事态中,你来这儿。"休会"的例子更加引人注目。这个话语将自己呈现为具有休会的效应,因而创生超乎说话者做出宣布行为的一个事态。

　　奥斯汀称作"显性施为语"的话语在我们现在对这个术语的用法中是施为语,这不是因为这些话语用于实施以言施事行为,而是因为它们同时指表该行为的实施,从而在实施中,这些话语使其所表征的事态得以创生。[①] 因此,"我陈述地球是扁平的"是施为语,但"地球是扁平的"则不是,因为后一句话并不指表话语创生的事态。(注意,根据这种阐释,某些非陈述性话语,诸如"多么美好的一天啊"或者"几点啦"与"地球是扁平的"一样,都不是施为性话语。)

　　理解我刚才提出的施为性/述谓性之分在第 6 章将证明是有用的。然而眼下,我想考察使这个区分与充分认识述谓性话语的语用维度相容的另一种方法。我心里想到的观点是由 G. J. 瓦诺克(G. J. Warnock)提出的。这个观点与《论如何用语词做事》中做出的阐述相比,更加接近于奥斯汀对施为性/述谓性之分的原初理解。

　　根据瓦诺克(Warnock 1973;并参见 Urmson 1977)的观点,奥斯汀并没有将施为性话语只是看作实施一个行为而不描述独立存在之现实的话语。相反,他在思考用于实施一种特殊行为的话语:打赌、完婚、在纸牌游戏中叫牌、发誓效忠。这些行为即使我们用语词做出,从根本上看也并不是言语行为。要实施这些行为,我们必须说出某些词语,但奥斯汀指出,借由说出这些词语实施的行为不能轻易地描述为(仅是)说出某种东西的语言行为(Austin 1975:5)。当我喊出"三无将"时,我不只是"说些什么",我在叫牌。正像在(6)~(9)中那样,当实施某个行为需要的套语是显性施为语时,情况同样如此:

　　(6) 我以圣父、圣子、圣灵的名义为你洗礼。

　　(7) 我把手表遗赠给我兄弟。

---

① 就显性施为语而言,甚至不可能区分所实施的行为与所表征事态的创生;既然话语表征行为的实施,两者就不再能够分离。另一方面,在像"我的家就是你的家"这种施为性话语中,所表征事态的创生是该行为实施的结果。这种话语并不表征行为的实施,话语表征由行为实施而创生的事态。

（8）我不叫（牌）。

（9）我发誓讲真话,全部是真话,只讲真话。

在恰当的环境中说出其中的一个句子,就是**做出某种事情**,而不只是言说某事,这是在实施一个行为,该行为不能简约为简单的"言语行为"。

《如何用语词做事》的开头几页似乎表明瓦诺克是正确的。奥斯汀的所有例子都像（6）～（9）那样。如果瓦诺克确实是正确的,那么,奥斯汀使用"施为语"指称诸如"我陈述地球是扁平的""我劝你休长假"或者"我推断现在太晚了"这种话语代表这个术语意义发生了转变。究其原因,这些话语尽管形式上与（6）～（9）相似,却用于实施不同的、纯语言的行为类型。按照瓦诺克的方式加以理解,施为性话语与述谓性话语的最初对立证明是合理的。发现断言是一个言语行为以及"'我陈述'是'施为性'这个词**另一个意义**上的施为语"并不引起对这一对立的质疑。究其原因,通过"我陈述地球是扁平的"实施的行为可以通过诸如"地球是扁平的"这种述谓性话语实施,而对于借由诸如（6）～（9）这种"真正"施为语实施的行为却不能做此阐释。述谓性话语确实具有语用维度,用以实施行为,即实施断言的语言行为。但奥斯汀原初意义上的施为语用于实施的完全是另一种行为,正是这一点使其在原初意义上是施为性的。

瓦诺克对施为性/述谓性区分的解释同我提出的第一个解释一样合理。我认为,追问哪一个解释是"正确的",这是无意义的。奥斯汀非常清楚地在说不止一件事情。例如,他在论文《其他心灵》（Austin 1946）中说,以"我知道……"开始的话语是施为性的。他提供了以下理由:在说"我肯定"时,"我"传达的事实是"我确定"。但在说"我知道","我"所做的就不止这一点,"我"**担保**"我"所传递信息的成真性。在第一种情形下,"我"只是"说某事";在第二种情形下,"我"实施了一个规制行为,类似于发誓。在此,奥斯汀像瓦诺克那样表征施为性:施为性话语是用于实施规制行为,而不只是一个简单言语

行为的话语。但"施为性"的这种用法是异乎寻常的。奥斯汀施为性话语的大部分例子是"我 V"形式的话语,符合以下图式:

(S) 说话者说"我 V"→说话者 Vs

符合(S)的话语创生话语指表的事态。根据这条标准,"我允诺"是施为性的,而"我知道"则不是。某人如果说"我允诺",则做出了允诺。但是,他如果说"我知道",并不能据此推论他知道。

看来,奥斯汀(至少)使用施为性的两条标准。一个话语是施为性的,如果(a)用于实施除了只是"言说某事"以外的一个行为与/或(b)实施话语用以实施的行为具有创生话语表征之事态的效应(或旨在产生的效应)。同时使用这两条标准可能解释瓦诺克观察到的意义上的转变,因为像"我陈述地球是扁平的"这种例子根据第二条标准[符合(S)]依然是施为性的,即使不能满足第一条标准(所实施的行为只不过是一种言语行为)。使用第二条标准导致对第一条标准的削弱——施为性话语所实施行为的"语言外"特性不再坚持。[①] 随后系统诉诸现在业已弱化的第一条标准(话语如果用以实施任何行为,甚至是言语行为,就是施为性的),转而导致对第二条标准的削弱[现在(S)只描述一类施事语,即显性施为语]。

第 20 节　以言施事行为的规约性特征

在瓦诺克看来,奥斯汀以言施事行为理论很重要的部分是基于对"施为

---

① 放弃施为性话语所实施行为的"语言外"特性也由于不可能清晰地区分言语行为与由语言实施的(语言外)规制行为而证明是合理的(参见第 21 节)。我将在第 47 节再次讨论这两种行为的问题。

性"涵义的转变,他让我们关注这一点。奥斯汀在许多场合坚持,显性施为语实施的行为是"规约性"行为。于是,如果我们相信瓦诺克,这只是就由原初意义上的施为语(亦即像(6)～(9)这种话语)实施的行为而言如此。我们将通过考察这类例子开始讨论奥斯汀规约论学说,然后再回到由对于显性施为语的语义分析所产生的问题。

奥斯汀区分"规约性"行为与"身体的"行为。诸如挠头这种纯粹身体行为可以分解成一组动作(抬起手,把头向前靠,轻快地将手指来回移动),从而如果这些动作发生,该行为也就发生——这并不涉及任何规约。身体行为由构成该行为的动作构成。例如,发出一串声音"猫在席上"是发音器官某些运动的"结果",这正像在一页纸上出现一串记号"猫在席上"(除了别的因素之外)是手的某些动作的结果一样。但是,说出**句子**"猫在席上"(从而言说猫在席上)与产出声音序列"猫在席上"不是一回事儿。唯有通过语言规约,句子"猫在席上"才能这样存在。语言规约规定什么是句子,什么不是句子。说出声音序列"猫在席上"是发音器官某些运动的结果。但说出句子"猫在席上"则不是,这是一种规约行为。我在说出一个句子时,参照某些语言规约这样做。没有这些语言规约,我的话无论多么充满技巧地说出,都根本不是真正的语词,而只是噪音(Austin 1975:115)。

如果说出句子的行为不同于产出某些噪音,是规约行为,那么显然,对于打赌、洗礼、遗赠等行为也是同样道理,只不过要加以限定的是,在此,规约在性质上是语言外的。倘若下棋规约不存在,准确模仿(我们称之为)下棋游戏之步骤的两个人就并不会是在下棋。下棋活动不是采取某些步骤的事情,而是按照一套社会承认的规约这样做。这些规约规定采取这些步骤即为在下棋。同样,某人发出"我以圣父、圣子、圣灵的名义为你洗礼"这些词语的读音,唯有借由社会承认的规约(规定如何进行洗礼),才能实施洗礼行为。

洗礼与遗赠是塞尔(Searle 1969)称作"规制性事实"(而不只是"原始"事实)的行为。规制性事实亦即其分析不可简约地涉及规制概念:

任何报纸都记录以下类型的事实：史密斯先生与琼斯女士结婚；道奇队在十一局以 3∶2 赢了巨人队；格林被判盗窃罪；国会通过了岁出预算案……关于事态的身体性质或心理性质，并不存在一套简单陈述，而诸如这些事实的陈述可以简约为这一套简单的陈述。结婚典礼、棒球比赛、审讯以及立法行动涉及各种身体动作、状态与自然感觉，但仅用这种字眼具体描述这些事件中的一种，尚不能成为对结婚典礼、棒球比赛、审讯抑或立法行动的具体描述。鉴于某些其他条件、针对某些类型的规制背景，身体动作与自然感觉仅能算作这些事件的一部分。

记录在我上述这组陈述中的这种事实，我建议称之为**规制事实**。这些的确是事实；但同原始事实的存在不同，规制事实的存在预设某些人类规制的存在。正是有了结婚的规制，某些形式的行为才构成史密斯先生与琼斯结婚。类似地，正是由于存在棒球规制，某些人的某些动作才构成道奇队在 11 局以 3∶2 赢了巨人队。在更加简单的层面上，正是由于存在货币的规制，我现在手中才有一张五元的纸币。取消了这个规制，我手里就只有一张带有各种灰色和绿色印迹的纸。[Searle 1969:51]

缺少恰当的规制，像(6)～(9)这种话语实施的行为就**不再存在**。但是，按照奥斯汀的观点，更进一步地看，这些行为的实施**受制**于这些规制。当诸如洗礼这种行为在一个社会群体中得到承认并正式确立时，该行为的实施就存在规约性地建立的程序。借由某个规约，实施这样那样的身体行为就**相当于**实施一个规制行为。规制决定必须做什么、谁能做以及在什么环境下做。简言之，规制行为按照一种编码程式实施。用奥斯汀的话来说，不遵守规则可能导致行为的"不适切性"。奥斯汀在《如何用语词做事》的开头几讲中，描述了实施诸如洗礼或结婚这种行为的程序。他考察了相关于这些行为的"适切条件"，并对之加以分类——适切条件即每个行为恰当实施必须满足的条件。

说出显性施为语经常作为与由动词指表之行为相关联的程式的一个元素。例如,若要逮捕谁,(至少在西方)要求出示警长警徽,并喊道"我以法律的名义逮捕你";在法庭宣誓,必须手按着《圣经》说"我发誓讲真话,全部是真话,只讲真话"。在奥斯汀看来,说出一个施为性套语,就诉诸规制,该规制本身就使得正在实施的行为成为某种东西,而不是一串多少有点怪诞的身体动作;人们使用施为语显性地产生了行为的象征维度。但是,在给定程式中包括一个显性施为性套语无论有什么理由,一旦包括,这个施为性套语就成为一个有机部分,同构成程式的其他元素一样具有任意性与规约性(Fauconnier 1979:8 - 9)。

瓦诺克批评奥斯未能清楚区分由诸如(6)～(9)这种话语实施的行为与通过像"我陈述地球是扁平的""我劝你来"等话语实施的言语行为。确实,奥斯汀将规约性特征归赋给所有这些行为(不加区分地称作"以言施事行为"),而瓦诺克则想将规约性特征留给诸如发誓或者逮捕人这种语言外行为。瓦诺克让人们关注奥斯汀这个观点的荒唐结果:按照这个观点,诸如询问一个问题这种语言行为根据一种特殊的规约实施,这个规约规定如此这般地做就是问了一个问题,这正像逮捕某人就是亮出警徽并说出"以法律之名……"云云。瓦诺克分辩说,这个观点是无法辩护的。说"我发誓讲真话、全部真话、只讲真话"是借由某个社会规约发誓,而不只是借由句子意义发誓。但并不存在这种特殊规约规定"几点啦?"是一个问题。这句的话语借由其**意义**而具有发问的语力。无疑,在是由语言的语义规则确定这个平凡的意义上,后者是一个规约问题。但是,确定"几点啦?"是一个问题中并不涉及任何其他规约。同奥斯汀的观点相反,在确定说出句子意义的通常语言规约之外,并不存在一组特殊的以言施事语力规约,确定话语的语力。因此,奥斯汀关于每个以言施事行为(即使是纯粹语言行为)都按照一种特殊规约实施的观点是不正确的。如果说他强烈地为这个观点辩护,或许是因为他将"施为性"的两个涵义搅和到了一起,将以第一种涵义上的施为语实施之行为的规约性特征归赋给了以第二种涵义上的施为语实施的行为(Warnock 1973:76)。

第21节 为规约论做出的初步辩护

前文对奥斯汀的批评有点过于苛刻。我们在重新探讨瓦诺克的观点之前,应当再次考察支持奥斯汀规约论的论据。在瓦诺克勾画的理论中,从"施为语"的第一种涵义转变为第二种涵义,源于奥斯汀未能区分语言外规制性行为与言语行为,两种行为都划归"以言施事行为"。这个错误是奥斯汀下述规约论概念的出发点,即一般的施事行为(因此尤其是言语行为)是"规约性的"——这个观点瓦诺克感到不能接受,鉴于并不存在将句子与句子用以施行的言语行为相关联的规约。对这个批评,可以做出两个回应。其一,奥斯汀没有能够区分语言外行为与言语行为这种假定可以理解为有意努力将两种行为归到一起。其二,非常可能至少以某种方式,存在将句子与句子用以实施的言语行为关联起来。

可以认为,普通"言语行为"同诸如实施洗礼这种语言外行为一样,在塞尔意义上(参见第20节)为"规制性行为"。实施某个给定的言语行为是否可以简约为某个"自然的"(即物理的与/或心理的)事态的出现,这毕竟是一个悬而未决的问题。[①] 主张这种自然主义的简约是不可能的,就是主张即使是断言实质上也是规约形式的行为。根据这个观点,做出断言与实施洗礼之间的不同依然存在。但是,这个不同只在于一种情形下,相关的规约是话语规约(可以说,这些规约决定能够进行哪些"语言游戏"),而在另一种情形下,这些规约是语言外规约。这个差异并不阻止两种行为共有作为规制性行为的某种基本特征;因此,将两种行为归到一起并不一定是一个错误,而很可能反

---

① 在第7章,我将做出支持(经常尝试的)借由格赖斯意向对交际行为进行自然主义简约的论证。

映出希望强调这个事实。

还可以论辩,两种行为**不能**严格分开。感谢某人这种社交行为在一种意义上是"语言"行为。我如果不懂得如何实施这个行为(例如,通过说"谢谢你"),就不能认为我能够恰当地说某个社团的语言;但这个内嵌于语言中的行为显然超出了语言的范围。[①] 一般而言,在语言活动与语言外活动之间并不存在截然不同的划界。许多行为(例如,命令、允诺、致歉)既可以按照一定的形式在显然为语言外程式的范围内实施,也可以不按这个形式作为一种简单的"言语行为"实施。将诸如洗礼这种语言外行为与像询问一个问题这种语言行为归于单个名目("以言施事行为")之下,远不是一个错误,而可能用于强调这两种行为之间存在相似性以及难以在两者之间严格划界。奥斯汀在将"适切条件"这个概念扩展至言语行为时,心里所想到的无疑正是这个相似性。为某人洗礼,必须具有恰当的资格;同样,要发出命令,也必须对命令对象行使得到社会承认的权威;正像在日常环境中,我不能对级别高于我的人适切地发出命令,我也不能断言某事,除非我有根据证明我相信自己所说的话是有道理的(Austin 1975:95)。我不能就在此刻适切地断言罗纳德·里根正在刷牙,除非我有某些证据支持我的断言,无论这个证据多么贫乏。[②]

---

① 必须教孩子什么时候说**谢谢你**,什么时候道歉,有些孩子根本学不会。但教他们这些东西是教他们礼仪,而不是教他们语言"(Cohen 1974:193 – 194)。

② 然而,注意,尽管有很好的理由将像断言这种言语行为与像洗礼这种语言外行为归于一类,但也有很好的理由将(以某种方式定义的)言语行为单独归于一类。我在说"休会"时,不只是言说某事,我终止会议。但这个语言外行为通过语言行为实施。要**实施休会**(语言外行为),我必须宣布休会(言语行为)。奥斯汀的适切条件只适用于语言外行为:要实施休会,必须具有恰当的资格。但任何人都可以**宣布**会议结束,即使这个宣布可能是无效的(Cornulier 1975:78)。于是,在某种意义上说,言语行为缺乏适切条件,与语言外行为不可同日而语。

　　奥斯汀并不关心**这个意义上的**"言语行为"。例如,他在谈论命令时,所考虑的不是由发出命令者实施的言语行为,而是就说话者实施的行为,周围社会环境是否赋予他的话以某种规制效力,换言之,命令如果得到接受与辨识,是否实际地使听话者服从命令。这同样适用于断言和其他言语行为。奥斯汀从社会学角度思考这些行为。从这个角度看,这些言语行为与诸如洗礼或遗赠这种语言外行为相似。正是在这个层面上,也只是在这个层面上,这种行为可以说拥有适切条件。

(转下页)

但是,瓦诺克的质疑又怎么办呢?当我使用句子 S 实施言语行为 A 时,(除了极其平常地,确定 S 意义的规约)并不存在任何将说出 S 与实施 A 关联起来的规约。但是,存在一条将说出(6)与给某人洗礼的行为相关联的规约。换言之,我们可以允许言语行为像语言外施事行为那样,具有规制特性;以下事实仍然存在,即只在这些情形中的一种情形下存在由规约将之与实施行为相关联的"套语"。

我们立刻可以观察到,这个质疑不足以推翻言语行为与语言外规制行为相似性之概念。首先,并不是所有语言外规制行为都要求说出诸如(6)这种套语。例如,为了辞职,没有任何东西强迫我说出"我辞职";即使我确实说出这个句子,这是否真是一个规约性"套语"也是可以争论的。然而,这个质疑面临一个更加严重的问题。考虑一下下面的对话:

A:哎!你急匆匆上哪儿去?

B:关门前我去买份报纸。你如果有空,来跟我一起去。

每个人说了两个句子,在这个过程中(至少)实施了两个言语行为。A 同 B 打招呼,并问了 B 一个问题;B 以断言回答,并且要 A 做某事。**说出的每个句子由规约将之与用于实施的行为相关联**。"哎"是一个打招呼的规约性套语,正像(6)是洗礼的规约性程式语那样。剩余的句子不是严格意义上的套语,但每一句都借由"语气"(分别为疑问、陈述、祈使)与用于实施的言语行为规约

(接上页)相反,自奥斯汀以来,哲学家和语言学家更加关注这种言语行为。以言施事行为呈现更多的语言学色彩。在当前的使用中,由会议主席(或者就此而论,由门卫实施,如果他突然一阵冲动,说出"现在休会")实施的"以言施事行为"是宣布休会的行为。在我看来,要实施这个意义上的以言施事行为,使听话者认识到说话者在实施这个行为就足矣,而无需额外满足某些"适切条件"。(我在第 47 节,尤其是针对瓦诺克的批评,将回到这个由以言施事行为概念引起的问题。)

性相关联。[①]

　　当然，将"哎"以及三种语气同有关言语行为关联起来的规约是语言规约，而不是像将(6)与洗礼相关联的规约那样属于语言外规约。不过，奥斯汀的主张并非平凡无奇，因为这些是**语用**规约，用以将句子与某个"施事语力潜势"相关联。这些规约属于确定句子意义的语义规则，但又不同于确定诸如"椅子"或"桌子"这种词的意义的描述规约。因此，奥斯汀说在非平凡意义上（以与存在下述规约相同的方式：该规约规定，说出(6)就是洗礼）存在确定话语施事语力的"规约"，他这样说并没有错。

第 22 节　激进规约论

　　以上考虑的因素表明，瓦诺克对奥斯汀的批评过头了。可以认为，言语行为既在具有规约特性的意义上是规约性的，又在规约性地与某种句子类型相关联这个意义上是规约性的。但是，认为言语行为在第二个意义上是规约性的，这个观点可以更加激进或不那么激进的方式理解。按照"激进的"理解，当说话者实施行为 A 时，始终借由将该行为与说话者使用的特定语言形式相关联的规约；言语行为的实施完全是规约性的，等于使用先前建立的符码。

　　这种形式的激进规约论显然是无法辩护的。毫无疑问，存在（语用）规约，将句子与诸如让某人做某事或做出断言这种宽泛类型的言语行为相关联。但是，通过说出一个句子实施的**具体**言语行为一般并不借由包含在句子中的"标示语"规约性地关联于句子。这个事实是斯特劳森在《言语行为中的

---

① 无论怎样，这是大多数语用学家可能主张的观点。稍后面（第 40 节），我将质疑陈述句规约性地关联于断言行为的观点（并参见 Recanati 1982）。

意向与规约》中首次指出的：

> 可以确信，可能存在这样的情形，对滑冰者说出语词"那儿的冰很薄"是发出警告（是说出某种带有警告**语力**的话），而根本不存在任何可陈述的规约……借此规约说话者的行为可以认为是为了履行规约而实施的行为。

> 下面是另一个例子。我们可以很容易设想这样的环境，说出"不要去"这些词语会正确地描述为不是一个请求或命令，而是一个恳求。我不想否认，对于恳求，可能存在规约性的姿势或程序：例如，人们可以跪下来，伸出双臂**说**道"我恳求你"。但是，我确实想否认恳求行为可以仅仅作为履行某种这样的规约而实施。使 X 向 Y 说的话成为不要去的**恳求**的是某种东西——无疑十分复杂——这个东西与 X 的情景、对 Y 的态度以及当下意向等相联系…… 但是，假定始终必定存在一个得到履行的规约，这就像假定没有任何爱情不是按照《玫瑰传奇》中所规定的路线进行，或者假定男人之间的每场争吵都必须按照塔奇斯通关于对骂与直言不讳的讲话中所规定的方式进行。[Strawson 1964:153-154]

瓦诺克(Warnock 1973:77)阐发了一个类似于斯特劳森的论点。他推断，说话者经常实施以言施事行为，这种行为的实施并不规约性地关联于说出的任何词语；所实施的具体施事行为一般并不由出现在用于实施这些行为的话语之成分"标示"。因此，激进规约论必须放弃。

然而，激进规约论不必全然放弃——将其稍加弱化就足矣，从而能够使之与斯特劳森和瓦诺克揭示的事实相容。规约论的支持者可以下述方式论辩：

> 祈使语气是一个通用的施事标示语，与一组施事行为而非某个特定

施事行为相关联。在说出"不要去"这样一个祈使句时,是有关语境填充了由语气提供的通用标示,并且在那些与祈使语气关联的施事行为中确定正在实施哪个行为。通常,语境弥补了通用标示语在精确性上的不足。但是,只在针对更加精确的可能性时,才会出现这种缺乏精确性的问题。施事行为通用标示语的歧义性与缺乏精确性是由于存在具体的以言施事标示语。确实,在奥斯汀看来,通过引入具体的施事标示语而得到澄清,这同发现或描述一样是一个创举(Austin 1975:72)。这既是做出清晰的区分,也是使业已存在的区分得到揭示。一种语言假如没有提供具体的标示语,以区分两种不同的特定行为,那就不能说这些行为是真正地有区别的;我们应当转而谈论同一行为类型的不同例型。当行为由具体标记加以区分时,就成为两种不同的行为类型。自此以后,任何特定话语将是其中一个类型的例型。重要的是存在一个区别性标记。但是当然,话语并非必须包含这个标记才能传达相应的施事语力。某个区分两种施事行为类型之标记的存在就足以确立话语属于这个或那个类型,即使话语是非标记性的。非标记性话语是某个类型中的一个例型,这是因为它本可以标记为属于其中哪个类型;在这些情形下,究竟它本可以标记为属于哪个类型,则由语境决定。

以上论证可用于为激进规约论的一种弱化形式辩护。正像洗礼行为由说出与洗礼规约性相关联的套语实施那样,也可能通过说出语言上"标记"为该行为的句子规约性地(在这个词的严格意义上)实施言语行为——亦即,说出的这个句子包含一个具体的标示语,这个标示语借由语言的语用规约同该言语行为相关联。不过,说出缺乏具体标示语的话语所实施的言语行为"根据规约得到实施",这是在下述(弱)意义上的实施,即这些言语行为**本可以**由包含这样一个标示语的话语实施。在此,意译的可能性在一定程度上构成行为的具体特性。

当然,不能说奥斯汀为"强式"激进规约论辩护。确实,难以看到谁会想为这样一种不大可能成立的学说辩护,该学说蕴含的主张是,"那儿的冰很**薄**"是警告的规约性套语。但是也许,奥斯汀接受该学说的"弱"形式。他的规约论相当于将休谟在《人性论》(Hume 1740,II,§5)中对允诺的论述扩展到所有以言施事行为。根据休谟的观点,允诺是说出某个套语(词语的某种形式)的事情,这样做的结果是——借由社交规约——**致使**说话者按照所表达的意向行动。因此,仅当某个规约性效力赋予特定的套语("我允诺")时,允诺的行为才成为可能。该行为一旦得到确立并获得社会承认,当然就可以不用说出这个套语而实施,只要语境十分清晰地传达了说话者实施该行为而非另外某个行为的意向。但是,在奥斯汀与休谟看来,假如赋予套语以某种象征效力的规约不存在,该行为就不会存在,因而也不可能实施。换言之,唯有借由规约,亦即,赋予说出某个套语之行为以某些效力的规约,允诺的行为方能存在。每次做出允诺时,都要诉诸这条规约,即使不通过说出该套语而"显性地"诉诸这个规约。

规约论的弱化形式所依赖的概念是,以言施事行为"存在",仅当存在实施该行为的规约手段——"套语"或"标示语",其唯一作用是标示行为的实施——即使使用这个规约程序事实上并不是强制性的。正如我们所看到的那样,确实存在与以言施事行为宽泛类型相关联的语言标示手段。但是,激进规约论进一步要求必须有针对诸如警告、恳求或劝告这种**具体**施事行为的规约性标示语。正是在这一点上,显性施为语出现了。对应于大多数具体的以言施事行为是指表这些行为的施为动词("警告""恳求""劝告",诸如此类)。为了维持激进规约论,允许这些动词以第一人称现在时形式使用时作为与有关行为相关联的标示语就足矣。这些动词借由语言的语用规约与有关行为相关联,其关联方式同祈使语气与一般性以言施事行为关联的方式相同。于是,所出现的整个理论图景如下。言语行为与像洗礼这种语言外行为是规约行为。唯有相对于人类规制,这些行为才存在,并且在人类规制中,这些行为才具有"适切条件"。某些语言形式规约性地关联于这些行为的实施。正像套语"我以圣父、圣子、圣灵的名义为你洗礼"关联于洗礼的语言外规约那样,句子"我警告你那儿的冰很薄"借由语言规约(特别是前缀语"我警告你"作为以言施事标示语的语用规约)同警告之行为相关联。可以肯定,为了实施言语行为,并非必须使用规约标示语;可以使用"基本施为语"而不使用"显性施为语"。尽管说出基本施为语并不规约性地关联于用以实施的具体言语行为,但该行为的实施预设了将话语与说话者本可以使用的施为动词相关联的规约。

这个阐释与奥斯汀在《如何用语词做事》第 8 讲(Austin 1975:103)中说的某些话一致。他陈述道,以言施事行为可以"说是**规约性的**,这意思是说至少可以通过施为套语显化"。斯特劳森(Strawson 1964:155)对这段文章评论道,"可以"通过施为动词显化的某个行为最多是"能够成为规约性的",而非实际上是规约性的。但如果我们将奥斯汀解释为是在说以下这一点,那么这个质疑就不能成立:**以言施事行为作为这种行为存在只是因为可以通过规约标记使之显化,在这个意义上,以言施事行为是规约性的**。正是语境决定"那儿的冰很薄"是一个警告。但这成为可能只是因为警告之施事行为得到社会的承认,并且由语言编码。当我的话语用以**警告**你,你面临危险,我实施了一种以言施事行为,英语为这种行为提供了规约标记。当我说"那儿的冰很薄"而没有使用具体的标记"我警告你"时,我的话却具有警告的语力,这是因为我本可以使用这个标记。正是因为我说的话以及我说话的语境一起决定哪个具体的施事标记我本可以使用,所以,两者用以确定我话语的施事语力。因此,通过话语语境"非规约性"地确定话语具体的施事语力只不过是确定说话者本可以诉诸哪条语用规约。因此,无论是否明确诉诸语用规约,这些规约始终在实施以言施事行为中发挥作用。

我刚才勾勒的理论无论是否真是奥斯汀理论,最终是无足轻重的。重要的是,该理论是否正确。由于这个理论至关紧要地依赖于以第一人称现在时形式出现的施为动词"规约性地标示"说话者实施由动词指标之言语行为的主张,下面我们必须转而考察这个主张。这个主张被第 17 节中提出的考虑因素严重削弱了。

第 23 节 反对激进规约论:显性 施为语作为自我证实话语

对于奥斯汀而言,在规约性以言施事标记中,施为动词具有特殊地位。这至少有两条理由。其一,施为动词传达的标示非常确切(例如,这与动词语气不同);其二,不像其他以言施事标记,施为动词**提到**行为的**名称**,施为动词与这些行为的实施规约性地关联。就像每个具体标记那样,施为动词将语言存在赋予用以标记的以言施事行为;但通过称呼这个行为的名称,施为动词完全在另一个层面使之得到承认——其他以言施事标记则不这样做。

或许做个类比可以表明施为动词的双重性质。一个社会群体建构某种物体,该物体在这个群体的生活中具有某种地位与功能,这是一回事儿。给该客体起一个名字而使其社会存在得到公众认可,这完全是另一回事儿。假定某个群体在仪式上伴有各种社交活动;在这个仪式上,群体成员默默地集体吸一个烟斗。并不是任何烟斗都适用于仪式场合。集体烟斗制造商很快学会了制作特殊的仪式烟斗,比普通烟斗长,斗部更深,而且装饰绚丽。一个具体物体就这样创造出来了。此外,这件物体如果在群体生活中足够重要,就会获得一个名称,以区别于其他类型的烟斗。但是注意,在被起名之前,仪式上用的烟斗已经是一个具体的物体,借由诸如烟斗的长度、斗的直径、装饰的特点等特征区别于其他烟斗。起一个名字并不能产生物体的具体性,而是在语言中确立这个物体。名称在此指表具有仪式烟斗特征的那些物体。这样,按照弱式激进规约论,施为动词同时是两样东西:当以标准方式(第一人称现在时、位于句首)使用时,正是话语的特征构成其以言施事的具体性;施为动词还是借此具体描述的以言施事行为的语言指称。施为动词既是构成某个施事行为具体性的标记,又是记录该具体性的语言表达。

施为动词的双重性质将之与其他类型的以言施事标示语区别开来。"你个白痴!"这句话借由表达式"白痴"与侮辱某人的施事行为规约性地相关联。这个行为通过规约性地同我们或许我们可以称之为"侮辱"表达式相关联而获得具体的存在,并且获得了一个名称。然而,就侮辱这个施事行为而言,标记与名称保持不同,这是因为并不存在显性施为套语"我侮辱你"(Austin 1975:30 - 31)。于是看来,通过提到名称而标示以言施事行为,这是施为动词的一个区别性特性。

奥斯汀这里的术语不尽如人意,因为他经常言下之意只有施为动词可以作为施事语力真正的显性标示语,仿佛唯有提到相关联的施事行为的名称,标示语才能是显性的。但并非如此,像"好啊"这样一个表达式同"我祝贺你"一样显性。在这一点上,区分**具名**标记(施为动词)与显性标记是有用的。具名标记是显性标记的一个恰当子类。

施为动词作为其帮助实施的施事行为之名称,这个事实可用于支持这些动词因而不标示施事行为的主张。祈使语气显然不具有"内容",并不具体描述说出祈使句的说话者谈论内容的任何特征。像信号那样,祈使语气的意义限于标示正在实施的以言施事行为属于哪个施事行为家族。但是,施为动词"我命令你"确实具有内容,它意谓**我命令你**。在说出这个施为动词时,我不只是发出一个信号,**我言说某个内容**,亦即,我向你发出一道命令。我谈论由动词"命令"指表的以言施事行为,我说我实施这个行为。因此,如果施为性前缀语"我命令你"关联于命令的行为,也确实关联于这个行为,在这个"关联"中,我们不一定看到任何语用规约的效应。只是说前缀语与行为相关联方的式与"猫在席上"与某只猫在某张席上相关联的方式相同——亦即,借由语言的描述性规约,这种规约规定,在说出"猫在席上"时,说话者在谈论某只猫在某张席上。

这个建议同奥斯汀的整个思想背道而驰。按照奥斯汀的观点,我在说出像"我劝告你继续往下"这样一个句子时,并不是以我说出"猫在席上"时就做出了关于猫在席上之陈述的方式,而是在就我实施的言语行为做出陈述(取决于世界的样态,这个陈述可能成真或成假)。我不是在当一个行为发生时对之做出评论;我在实施这个行为:我告诉你继续往下,我通过使用施为动词使自己话语的施事语力显化。但正像瓦诺克所强调的(1973:81-86),奥斯汀对事实的陈述容易引起争论。不是因为我在实施行为时使自己行为性质显化,所以对这个话题不做陈述。假如某人看到我四肢着地仔细看着地毯,我可以使我在做的事情显化,说"我在找我的隐形镜片"。这个陈述可能成真或成假,取决于我真正在做什么,这正像"猫在席上"的真值取决于某只猫究竟在什么地方。显性施为语并无不同:在说出"我劝你继续往下"时,我表明自己正在做什么事情,但我没有使用规约性信号——我只是**说**了我在做这件事情,其方式如同当我四肢着地在地毯上四处爬着时我说我在找隐形镜片。

我们在第9节看到,为了实施言语行为,必须获得听话者的理解,亦即,让他理解实施了什么行为。有时,语境足以确保正确理解,但有时说话者必须使其行为的性质显化。在后一种情形下,说话者可以做出以下两件事中的一件。如果存在一个规约性标示语,他可以在话语中包括这个标示语,该标示语与他想要实施的行为相关联。或者更加简单的做法是,他可以说他在实施什么行为。我在说出"我劝告你继续往下"时,通过第二个方法——我告诉你我在劝告你继续往下,我的陈述成真或成假取决于我事实上是否这样做了。在这个框架中,"我劝告你继续往下"和"我在找我的隐形镜片"的差异如下。后面(第7章)我们将看到,对于交际活动的发生,听话者认识说话者的交际意向不仅是必要条件,而且也是充分条件。换言之,言语行为的实施是通过听话者认识说话者的交际意向完成的。由于我能够通过说出我在实施的是什么言语行为而让听话者认识我的交际意向,所以在某种意义上,说出了**这一点**就足以确保我言说了某种成真的东西。在言说我在实施什么行为的过程中,我有效地实施了该行为,我的话语成真仅仅由于我说出了这句话。[①] 言说"我在找我的隐形镜片"不足以使这句话成真——这句话的真值依赖于与说出这句话的简单事实不相干的事实。寻找我的隐形镜片不是那种只要将其性质向听话者澄明就能得到实施的行为——我实际上必须弯下身来,寻找镜片。因此,假如奥斯汀认为,"我劝告你继续往下"不是一个可以以"猫在席上"的方式成真或成假的陈述,这是因为这句话是自我证实性的,不可能成假。[②] 的确,如果某人刚说了"我劝告你继续往下",人们不能回答"那是假的"。不过,假如我通过说出"我劝告你继续往下"而成功地实施了劝告的以言施事行为,这并不是因为有任何将该行为与动词"劝告"相关联的语用规约,而是因为存在描述性规约,借由该规约这个动词指表劝告的行为。由于这条规约,我在说出"我劝告你继续往下"时所言说的是我劝告你继续往下。我可以通过说出我在实施一个行为而实施该行为,这是言语行为的典型特性。因此,瓦诺克说显性施为语像基本施为语一样,并不借由某种特殊类型的规约确定其以言施事语力,他这样说是正确的:

> 我已经表明,如果我在说"火车 3 点发车"向你做出提醒,不是规约而是关于该场景的某些事实使我这样说作为向你做出提醒;我现在想说的是,如果我显性地提醒你,例如,通过言说"我提醒你火车 3 点发车",这同样不是任何特殊规约使我这样说成为我提醒你,而在这个情形下,直接是我所说的话的通常意义使然。[Warnock 1973:86]

---

① 始于莱蒙(Lemmon 1962)、海德纽斯(Hedenius 1963),其他几位斯堪的纳维亚作者仿效海德纽斯,若干作者提出了显性施为语是"自我证实断言"的主张。在最早提出这一主张的先驱者中,我们还应当提到刘易斯(Lewis 1970)、威金斯(Wiggins 1971)以及法国作者科尔尼利耶(Cornulier 1975,1980)和福科尼耶(Fauconnier 1979)。

② 基于施为性地使用的话语"我允诺"不可能成假这个事实,奥斯汀(稍显匆忙地)推断,这个话语也不可能成真。他(1975:70)说,这句话"不可能成假,**因而也不能成真**"(强调体为后加)。

我刚才提出的反规约论立场实质性地利用了下述观点,即在说出显性施为语时,说话者言说他在实施动词指表的以言施事行为。假如我们接受这个观点,就容易解释说话者为何成功地实施了这个行为:这是因为有关行为正是可以通过言说说话者在实施这个行为而得到实施的那种行为(Ginet 1979: 246)。但是,奥斯汀始终坚持,说话者说出显性施为语并不借此做出关于他正在实施这个行为的陈述;因此,必须为行为的成功实施寻找另外一个解释。卡尔·吉内(Karl Ginet)提出,在这些情况下,规约策略是唯一可能考虑的路径:

> 在《如何用语词做事》第 1 讲,奥斯汀列出了施为句的若干例子,并且指出在恰当的环境中说出这些句子中的一个"不是**描述**我在做说出句子时所做的事情**或者陈述我在做这个事情**:而就是做这个事情"(第二个强调体是我加上的)。当然,人们必须同意,在适当的环境中(带有恰当的意向)说出奥斯汀的一个句子就实施了句中的动词短语指明的行为。但我不明白,为什么会认为,像奥斯汀想当然地认为的那样,这是否认下述看法的理由,即在说出其中一个句子以实施相关联的行为时,人们也陈述借此实施了该行为……
>
> 不过,如果我们像奥斯汀那样……认为借由说出"我特此 V"而 Vs 的人不能在说出这句话时陈述他/她 Vs……我们如何解释是什么使动词短语"V"具有这种性质,借此性质人们可以通过说出"我特此 V"而 V 呢?我看奥斯汀式观点没有其他任何选择,而只能说对于每个施为动词,正好存在一个语言的原始规约,该规约规定动词加上补足语可用以实施动词短语指明的行为。[Ginet 1979:246 - 247]

正像吉内阐明的那样,如果奥斯汀否认在说出显性施为语中,说话者在陈述自己在实施由动词指表的以言施事行为,这是因为说话者的话语实际上用于实施这个行为。奥斯汀似乎对以下观点犹豫不决:通过同一个话语行为,说话者可以既实施一个以言施事行为,又陈述他在实施这个行为(Warnock 1973:82)。奥斯汀尽管没有做出明确的论证,但似乎依赖一条原则,根据这条原则,相互之间存在(在后面将做出定义的意义上)足够"不同"的以言施事行为不能由同一个话语实施。为了佐证这条原则,可能会做出以下推论:如果某个话语 u 既是(例如)一个断言又是一个命令,因而就出现了存在作为一个断言的命令这个情形。因此,不存在这样的话语 u,u 既是断言又是命令。

　　当然,这个反证法只是诡辩而已。究其原因,无疑存在既是断言又是命令的话语,尽管确实做出断言与发出命令不同。"杜巴丽夫人一小时后到达车站,我告诉她你会到那儿接她"这句话,对司机说出,其作用既是一个断言,又是一道去车站接杜巴丽夫人的命令。这儿的命令是"间接的",因为是通过断言发出的。与此类似,说出"你有报纸吗?"的说话者**询问**听话者某个事态是否成立,同时,**请求**听话者做某事(即把报纸给他)。反规约论路径以同样方式处理显性施为语:如果在说出"我命令你去"时,我说我命令你去,如果在这样做时,我说了真话,那么,借由我说的话,我实施了两个不同的行为——我**言说**我命令你做某事,我因此而**命令**你去做这件事儿。显性施为语的以言施事双重性最初由海德纽斯指出。根据他的观点,像"我命令你去"这种话语"并不直接表达命令,而提供正在发出命令这个信息……说出命令旨在通过告知信息接收者这个命令的存在"(Hedenius 1963:123)。换言之,其实施由显性施为语表征的言语行为只是通过陈述(更加确切地说,通过宣告)间接地实施的;该陈述大意为,所表征的行为正在实施。正像"你能把盐递给我吗"具有发问的直接语力和请求的间接语力那样,"我命令你去"具有宣告的直接语力(说话者言说自己在向听话者发出一道命令)和命令的间接语力。

　　间接言语行为的存在与不可能通过单个话语实施两个言语行为的主张相抵牾。因此,人们不可能通过也用以陈述说话者在实施该行为的一句话实施以言施事行为,为这个观点做出论辩变得愈加困难。的确,看来这正是显性施为语出现的情况——言说"我道歉"既是道歉,又是言说说话者在道歉。因此,反规约论者比其对手具有更加可靠的理由。更有甚者,反规约论者现在可以表明支持将施为动词看作标示语的两个主要论证并不奏效。

其中的第一个论证如下。我在说"我陈述地球是扁平的"时,陈述地球是扁平的。这句话具有断言的语力和描述内容——所断言成立的事态——是地球的扁平性质。该话语具有断言语力这个事实不是话语内容的一部分,不是断言内容的一部分;话语断言性地表征的事态是地球扁平,而非我断言情况如此。不过,我在做出这个断言这一事实是由施为动词传达的。由于话语意义的这个方面不是其内容(话语表征的事态)的一部分,因而必定是"标示"的。

这个论证(第11节提供了该论证的一种形式)基于将言语行为描述内容与话语内容的混淆,行为借由话语实施。两种内容是不同的,这一点由诸如"我想要你离开"这个话语表明。这句话是一个请求,要听话者离开。在此实施的**言语行为**的内容(所请求的内容)是听话者离开,而**话语**的内容(话语所表征的东西)只不过是说话者希望听话者离开(Cresswell 1979:293)。这个差异的产生是由于该言语行为是间接地实施的:说话者没有直接要求听话者离开,而只是通过告知听话者自己希望他离开而间接地这样做了。一旦做出了这种区分,第一个论证没有效力也就变得清楚了。施为动词对所引导的话语之内容不增添任何东西,这个主张仅当人们将话语内容与言语行为内容混为一谈时似乎才是可信的。话语使言语行为的间接实施成为可能。

第二个论证基于显性施为语确实实施所指表的行为这个事实。我说出句子"我命令你离开"时,事实上就命令你离开。假如我们允许这个话语描述或表征这是一道命令的事实(或者说话者在说出这句话时向听话者发出了一道命令的事实),就必须放弃加德纳原则。根据这项原则,话语所能做的只不过是标示自己的施事语力,而不对之加以表征或描述。或者,如果我们不想放弃加德纳原则,那么看来,我们就必须使施为动词成为语用标示语,对其引导之话语的表征内容不增添任何东西。

这个论证根本不比第一个论证有效。我提出的反规约论路径没有对下述观点造成困难,即话语不能描述本身的以言施事语力,只要我们将"本身的以言施事语力"理解为意指话语**直接**传达的施事语力。如果我所述正确,像"我命令你离开"这种话语只是间接地具有命令的语力。其直接语力是陈述或宣告的语力。话语并不"表征"这个语力,就像"到这儿来"不表征这是一道命令一样。因此,我们可以像加德纳(Gardiner 1932:191)那样,说"试图在句子本身中断言句子的性质只能将我们卷入无穷的倒退"。说话者在说自己在发出一道命令时,是在某种意义上描述其话语的施事语力(即句子性质。但是,伴随这个描述"新引入一个句子性质,其性质并没有得到宣示"(Gardiner 1932:191)。

我们将在本书第三编回到间接言语行为论及其与显性施为语的相关性。但是,我们必须首先考察杜克罗特的假设,关涉施为动词的"源于话语的"性质。这个假设如果结果证明是正确的,就能提供一个强有力的论据支持我刚才批判的规约论观点。

第 4 章
施为性与源于话语性:杜克罗特的构想

第 24 节　施为动词的源于话语性

奥斯瓦尔德·杜克罗特为挽救以下论点做出了有趣的尝试:存在将显性施为语与其用于实施的施事行为相关联的规约(并非平凡无奇的语言描述规约)。像奥斯汀那样,杜克罗特是激进规约论者。他说,我们必须"将之看作一个根本的无可简约的事实,即某些话语在社交中专用于实施某些行为"(Ducrot 1972:73)。杜克罗特认为,不仅诸如"我发誓讲真话,全部真话,只讲真话"(这句话由社会规约将之与发誓的行为相关联)这种话语如此,而且一般显性施为语——"我允诺""我命令""我劝告"等——也是这样。显性施为语始终借由具体的社会规约而用以实施这样的施事行为,其实施由显性施为语指表。按照这种规约行事,构成了以言施事行为:若没有规约规定说出某些词语("我命令你……")具有某些象征效应,从而听话者发现自己被迫在服从与不服从之间做出选择,那么,发出命令的行为就不可能存在。每次实施发出命令的行为,即使通过说出像"滚开!"这样的基本施为语,都要诉诸这个规约,尽管可能只是隐性地诉诸该规约。

尽管根据这个观点,施为动词"我命令你"规约性地关联于命令的行为,但是,它还同时指表命令行为的实施。因此,该动词双重地关联于行为:一次由语言的描述规约关联。借由该规约"命令"指表某个行为,另一次由社会语用规约关联。社会语用规约规定,(在恰当的环境中)说出这个动词的第一人称现在时形式即实施了命令行为,这正像在某些环境下,说出"我为你洗礼"就是洗礼。还记得根据我(在第 23 节)提出的观点,施为动词指表用以实施的行为,这个事实就使得引入一条额外的特殊规约将动词与行为相关联成为不必要的。解释如下事实并不需要任何这种假设的规约:说出动词第一人称现在时形式,我实际上就实施了所指表的行为。如果我说出"我命令"以发出命令,这是因为在这样做时,我言说我在下命令,从而确保听话者理解我在实施的行为——这个理解是行为实际实施的唯一条件。但是,按照杜克罗特的看法,这个解释是靠不住的。假如我通过说出"我命令"而成功地发出一道命令,并不是因为我说了我在下命令。施为动词表征所指表的施事行为,后在于它借以用于实施该行为的规约。如果通过说出"我命令"我有效地发出一道命令,这不可能是因为在这样做时我说了我在发出命令。条款的次序必须颠倒:如果通过说出"我命令",我说我在发出命令,这是因为英语的描述规约将动词"命令"相关联于命令的行为。这个描述规约预设语用规约,借此语用规约,说出"我命令"即为发出命令。这就是杜克罗特立场的梗概。他诉诸"源于话语衍生"之概念为这个立场辩护。

我们看到,像奥斯汀和休谟那样,在杜克罗特看来,允诺是一个象征行为,人们借由社会规约、通过说出套语"我允诺"实施。因此,允诺在某种意义上是说"我允诺",或者更加确切地说(如果我们考虑到通过基本施为语做出的"隐性"允许),实施在说"我允诺"中所实施的行为。根据杜克罗特(1972)的观点,不提及人们在说出这个动词的第一人称现在时形式时所实施的行为,给出像"允诺"这种施为动词的意义是不可能的。在这方面,施为动词如同本维尼斯特(Benveniste 1958b)分析的"源于话语性"(delocutive)动词:"感谢""(要求演员等)再来一个""欢迎""(表示)同意"等。这些动词指表通过说出某些规约性套语实施的行为。因此,"感谢"意谓"实施在说出'感谢!'所实施的行为",(根据《牛津简明词典》),"to encore"[(要求演员等)再来一个]意谓"实施在说出'Encore!'中实施的行为","欢迎"意谓"实施说出'欢迎!'中实施的行为",不一而足。

本维尼斯特的源于话语动词具有第二个特征:这些动词在形态上衍生于规约性套语或"话语",人们在解释其意义时,提及这些套语或话语。动词"to okay"[(表示)同意]衍生于话语"Okay!"(或"O. K."同意),由此称作"delocutive",意谓**源于话语**(正像语言学家使用"denominative"意谓**源于名词**,使用"deverbative"意谓**源于动词**那样)。我们如果能够表明,施为动词也是衍生于在解释其意义时提及的套语,那么,这就佐证了杜克罗特的主张(1972:73),即我们必须"将其在施为套语中的使用看作是首要的和根本的"。按照这个观点,正像动词"同意"派生于规约性套语"同意",指表在说出这个词时所实施的行为那样,像"命令""允诺"这种指表命令与允诺行为的动词,会是从套语"我命令"与"我允诺"派生而来,规约性地用于实施这些行为。因此,将套语"我允诺"与允诺行为相关联的语用规约会在先于将(派生于套语的)动词"允诺"与该行为相关联的描述规约。由于这样,我们可能不再将人们可以通过说出套语"我允诺"实施允诺行为这个事实归于动词"允诺"指表该行为的事实。

然而,施为动词是源于话语地派生的,这个假设立刻面临看似无法回应的质疑。其原因在于,该假设隐含"在过去的某个时刻,'我允诺'是语言的一部分,而非动词'允诺'"。正如杜克罗特评论说,这是令人难以置信的:

> 难以设想,动词创造出来只是为了用于单个人称与时态。本维尼斯特的源于话语概念规避了这个困难……在原来的表达式[诸如**再来一个、同意、欢迎**]不属于确切的句法类型的范围内,这些表达式孤立地存

在并不构成问题。但是,难以理解句法上包括一个主语和一个动词的"我允诺"这个表达式能够在动词"允诺"之前就得以存在。[Ducrot 1972:74]

为了反驳这个质疑,杜克罗特首先考虑诉诸一个神秘的"纯共时派生"。然后,他阐发了一个更加可信的解决办法:拓宽源于话语派生之概念,以不仅涵盖动词从规约套语的形态派生,而且囊括业已存在的动词从在规约套语的先前使用中派生新的意义(Ducrot 1975:85 – 86)。在该术语的这个意义上,正是"允诺"和"命令"的当今意义,而非动词本身,是从套语"我允诺"和"我命令"源于话语性地派生的。所主张的是,这些动词在过去某个时刻,曾经具有字面的描述意义(这个意义不同于其现在的意义),并曾以第一人称现在时形式用于这个原初意义,以实施命令与允诺的以言施事行为。"我允诺"和"我命令"的这种用法成为规约性用法,通过源于话语派生,导致每个动词新描述意义的产生。借由这个新的意义,动词开始指表它业已用以规约性地实施的以言施事行为。根据这个假设,将套语"我允诺"关联于允诺行为的语用规约历史地在先于描述规约,借由描述规约在说出这个套语时,我言说了我在允诺。因此,如果诸如"我允诺"和"我命令"这种套语**在**开始指表这些行为的实施**之前**,已经用于允诺与命令,这些动词就并不是**因为**指表这些行为才用以实施这些行为的。

施为动词是源于话语而派生的,这个假设使杜克罗特能够拯救(弱式)激进规约论;拓宽源于话语派生的定义转而使他能够拯救这个假设。人们也许可以反对道,这些是权宜之举,旨在支持一种基于先验理由所选择的哲学立场。对这种质疑的唯一回应是表明,所说的举措并不是权宜之举,而是基于独立的理据。我们需要表明,必须拓宽源于话语派生概念,以阐释除施为性以外的其他现象;在更加宽泛的意义上,施为动词源于话语派生之概念在我们关于这些动词语义演变的知识中找到了经验证实。

第25节 从形态学到语义学:自我源于话语性

涉及第一点,支持源于话语派生概念拓宽定义的证据由贝诺伊特·德·科尔尼利耶(Benoit de Cornulier)的研究提供。独立于杜克罗特,科尔尼利耶阐发了语言论证,以表明本维尼斯特提出的源于话语派生这个概念不能令人满意(Cornulier 1976)。① 考虑一下下面这个例子。按照本维尼斯特的观点(Benveniste 1958b),拉丁语动词 *salutare*("打招呼")派生于用作打招呼的套语 *Salus*!,而不是派生于名词 *salus*,*-tis*("健康"或者更宽泛地,"保持")。事实上,*salutare* 指表说出 *Salus*! 时所实施的行为,而非指表保持或保卫的行为:

> *Salutare* 指称的不是 *salus* 的概念,而是套语 *Salus*! 无论在拉丁语的历史用法中怎样重构这个套语…… 尽管表面看来不然,*salutare* 并非从具有实际义值的名词派生而来,而是从一个结构体派生而来。在这个结构体中,名词形式作为"将言说出的词项"。这种动词相对于套语定义;动词派生于套语,将被称作**源于话语性**动词。[Benveniste 1958b: 277 - 278]

换言之,*salutare* 并非直接派生于名词 *salus*,*-tis*,而是派生于名词 *salus*,*-tis* 在规约性套语 *Salus*! 中的使用。说话者使用套语 *Salus*!,规约性地祝某人健康(或某种类似的东西)而向他打招呼。正是从这个打招呼的套语,而非从出现在套语中的名词派生了 *salutare*。

---

① 科尔尼利耶对这个论题的首次探讨出现在其 1973 年的博士论文中,论文论述法语中的插入性表达式。

科尔尼利耶反对这个观点。他质疑道,尽管动词 *salutare* 在语义上同用于打招呼的套语 *Salus*! 相联系,但在形态上却与名词 *salus*,*-tis* 相联系。这是因为该动词是基于名词词根构成的,而不是从 *Salus*! 派生的(*Salus*! 包含一个名词标记 s,这个标记并不出现在 *salutare* 中)。科尔尼利耶还指出,名词 *salus*,*-tis* 本身有时意谓“打招呼”而不是“健康”或“保持”(因此,正像本维尼斯特自己指出的那样,拉丁语表达式 *salutem dare* 有时意谓“保持”,有时意谓“打招呼”)。为了阐释这些事实,科尔尼利耶提出区分两种过程,而这两种过程在本维尼斯特的“源于话语派生”的术语中混为一谈了;即从其在规约套语 *Salus*! 的使用中,名词 *salus*,*-tis* 获得新意义的语义派生;动词 *salutare* 源于名词 *salus*,*-tis* 的形态派生。因此,*salutare* 完全是一个普通的源于名词的动词,①从 *salus*,*-tis* 的第二个意义构成。倘若这里存在“源于话语性”,那这纯粹是语义现象,是名词 *salus* 带有第二个意义的结果。这第二个意义派生于其在规约性套语中(在第一个意义上)的使用:

> 我们如果只考虑 *salus* 指称由使用像 *Salus*! 这种表达式构成的打招呼……的情形,就可以推论出现了一种源于话语派生,使名词 *salus* 能够指称名词 *salus* 的一种特定使用:因而 *salus* 通过一种使用(话语)而从本身源于话语性地派生。源于话语派生之概念在此看起来是言过其实的,因为并没有构成新词(*salus* 只是获得了一个新义)。我们也许可以称之为 *salus* 这个词的自我源于话语涵义。[Comulier 1976:118]

通过以另一个涵义规约性地使用,表达式可以借由自我源于话语派生而

---

① 然而,我们应当指出,对于科尔尼利耶而言,“源于名词的动词”的概念本身是可以质疑的:“源于名词的动词不是一个派生于名词的动词(名词必须带有某种格标记),而是派生于名词词根的动词,既然名词词根很大程度上独立于名词本身,因而并不清楚‘源于名词’这个概念是否真的很有道理”(Cornulier 1976:122)。

获得新的涵义。这个建议正是杜克罗特佐证其立场所需要的。杜克罗特认为,将施为性套语与用于实施的以言施事行为相关联的语用规约在先于套语中的动词借以指表该行为的描述规约。正像在科尔尼利耶看来,salus("打招呼")的第二个涵义派生于salus为实施打招呼的行为而以第二个涵义("健康"或"保持")规约性地使用。同样,杜克罗特认为,动词"允诺"与"命令"的现代意义派生于其在套语("我允诺"和"我命令")中的使用。这些套语规约性地用以允诺或命令。在自我源于话语派生的过程出现之前,这些套语并不意谓这些词语现在意谓的东西,因为出现在套语中的动词尚不指表说出这些套语时所实施的以言施事行为。

为拓宽本维尼斯特的源于话语性概念,至少在某些情形下,科尔尼利耶的论述提供了大量证明;这些论述完全独立于杜克罗特的假设,科尔尼利耶拒绝这个假设[科尔尼利耶关于施为语的观点(Comulier 1975;1980)是坚定地反规约论的]。因此,科尔尼利耶的这些论述不能描述为仅是旨在拯救这个假设的权宜之举。然而,尚待表明,杜克罗特的假设本身不是旨在拯救激进规约论的权宜之举,而是得到了经验证据的支持。为此,我们需要提供施为动词的若干例子,这些例子由杜克罗特假设可信地加以解释,亦即,这些动词,我们可以表明,首先用于实施相关联的施事行为,之后才开始指表这些行为。

第 26 节　支持杜克罗特假设的若干实例

带有意义 M_1 的表达式借由源于话语派生获得意义 M_2。这个意义产生于带有意义 M_1 的表达式的规约性使用。这时,并不能据此认为,表达式失去了第一个意义。正像拉丁语 salus 一例所表明的那样,表达式很可能两个意义都保留。这个因素意味着,我们最好在施为动词中寻找现在具有两个意义的实例:一个是"以言施事意义",动词以此意义指表用以实施的以言施事行为;另一个是"非以言施事"意义,动词用于此意义时,则不指表施事行为。

杜克罗特(Ducrot 1972)提到的一个例子是法语动词 *contrer*。这个动词除了在桥牌游戏中具有的以言施事意义("叫加倍")之外,还意谓"采取行动反对"。根据杜克罗特(Ducrot 1975:86)的看法,在桥牌游戏中,该套语最初用于后一个意义,宣布一个牌手在与另一个牌手对抗,说出这个套语的规约效应是叫对手赌注的一倍。杜克罗特提出, *je contre*(我叫加倍)这个规约性使用导致法语动词 *contrer* 现在的以言施事意义的自我源于话语派生,亦即"实施在说出 *je contre*(即'叫加倍')时实施的行为"。必须说,这个阐释至少看上去相当可信。

杜克罗特引用的其他富有说服力的例子包括德语动词 *danken* 和法语动词 *souhaiter*。杜克罗特(Ducrot 1980a:52)评述道, *danken* 既意谓"感谢",又意谓"欠"。他提出,德语套语 *Ich danke Dir...*("我欠你……")曾规约性地用于表达承认受到恩惠,从而致谢;于是 *danken* 通过自我源于话语派生,指表这个行为,从而这同一个套语现在具有"我感谢你"之意。同样,法语 *souhaiter*(像英语"wish")也有两个意义。在表达式 *souhaiter bonne chance*("祝某人好运")中,指表施事行为,而在表达式 *souhaiter la paix*("祈愿和平")中,这个动词描述一个心理状态,大致意谓"想要某事(发生)"。以第一个(即以言施事)意义, *souhaiter* 指称表达(真实的或假装的)希望未来对听话者有利的社交行为。人们可以通过使用另一个心理学意义上的动词 *souhaiter*,以表达这样一个愿望,例如,通过说出 *Je souhaite que tu te retablisses promptement*("我祝/希望你尽快康复")。说话者在此表达希望(愿望)听话者尽快康复,因而实施了"祝愿"听话者尽快康复的以言施事行为。杜克罗特(Ducrot 1977:51)提出,心理学意义上的 *je souhaite que*("我希望 that")曾规约性地用作实施这个以言施事行为的套语,只在后来,借由自我源于话语派生,获得了以言施事意义。借此意义,这现在意谓某种类似于"我在实施规约性地表达我的愿望(希望)而非仅仅'我愿望(希望)that'的以言施事行为"。

这个分析得到下述证据的支持。诸如**哀叹**这种心理动词指表一种心理状态(或心理态度),可用于第一人称现在时,以表达这个状态或态度("我哀叹……")。这种动词还可以用于指表这种心理状态或态度的**语言表达式**。下面是一个例子:"在 5 月 30 日的咨文中,总统哀叹道……",这意味着总统在其咨文中**说道他哀叹**,或更加普遍地说,实施了人们在说出"我哀叹……"时所实施的行为。这个现象不能看作只是动词的特异**用法**(与语言学家与文学理论家有时称作"自由间接引语"的东西相联系)。究其原因,这种用法影响词汇意义。心理动词倾向于获得新的意义,借由此新义,心理动词指表以言施事行为。结果,许多动词在心理学理解与以言施事行为理解之间出现了"歧义":这些动词不仅包括**哀叹**与**希望**,而且包括**估计**、**认识到**、**承认**、(某些结构中的)**感到**、**(不)同意**,等等。在此,源于话语性确实看起来是相关的概念。[关于源于话语性与自由间接引语的关系,参见杜克罗特(Ducrot 1980a: 47 - 60)。]

一个特别有趣的案例是法语自反动词 *s'excuser*(Recanati 1978;Ducrot 1980:53 - 56)。这个自反动词用于施为性套语 *Je excuse*("我道歉"),用于道歉。现在我们知道,在最初开始这样规约性地使用(即用于道歉)时,套语 *Je m'excuse* 受到纯洁主义者的抨击。仅当我们假定——正像词典所证实的——*s'excuser* 那时并不意谓"道歉",这种批评才能得到解释。正如杜克罗特评论说,

> 如今,套语 *Je m'excuse* 不再应该遭到反对。为了证明这一点,我们只需要指出 *s'xcuser* 可以意谓"道歉"。因此,以说"我道歉"的方式说 *Je m'excuse* 不再是荒唐或令人无法容忍的了。对我而言,重要的事实是,当纯洁主义者争论这种用法时,没有人想到这个回应,尽管这会解决

该争论。假如从来没有人想到这个回应,这肯定是因为**该意义尚未存在,只有在这个套语本身出现后,该意义才能存在**。[Ducrot 1980:54]

如今,*s'excuser* 具有两个额外的意义,即(非自反性)动词 *excuser* 的两个意义,同英语的"to excuse"(原谅;宽恕)等值。(在法语动词的意义上)"原谅"某人就是要么宽恕他,要么诉诸某些理由使其摆脱责任而免受某个过错的惩罚。我们可能假定,当套语 *Je excuse* 受到纯洁主义者抨击时,其唯一可能的意义是"我宽恕我自己"与"我诉诸(某些)理由使我免责"。纯洁主义者的反应开始变迁更加合理:声称仅仅通过说出套语 *Je m'excuse* ("我原谅我自己")就能道歉,亦即,通过宣称在宽恕自己或在诉诸理由使自己免责(却没有提及任何这样的理由)就道了歉,这是荒唐的。

无论其来源与最初的证明是什么(Recanati 1979:34),*Je excuse* 作为规约性套语先于描述性规约,借此描述性规约,这个套语中的动词指表在说出这个动词时实施的行为。很可能,这个描述性规约源于自我话语派生过程。但是,即使不是这样,这个例子依然会佐证杜克罗特的立场。假如我能够通过说出显性施为语 *Je m'excuse* ("我道歉")致歉,这并非因为我说我在这样做,因为 *Je m'excuse* 在开始指表这个行为的实施之前,就已用于实施道歉的行为。

还可以找到其他例子,但我业已提到的这些例子足以赋予杜克罗特假设以某种可信性。这些例子表明,至少对于某些实例而言,"显性施为语"可能产生于包含四个阶段的复杂过程:

(1) 动词 V 拥有非以言施事意义 M_1(例如,心理学意义),借由此意义,动词可用于第一人称现在时,以实施以言施事行为 A。

(2) 表达式"我 V"用以实施行为 A 成为规约性的。

(3) 通过从其规约性使用以实施行为 A 的自我源于话语派生,动词 V 获得第二个意义,即以言施事意义 M_2,借由此意义,动词指表行为 A。

（4）由于 这个派生，规约性套语"我 V"重新解释为包含**具有意义 M₂** 的动词 V。套语"我 V"从而成为"显性施为语"，用于实施以言施事行为，同时指表行为的实施。

规约性套语的这个"重新解释"是杜克罗特（Ducrot 1977,1980a）称之为"施为性幻觉"的一个例子。由于这种幻觉，作某种规约性使用的动词被赋予实际上派生于其使用的意义。在杜克罗特看来，诉诸施为动词的现今意义，以解释其用于实施所指表的行为，就径直成为施为性幻觉的牺牲品。对施为性现象的这种解释无外乎将这个幻觉投射到理论王国。

第 27 节 可能派生的多重性

我们表明，杜克罗特假设既非权宜之举，也非没有可信性：某些动词的以言施事意义确实看来是自我源于话语地派生自更早的非以言施事意义。由于表达式新意义的自我源于话语派生基于规约性地使用带有第一个意义的表达式，动词之以言施事意义的自我源于话语派生隐含着这个动词在派生之前就是规约性地使用的，以实施该动词后来开始指表的以言施事行为。因此，某些动词以言施事意义的自我源于话语派生就是支持（弱式）激进规约论的证据。

然而，激进规约论将不会仅仅坚持这条论证。究其原因，假定自我源于话语派生只产生某些施为动词的以言施事意义。那么，对于剩余施为动词，诸如我早些时候在讨论瓦诺克时提到的那些施为动词，我们就会被迫接受非规约论解释。在开始指表行为的实施之前，某些话语规约性地关联于用以实施的以言施事行为。这个事实于是就会看作偶然性的、不相干的。于是，正像当动词的施事意义不是自我源于话语地派生于之前存在的规约性使用时那样，即使不存在之前的规约，而是完全借由动词现在指表该行为的实施这个事实，话语也许依然能够提供实施以言施事的手段。换言之，**某些**显性施为语的规约特性并不对反规约论立场构成威胁。人们并非必须放弃反规约论立场，以承认"我以圣父、圣子、圣灵的名义为你洗礼"是规约性的；同样，只要不将规约性确定为施为性的必要条件，就可以承认"我祝你好运"和 *Ich danke Dir* 也是规约性表达式。

杜克罗特清醒地意识到这一点；因此，他将其假设呈现为具有普遍性的。在他看来，动词的以言施事涵义始终是自我源于话语性地派生于动词之前（不同）涵义的规约性使用。没有这个主张，杜克罗特就无望坚持激进规约论。我感觉这个主张太过强势了。就其具有普遍性这个范围而言，反驳杜克罗特的假设要比证明之更容易。通过搜集带有自我源于话语地派生之施事意义的动词实例，杜克罗特［后来是安斯科姆尔（Anscombre）］至多可以表明这个假设的可信性；但是在理论上，一个反例就足以将其驳倒。下面我就将转向搜寻这种反例。

我们可以从杜克罗特经常引用的两个"经典"施为动词入手：*promettre*（"允诺"）和 *ordonner*（"命令"）。其中每个动词都拥有非以言施事涵义，这正像从诸如 *La vigne promet beaucoup*（"藤蔓长势喜人"）和 *Le tumult s'ordonna，devint rythme*（"喧哗阵阵，变得带有节奏"）这两个例子可以看到的那样。但是，难以设想这些动词用于第一人称单数，以其非施事意义发出命令或做出允诺。这与上一节讨论的动词 *souhaiter* 不同。就 *ordonner* 的情形而言，杜克罗特（Ducrot 1975：86）假定"这个动词最初用于非施事涵义（'使有次序'）；同时，无疑还有一个在施为套语（*J'ordonne que*）中的隐喻性用法"。然而，"无疑隐喻性"这个限定暗含的意思是，设想这样一个用法实际上有多难。我们到了一个节点，直觉不再能起作用。正如杜克罗特所言，这里需要的是仔细的经验调查。

　　正巧,就 *ordonner* 来说,这样一个调查业已存在。该调查由沃特斯顿(Waterston 1965)开展。但是,这项研究显然没有能够为杜克罗特假设提供任何佐证。看来,*ordonner* 用于最初的涵义意谓"使有次序""安排""处理""组织";后来,其意义转变为"为某种使用安排事物""为某种使用而指定某人或某事物""以某种方式安排事物从而""采取措施或解决办法从而",然后"确定将采取的措施""确立要遵守的行为方式""规定""命令"。*Ordonner* 及其同族词的语义演变看来相当清晰。沃特斯顿的调查尽管涵盖了许多例子,但却没有提供任何证据,以表明套语 *J'ordonne* 在这个演变过程中发挥了任何作用。缺少积极证据并不是反对杜克罗特假设的决定性论断,但却确实削弱了这个假设。

　　正像布洛赫与沃伯格(Bloch & Wartburg 1968)指出的那样,人们也许可以反对说,法语 *ordonner* 从拉丁语 *ordinate* 获得了现代施事涵义。在法律用语中,这个拉丁语词已经拥有这个涵义。就这个例子而言,我们的问题将不再关涉法语,而是涉及拉丁语。或许,*ordinare* 的这个用法自我源于话语地派生于它在套语中带有另一意义的使用。然而,即使真是这样,也不足以最终证明杜克罗特的主张是正确的。自我源于话语假设可能适用于拉丁语动词,但却不适用于其法语中的对等词。因此,杜克罗特假设之普遍性就受到了削弱——除非我们采取困难的一步,放弃法语动词与拉丁语动词之间的区分。

　　无论怎样,刚才提出的问题对我们具有更加广泛的意义。按照本维尼斯特的观点,*Salutare* 自我源于话语地派生于 *Salus*!但他认为,法语动词 *saluer*("打招呼")则并非历时地派生于法语套语 *Salut*!相反,现代意义上的 *saluer* 直接派生于拉丁语 *salutare*。尽管从共时角度看,*Salut*!与 *saluer* 结成的语义关系和 *Salus*!与 *salutare*,之间的语义关系相同,但历时地看,*Salus*!与 *salutare* 之间结成的关系在 *Salut*!与 *saluer* 之间并不成立。类似地,按照科尔尼利耶的观点,*salus*("打招呼")的第二个涵义派生于这个

词在表达式 *Salus*！中所用的该词的第一个涵义("保持")。但看来很可能,
法语 *salut* 在"打招呼"的意义上,直接源于同一意义的拉丁语 *salus*,而不是
源于法语 *Salut*！用于表达打招呼的另外某个涵义。换言之,一种语言中自
我源于话语过程所产生的意义可以直接传递到另一种语言的等值表达式,而
不需要新的自我源于话语过程。因此,拉丁语动词的意义可能自我源于话语
地派生于其用于另一种意义,尽管法语中对应的动词并没有经历这种派生。
这削弱了杜克罗特假设的普遍性。

法语动词 *promettre*("允诺")的以言施事涵义引起了相同的问题,因为
拉丁语 *promittere* 已经拥有这个涵义,很可能这就是该法语动词以言施事涵
义的来源。因此,不需要诉诸自我源于话语过程,解释法语动词的这个涵义。
此外,*promittere* 的以言施事涵义产生于这种过程并不显而易见,即使我们
同意(正像似乎很可能的)这个涵义派生于该动词的另一个涵义,即"伸出"。
正如弗伯格 (Furberg 1971: 210) 中引用的,按照哈盖尔斯特列姆
(Hägerström)的观点,通过表达式 *promittere dextram*(字面意思是"把右手
伸出"),*promittere* 获得了"允诺"的意义。在罗马人中,伸出右手的动作伴
随允诺行为。更加普遍地,这个动作伴随承诺的行为。因此,我们可以将使
用 *promittere* (*dextram*)指称这个行为解释为提喻法的一个简单实例。① 换
句话说,如果哈盖尔斯特列姆的观点正确,*promittere* 以言施事意义的来源
存在于规约性手势,而非假设的套语 *Promitto* 之中。

当然,可以设想,哈盖尔斯特列姆提到的手势伴随着描述该手势的话
语——*Promitto*——并且作为这个套语的表达而"结合"到了允诺的程式之
中(Fauconnier 1979),*promittere* 经历自我源于话语派生过程,指表在说出

---

① 同样,在维吉尔(Aeneid,VI,613)下面这段文字中,*dextra* 意谓"承诺":
　　. . . *Quique arma secuti*
　　impia nec verity dominorum fallere dextras
　　inclusi poenam exspectant.

Promitto 时所实施的行为。解释某些事实看来不需要某个给定假设，这并不意味着这个假设是不正确的。事实可能很复杂。最简单的解释不一定是正确的解释。不过，当没有其他办法解释事实时，一个假设先验地更加可信。这是本维尼斯特关于像 *parentare* and *quiritare* 这种拉丁语动词理论的优点。本维尼斯特(Benveniste 1958b:280)强调，假若没有源于话语之假设，这些动词的词源学就可能是无法理解的。然而，就 *promittere* 的情形而言，事实并非如此。

因此，杜克罗特声称他的假设具有普遍适用性。这看来不大可能正确。动词的以言施事意义**可能**自我源于话语地派生于该动词用于另外一个意义，但这肯定不是**必然的**。其他更加熟悉的派生类型是可能的，几乎没有什么理由假定所有施为动词都经历了相同的语义演变过程。①

我能够设想的支持将源于话语派生假设扩展至所有情形的唯一理由如下。由于定义施为动词的事实是，这些动词用以实施也由其指表的施事行为，这两个性质的共同出现就需要做出解释。非源于话语派生可以解释施为动词现在的意义；借此意义，施为动词指表某个以言施事行为。但这第二个解释并不利用这些动词的第二个性质——用于实施所说的行为。相反，源于话语假设使第一个性质（以言施事意义）成为第二个性质（以言施事用法）的结果，从而说明了两个性质的共同出现；因此，将这个假设推广至所有实例是合理的。较之另外的解释，该假设应当成为首选。

这个论证将不能奏效。究其原因，该论证隐含地假定，施为动词的以言

---

① 关于派生之多重可能性的一个很好的例子由 F. 勒图布隆(Letoublon 1980)提供，他研究了希腊语中关于祈求的词汇。希腊祈求仪式存在于触摸受祈求者的双膝，同时说出套语 *Hikano ta sa gounata*——"我触摸你的膝盖"，从而出现了词语 *hiketes*（"祈求者"）和 *gounazomai*（"祈求"）以及后来由 *hikanein* 获得的"祈求"之义。这些词的意义可以由两种方式解释，要么引证触摸膝盖（"经典"派生解释，类似于哈盖尔斯特列姆针对 *promittere* 的处理方法）；要么引证伴随手势的套语（源于话语派生）。对数据的详尽考察导致勒图布隆为 *gounazomai* 选择了第一种解释办法，而为 *hiketes* 和 *hikanein* 选择了第二种办法，尽管一种共同的解释颇具吸引力。

施事用法不能基于其目前的施事意义做出解释。如果我们这样假定,那么,解释这个意义与这种用法的共同出现就是要通过诉诸源于话语派生之概念,使这个意义成为这种用法的结果。但这个假设正是我想拒斥的:一旦我们接受,实施以言施事行为是使听话者认识到说话者在实施这一行为,使用动词实施它指表的施事行为就可以基于其意义很容易加以解释。因此,施为动词两个性质共同出现并不构成问题,在对其语义演变进行历时重构中,不需要加以考虑。

第 28 节 源于话语性始终支持规约论吗?

在前一节,作为反对杜克罗特假设的证据,我引用了显然不是源于话语派生的施为动词的若干例子。现在,我们将看到,即使那些存在很强证据支持这种派生的实例也未必佐证杜克罗特的立场。

(1) 杜克罗特假设意味着,施为动词的以言施事涵义始终产生于严格的自我源于话语地派生于使用这同一个动词(第一人称现在时)的另一个涵义。因此,**在本维尼斯特意义上**为源于话语性的每个施为动词自动地成为杜克罗特假设的反例。根据本维尼斯特的观点,源于话语动词从其形态派生所基于的话语或套语获得意义。这个话语几乎无法成为源于话语性动词本身的最初使用,因为这个动词在自己派生之前不可能存在。因此,按照本维尼斯特的看法,法语施为动词 *remercier*("感谢")派生于套语 *Merci*!("感谢"),并不从假设性套语 *Je te remercie*("我感谢你")获得其意义;该套语带有某种不同的原初意义。其意义并不由自我源于话语派生过程从最初的非施事涵义转变为第二个涵义,即以言施事涵义,而是从一开始就指表说出套语所实施的言语行为。这个施为动词的形态从该套语派生。因此,如果该动词可用以实施这个行为,这并非借由在先于其施事意义而存在的原初意义。杜克罗特(Ducrot 1980a:52,注)认识到了这里的问题：

> 本维尼斯特提出的派生过程……迫使我们承认，诸如 remerder 这样的某些动词在开始用于施为性话语之前，指表以言施事行为。这些动词借由其原初意义用于这些话语中。这样一个结论将要求我们对自己的施为性理论加以限制，将这类动词排除在外。

但是，正如我们业已看到的，杜克罗特不能接受对其理论的应用范围这样地加以限制，而同时不放弃激进规约论。这大概就是为何杜克罗特的追随者安斯科姆尔针对 remercier 提出一个新的自我源于话语派生（Anscombre 1979:75 - 77）。遗憾的是，正如我在别处（Recanati 1981:127 - 130）表明的那样，安斯科姆尔的阐释远不是令人信服的。

无论我们就 remercier 做出何种阐释，对杜克罗特假设的辩护要求我们表明，**没有**任何施为动词是在本维尼斯特的意义上源于话语派生的。但为什么会是这样呢？显然，施为动词的自我源于话语派生只是源于话语派生的一个特例，应当与另一个特例并列：本维尼斯特讨论的源于话语性。确实，**存在**施为动词的实例，这些实例在本维尼斯特的意义上（即在形态上派生于一个套语）是源于话语性的。动词"to okay"（同意）就是这样一个实例：这个动词是施为性的（比较："我特此同意你的请求"），这派生于套语"O. K."（同意），动词本身并不出现在这个套语中。

（2）在某些实例中，甚至自我源于话语假设成功地得到应用时也不能佐证激进规约论。我将提及两个这样的实例。

正如其词源学表明的那样，法语动词 parier（"打赌"）最初意谓"使相等"。此外，套语 J'égalise（"我使相等"）现在用于扑克牌游戏意指一个牌友同意"叫"另一个牌友下等于第一个牌友所下的赌注。鉴于这一点，人们可以假定 Je parie 在原初意义上（"我使相等"），规约性地用于接受另外某人的打赌。这个用法可能通过自我源于话语派生,导致 *parier* 现今意义("打赌")的产生。① 但是,依然正确的是,只有 *parier* 的第二个涵义可用于诸如 *Je parie que Belle d'Azur va gagner la course*("我打赌蔚蓝美丽队将赢得比赛")这种结构。因此,即使这个动词现在的施事涵义确实是自我源于话语性地派生于以其原初意义用于规约性套语之中,这并非**严格的**自我源于话语派生的实例。究其原因,因为原初套语(*Je parie*)与派生的施为套语[*Je parie que p*('我打赌 p')]形式同一性条件并不成立。我们不能认为,在开始指表打赌行为之前,施为套语规约性地用于打赌。其原因在于,这个套语可以仅包含第二个意义上的 *parier* 的一个例型;因此,我们不能借由其用法解释这个套语的以言施事涵义。我们必须依靠相反的解释。我为何能够通过说 *Je parie que p* 而打赌,其理由在于当我说出这个句子时,我说我在打赌;为何人们可以通过说出 *Je parie que p* 而说自己在打赌,其理由是从自我源于话语派生过程中,*parier* 获得了现在的以言施事涵义。自我源于话语派生过程的出发点是**另一个**套语。依这种方式解释,自我源于话语派生与我一直在论辩的反规约论并非不相容。

在我下一个例子中,假设严格自我源于话语派生似乎是合理的,但这个实例削弱了激进规约论,而非为其提供佐证。考虑一下法语动词 *embrasser*("亲吻")。我在读从珍妮的朋友保尔那里收到的一封信时,对珍妮说 *Paul t'embrasse*("保尔亲吻你"),我的意思并不是保尔正在亲吻珍妮,因为这显然成假。保尔现在不在这儿,他是从廷巴克图给我写的信,而珍妮就站在我旁边。我只不过是在向珍妮转述保尔在其信中使用像 *J'embrasse Janine*("我亲吻珍妮")或 *Embrasse Janine de ma part*("替我亲吻珍妮")这种规约

---

① 当然,这个假设并没有受到任何广泛研究的支持,应当只看作一种建议。其价值纯粹是方法上的:无论正确与否,这个假设表明,自我源于话语派生并不一定是支持规约论的论据。

性套语,以表达对她的爱慕。我们在此拥有 *embrasser* 的第二个"涵义",[①]这个涵义自我源于话语性地派生于 *embrasser* 在诸如 *Je t'embrasse* 这种书信套语中规约性地使用的第一个涵义。这些套语包含用于第一个涵义的 *embrasser*(*embrasser*$_1$＝"亲吻"),用以隐喻性地表达说话者对听话者的爱慕。从 *embrasser* 在诸如 *Je t'embmsse* 这种套语中这种实质上为规约性的使用开始,通过诉诸自我源于话语派生过程,就容易产生 *embrasser* 的第二个涵义,这在保尔 *t'embrasse* 得到例示(*embrasser*$_2$＝"实施人们在说出 *Je t'embrasse* 时所实施的行为"＝"在信的结尾规约性地表达写信人的爱慕")。

　　给定 *embrasser* 的这个新涵义,诸如 *Je t'embrasse* 这种书信套语可以重新解释为具有 *Je t'embrasse*$_2$、而非 *Je t'embrasse*$_1$ 的涵义。因此,*Je t'embrasse* 的话语具有施为性理解:我在说出这个话语时,事实上做了我说我在做的事情。在书信套语中使用 *embrasser*$_2$ 的证据由源于《法语宝典》的一个例子证明:

　　　　Je n'ai plus que la place de vous embrasser.

　　(字面意思:"我只剩下足够的空间亲吻你"。)

　　显然,这里的意义是"我在这页信纸上只剩下足够的空间,通过诸如 *Je vous embrasse* 这种套语规约性地表达我的爱慕",或者换句话说,"我只剩下足够的空间 *embrasser*$_2$ 你"。对这个例子稍加修饰就产生了作为显性施为语的 *Je vous embrasse*:

　　　　Je n'ai plus beaucoup de place, aussi je vous embrasse.

---

①　毫无疑问,这并不真正是 *embrasser* 的第二个涵义,而是这个词相当普遍的自我源于话语**用法**。然而,这个区分同我这里的论证无关。我将继续往下阐述,仿佛 *embrasser* 真地拥有两个涵义。

（字面意思:"我剩下的空间不多了,因此,我吻你"。）

　　于是,就 *embrasser* 而论,我认为杜克罗特的观点基本上是正确的:这个动词借由其第二个涵义指表在说出 *Je t'embmsse* 时所实施的行为。这第二个涵义是自我源于话语地派生于 *Je t'embrasse* 这个套语。在这个套语中,*embrasser* 在自我源于话语派生之前,只可能用于"亲吻"的第一个涵义。我们如果同意,至少在某些实例中,*Je t'embrasse* 可以作施为性解释,理解为 *Je t'embrasse*$_2$,那么,我们就可能希望像杜克罗特那样推断,使用这个表达式实施某个行为不能归于该表达式指表该行为的实施。究其原因,在经历自我源于话语派生之前,*Je t'embrasse* 确实已经用于实施该行为。通过自我源于话语派生过程,这个表达式开始指表行为的实施。但是,这个结论下得过于匆忙了。尽管表面上不然,这个例子并不支持规约论。假若我能够在以其**第一个**涵义说出 *Je t'embrasse*,那是因为由 *embrasser*$_1$(即亲吻)指表的行为是表达爱慕的一种方式,因而通过言说 *Je t'embrasse*$_1$,我传达我在实施这个行为的事实。同样,我可以通过说出"我让自己拜倒在你的脚下"传达我在乞讨的事实。这是因为让自己拜倒在某人脚下与乞求的行为相关联。假如 *Je t'embrasse*$_1$(或者"我让自己拜倒在你脚下")不传达这个意义,这个表达式就不能用于实施表达某人的爱慕(或乞求)。换言之,这是因为 *Je t'embrasse*$_1$(隐喻性地)意谓说话者在表达爱慕之情,所以,这个表达式确实可以用于实施该行为。因此,像杜克罗特那样说,在开始指表行为的实施之前,*Je t'embrasse* 就已经用于实施该行为,这种说法是错误的。严格地说,并不是 *Je t'embrasse* 的施事涵义派生于这个套语用于实施某个行为,而是这个涵义的**规约化**派生于这个套语用于实施某个行为。后者作为一种隐喻涵义由使用套语实施相关行为做出预设,因而不可能在其之后出现。

　　据此而论,从套语 *J'ordonne*(不同的)第一个涵义的隐喻用法派生法语动词 *ordonner* 的现代意义,即使杜克罗特这一做法是正确的,这也未必能够作为支持激进规约论的论据。说一个表达式作隐喻性使用，是说该表达式用于交流非字面意义。这个意义可能并不实质性地不同于该表达式的第二个意义，该意义自我源于话语地派生于其隐喻性使用。表达式这第二个意义可能只是隐喻意义借由自我源于话语派生过程变成的字面意义。在这种情形下，我们可以说，表达式在开始字面地指表某个行为的实施之前，用于实施该行为。但是，正是由于表达式(隐喻性地)指表行为的实施，所以，其话语事实上用于实施该行为。这恰恰与杜克罗特力图证明的相反。

这样看来，杜克罗特试图拯救激进规约论的努力失败了。一方面，自我源于话语假设不能阐释所有实例，而要作为激进规约论的基础，该假设就必须能够阐释所有实例。另一方面，即使就该假设确实能够解释的实例而言，也未必能够为之提供佐证。因此，我们坚持第 23 节勾勒的反规约论观点证明是有道理的。言语行为要得到实施，听话者辨识由说话者通过话语所表明的意向就足矣。但是，为了清楚表明话语中隐含的意向，说话者并不必须使用规约性标示语，[①]他还可以**说**自己意在实施什么言语行为。这正是他使用显性施为语时所做的事情。在说出"我警告你 p"，说话者说他在发出警告，通过使听话者辨识他在实施的行为，说话者有效地实施了这个行为。正如我们所看到的，这个观点隐含着，说出显性施为语实施了两个不同的言语行为。说话者借由言语行为 B 实施言语行为 A。言语行为 B 包括说出他在实施言语行为 A。因此，显性施为语属于"间接言语行为"论范畴，这将是下一章的论题。

---

① 我说的"规约性(以言施事)标示语"意指借由语言的语义规则与以言施事类型相关联的表达式。但是，我完全愿意承认，除了这些语义规则或"意义规则"之外，还存在**使用规约**[Searle 1975a；Morgan 1978；关于"以言施事标准化"的论述，还可参见 Bach & Harnish (1979)]。或许，施为性是这第二个意义上的规约问题，这个观点有某种值得推崇之处。在别处 (Recanati 1980:211)，我区分了"基本"(primary)标示语与"非基本"(secondary)标示语，前者为借由意义规约的标示语，后者是借由使用规约的标示语。我现在说施为动词第一人称现在时不是标示语时，意思是这样的动词不是基本标示语。

施为话语语用学

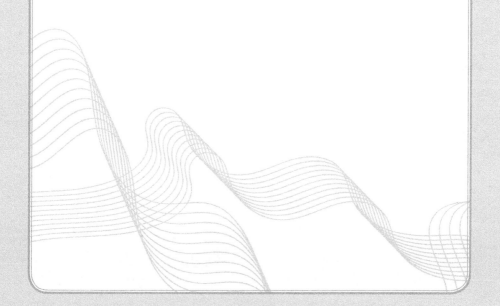

第5章
间接言语行为

第 29 节　问题

奥斯汀在《如何用语词做事》中顺带地提到了间接言语行为。他说（Austin 1975：130），一个以言施事行为可以借由另一个以言施事行为实施。在打桥牌中，说出"我叫三张梅花"，我就实施了叫三张梅花的以言施事行为，借此告诉我的同伙我没有方块。我之所以可以这样做，是因为存在两条规约（Austin 1975：131）：根据其中一条规约，在桥牌游戏的某个时刻说"我叫三张梅花"就是宣布三张梅花（这就像说"我加倍"就是加倍）；根据另一条规约，宣布三张梅花就是向同伙间接传递某个信息。所说的两条规约是语言外规约。奥斯汀没有列举不诉诸这种规约的间接以言施事行为的例子。然而，诸如做出断言、提出问题、做出请求这种"言语行为"经常间接地实施。引用一个熟悉的例子：说话者说出"你能把盐递过来吗？"向听话者提出了一个问题，在这样做的过程中**请求**听话者把盐递过去。

容易看到在奥斯汀提到的间接施事行为实例中，是如何获得理解的。我的同伙因为懂得并接受桥牌规则，不可能不认识到在宣布三张梅花时我间接地告知他我没有方块；即使在间接行为实例中，存在得到确认的规约，就足以确保理解。当不包含语言外规约的普通言语行为间接地实施时，更难看到是如何获得理解的。"你能把盐递过来吗？"这句话借由其词序与语调，具有疑问的形式，更加具体地说，是一个询问听话者是否有能力把盐递过去问题。那么，听话者如何从句子提供的标示推断说话者要求他实施某个行动？为了成功地实施意在实施的言语行为，说话者必须保证得到理解，那么，在这种情形下，说话者如何保证理解？

　　这里有一个严重的困难。正如我们所知，以言施事意向必定是**外显的**；隐含的以言施事意向在措辞上是自相矛盾的。我不可能以某种语力向某人传达一个特定内容，除非我让他认识到我以该语力向他交流这个内容的意向。我的交际行为要获得成功，我必须使这个意向成为显现的。每种语言都有语用标记系统，其功能就是编码主要类型的以言施事意向。这些似乎是不言自明的。然而，像"你能把盐递过来吗？"这样普通的话语所表明的看来正好相反。说话者的以言施事意向是请求听话者实施某个行为，如果听话者不能理解这一点——如果他认为说话者是在问他一个问题，只不过是出于好奇——那么显然，他就没有能够理解话语的以言施事语力。不过，说话者的意向是**伪装着的**；说话者使用了一个疑问句，仿佛是在问一个问题，而没有使用祈使句将其请求显化。

　　这里的解决办法是认识到，甚至是表面上伪装的意向也可以是外显的，如果是**外显地伪装的**。说话者可以确保理解，即使同时伪装其意向，只要他这样地伪装自己的意向，从而听话者能够认识到这个意向是伪装着的：明白一个意向受到伪装，这是理解哪个意向受到伪装的一个步骤。鉴于这一点，人们想要知道如何可能伪装以言施事意向，从而听话者将认识这个事实。例如,什么标示话语"你能把盐递过来吗?"不是一个真正的问题,而只是一个披着问题外衣的请求?

第 30 节　会话含义

按照格赖斯的理论(Grice 1967,1975),会话受一组普遍原则支配。[①] 说话者仅通过说话就使自己承诺尽可能遵守会话原则,同时要求听话者尽可能假定他遵守这些原则。即使说话者表面上违背特定的会话准则,听话者必须假定他尽可能地遵守这些准则(或者遵守总的"合作原则",准则属于该原则)。例如,他们将假定说话者不可能遵守这条特定准则而不违背另一条准则,因此,说话者不能同时遵守所有准则。作为示例,考虑一下格赖斯的第一条准则,即量准则(Grice 1975:45)。按照这条准则,说话者应当提供情景所需要的信息量。假如某人问我:"约翰什么时候到的?"我回答道:"他今天下午到的。"我提供的信息比要求我提供的信息少,因而违背了量准则。我的听话者将假定我若要提供更多信息,就会违背另一条准则,例如,违背第二条准则——质准则。按照质准则,我不应当说我缺乏充足证据的话。在眼下这个实例中,如果我不确切知道约翰什么时候到达的,而只知道他下午到的,我就不能提供更多的信息,否则就会违背质准则。因此,我并不确切知道"约翰何时到达"这个假设就使听话者能够继续推测(正如他应当做的那样)我在尽可能地遵守会话准则。

像格赖斯那样,我将把以下假设称作"会话含义":听话者被引导做出这

---

① 格赖斯声称该原则支配信息交换。他将这个原则表述为一组准则,分属四个范畴:**量**(提供不多不少的信息)、**质**(说真话,不说你缺乏证据的话)、**关系**(相关)与**方式**(言简意赅)。当然,除了那些只涉及信息交流的话语,还存在其他类型的话语。即使在这种特定的"语言游戏"中,应用这些准则的严格程度也不尽相同。

种假设,以调和给定话语与听话者假定说话者尽可能遵守会话准则之间的差距。就眼下的例子来说,"约翰今天下午到的"这句话在会话中隐含说话者不确切知道约翰何时到达的。听话者推导说话者话语的含义通过一个过程,其步骤我们可以明确如下:

(1) 说话者尽可能地遵守会话准则。

(2) 一条这样的准则是"提供像期待你提供那样多的信息"。

(3) 因此,说话者做了最大努力,提供像期待他提供的那么多的信息。(基于1与2)

(4) 说话者说的话并没有提供足够的信息。

(5) 因此,说话者不能提供所期待他提供的信息量。(基于3与4)

(6) 假若说话者确切知道约翰何时到达,他就能够提供所要求提供的信息量。

(7) 因此,他不确切知道约翰何时到达的。(基于5与6)

会话含义是一种形式的语用含意。将**所言**的含意(当在如此这般的额外前提下理解,所言隐含如此这般的结论)与**说出所言**之事实的"语用"含意(在额外的前提下,说话者言说了其所言隐含某种别的内容)区分开来是有用的。有时但并非始终,话语的语用含意是"显现的"或为说话者自己"可及的"——我如果使用"无线电波束"这些词语,知道你认为只有火星人使用这个表达式,那么,我就知道我的话对你来说,语用地隐含我是来自外层空间的生物。与此类似,话语的会话含义对于说话者是显现的,因为说话者知道听话者预期他尽可能遵守会话准则;因此,说话者可以预见听话者为了调和他的话语与所预期的遵守准则之间的差距将会做出的假设。更加具体地说,我将提出,话语的会话含义(话语对听话者所隐含的内容,借由对说话者所预期的对会话准则的遵守)对于说话者和听话者是"相互显现的"。相互显现性概念可以定义如下：①一个事实（或命题）对 A、B 两个人是相互显现的，当且仅当它对两人中的每个人都是显现的（即能够为其感知或推导），如果对其中每个人显现的事实也是对每个人显现的，等等。

在我们的第一个例子中，对说话者与听话者显现的是，任何说话者应当——在正常情况下——遵守会话准则；相互显现地是，借由这个假定，听话者可能被引导并推导说话者不确切知道约翰何时到达的。换言之，说话者能够预见听话者的推导，听话者知道这一点，他知道说话者知道他知道这一点，等等。说话者能够知道听话者会推导前面的结论（7），却并不采取任何措施阻止他这样做，基于这个事实，听话者推断说话者实际上**隐含**（7），这样推断是有道理的。

因此，会话含义概念揭示了人们借以意谓比字面所言更多内容的机制：为了传达 q 而不明确言说，说出一句会话地隐含 q 的话语就足矣。对于格赖斯而言，当听话者作如下推理时，这种非显性交流就出现了（依照 Grice 1975：50）：

> 说话者言说 p；没有理由假定他不在尽其可能地遵守会话准则；在这个情形下，仅当 q，方可假定他遵守会话准则；他知道（而且他知道我知道他知道）我可以看到，我必须假定 q，如果我要继续假定他在遵守会话准则；他并没有做任何事情以阻止我推论 q；因此，他隐含 q。

将这个基本模式应用于当前的例子，我们所需要做的是用"约翰今天下午到的"取代字母"p"，以"说话者不知道约翰何时到达"取代字母"q"。

---

① "相互知识"的概念隐含于斯特劳森（Strawson 1964）和格赖斯（Grice 1957，1969）的著述中，由刘易斯（Lewis 1969）和希佛（Schiffer 1972）依照谢林（Schelling 1960）明确表述；相互显现性概念是一个改进，由斯珀伯与威尔逊（Sperber & Wilson 1986：38 及之后）提出。

第 31 节　含意、意向性含意与间接言语行为

有人可能基于下述理由反对这个阐释：这个阐释把大不相同的东西搅到了一起；如果想要理解间接言语行为，我们就应当做出区分。当我以"约翰今天下午到的"回答"约翰什么时候到达的？"这个问题时，也许是因为我的话径直**显现**我不知道约翰到达的确切时间，我并没有有意努力诱导听话者得出这个推论。当然也可能我那样回答正是为了引出这样一个推论。但情况只是可能如此，而非必然这样。这就足以表明，我的话语（加之假定说话者遵守了会话准则）隐含的东西不是自动地成为某种我含沙射影地说出的东西。我完全可能说"约翰今天下午到的"，仅仅意在向听话者传达约翰今天下午来的这个信息。当然，我的话语隐含我不知道比这更多的东西，但隐含某物与**意向性地**隐含该物不是一回事儿：我如果说"约翰今天下午到的"，意在向我的听话者不仅传达约翰下午来的，而且（通过隐含）传达我不知道他来到的确切时间的信息，就意向性地隐含我不确切知道约翰是何时到达的。假定我清楚地知道约翰是四点到达的，因为他到达时我在那儿。但是，由于某种原因，我不想让听话者知道这一点。那么，当被问到约翰是什么时间到达的时，我可能回答道"约翰今天下午到达的"，从而意向性地向听话者隐含这是我知道的一切，而且（所以）当约翰到达时，我不在场。在此，（给定会话准则以及假定我遵守这些准则）我的交际行为的目的正是要传达我的话语所隐含的内容；言说约翰今天下午到的，这是传达我不知道更多的东西这个信息的一种办法。因而，我们必须小心，避免将"隐含"与"意向性地隐含"（或"含沙射影地说"）弄混淆了。与意向性地隐含某物不同，隐含某物并不一定包含说话者一方特定的交流意向。说话者 S 通过向听话者 H 说出的话语 u **隐含** q，当且仅当 u 语用地隐含 q。这个隐含对于 S 与 H 是相互显现的；但是，这个隐含不一定

被说话者意向性地**利用**。另一方面，**S 意向性地隐含 q**，当且仅当通过 u，S 隐含 q，并且意向性地这样隐含。

实施一个间接言语行为与意向性地还是非意向性地隐含某内容不同。就芝加哥说"这是一座美丽的城市"，我隐含我知道芝加哥。但是，我通过说出语用地隐含我知道该城市的话语，所传达的是我知道芝加哥这个意向不是明确说出的意向。正如斯特劳森所指出的（Strawson 1964:161 - 163），隐含于含蓄话语的意向不是外显的，而包含在实施以言施事行为中的意向必须是明确的，因为这种行为的实施实质上是通过听话者认识这个意向完成的。因此，即使我通过说出隐含我知道芝加哥的话语而意向性地隐含我知道芝加哥，我也没有实施一个间接言语行为。我向听话者传达我知道芝加哥的意向并非通过他辨识该意向而实现，而是通过他对另一个意向的认识而实现，这个意向即我传达芝加哥是一个美丽的城市的意向。

作为第一步，让我们将"外显性隐含"与"意向性地隐含"以及"隐含"区分开来。我们可以用以下方式定义"外显性隐含"：说话者 **S 外显性地隐含 q**，当且仅当 S 意向性地隐含 q 以及当 S 这样做时，这对于 S 和 H 是相互显现的。换言之，外显性隐含（正像意向性地隐含那样）要求 S 带有向 H 传达 u 隐含的内容这个具体意向而说出 u，就像不能意向性地隐含某物而不隐含之那样，也不能外显性地隐含某物而不意向性地隐含这个内容。意向性地隐含某内容而非简单地隐含之，就必须具体地意在通过 u 传达 u 在任何情形下隐含的内容；与此类似，对于外显性地隐含某内容而非只是意向性地隐含这个内容，交际意向必须外显，亦即，必须相互显现。① 因此，由外显性地隐含 q 所实施的行为具有以言施事行为的基本特征。

我们可以借用格赖斯的一个例子（Grice 1961:129；1975:52），以表明外显隐含的机制与间接言语行为之间的联系。假定哲学教授应邀对某个学生

_____

① 在第 46 节，将对借由相互显现性定义外显性做出批判，将提出借由"默认自反性"的另一表征。

的哲学能力做出评估，他在回信中只说该学生拼读出色，始终准时到课。这位教授明显违背了会话准则——他提供的信息不能满足要求。我们再次遇到违背第一条准则（量准则）的实例。听话者被迫寻找一个假设，以调和教授的陈述与假定他尽可能遵守准则之间的距离。这个假设不能像在前一例中那样，假定说话者选择牺牲量准则（始终提供足够的信息）以免违背质准则（只说有充分理由相信的东西）。这是因为教授完全有能力判断该学生的学业水平。人们不禁假定，教授不想提供更多细节，是因为他觉得该学生作为哲学专业工作者前途渺茫，他不愿意公开表达这个看法。这个假设是可信的，但不能调和教授的话与他遵守准则的假定之间的距离。该假设说教授有意违背了量准则，但没有说他这样做是为了遵守另一条准则。然而，如果我们假定教授违背量准则**正是因为他想**让听话者明白他对这名学生哲学天赋的怀疑比他在乎表达的更加严重，这个质疑就可以规避。尽管表面不然，这个复杂假设使我们能够调和教授的陈述与他尽可能遵守准则的假定之间的差距。没有发表破坏性的看法、违背了量准则，正是为了引出一个假设，即这个看法是破坏性的。因此，教授**隐含地提供了他拒绝明确提供的信息**，毕竟遵守了量准则，尽管是间接地遵守了这个准则。在类似这种案例中，"尽管在所言层面上违背了某个准则，听话者可以假定在所含层面上，该准则或总的合作原则得到遵守"（Grice 1975：52）。

　　教授的陈述语用地隐含他对该学生的哲学前景不怎么看好（因为对这个陈述没有提供充分信息的特性，不存在任何其他可信的解释）。教授的陈述具有这样的语用含意，对说话者和听话者是相互显现的。因此，教授隐含了他抱有负面看法。他有意不明白地表达这个看法（他想让听话者自己推导这个结论，从而避免明确说出这个看法）。据此而论，他意向性地隐含这个结论。至此，（在非技术性意义上的）两个交际行为得以实施：教授明确表达了他对该学生非哲学方面的优点的看法（拼写与准时）；他意向性地隐含这个学生哲学专业水平一般。这两个交际行为不在同一个层面上。不谙是因为一

个是显性的,另一个是隐性的,而且因为只有第一个是以言施事行为,亦即,
是一个借由使听话者认识说话者交际意向而得以实施的行为。通过使听话
者认识其实施行为的意向,教授实施以言施事行为,描述该学生的非哲学素
质。教授通过说出一句话,这句话借由其描述意义与语用意义,字面地表达
了那个意向。假若不使听话者认识其意向,他就不可能实施了这个行为。另
一方面,为了意向性地隐含某个内容,说话者的意向并非必须是外显的;这个
意向很可能是未予言表的。因此,如果教授只不过意向性地隐含他对该学生
哲学能力的看法,我们就不能说他实施了一个间接以言施事行为。但是事实
上,他更进了一步,**外显性地**隐含了他的想法。他向听话者传达某个(破坏
性)看法的意向由他的话语会话性地隐含,从而是相互显现的,因为需要假设
教授力图隐含地传达这个破坏性看法,以调和他的话语与准则得到遵守(尽
管表面不然)这一假定之间的差距。

　　通常,当调和话语与关于说话者遵守会话准则的唯一可行的方法是假定
说话者意在传达超出他字面所言的信息时,我们可以谈论间接言语行为:S
借由话语 u 实施间接言语行为,u 字面地言说 p,如果 u 会话地隐含(从而使
之相互显现)S 在说出 u 中意在传达 q。据此而论,要实施间接言语行为,话
语在会话中隐含的内容必须是某个**交际意向**。[①] 这就是为何我以之开始这一
节的那个例子(约翰到达的时间)不是间接言语行为的实例。这个例子中的
话语会话地隐含说话者不知道约翰是何时到达的,但并不会话性地隐含他意
在传达比其字面所言更多的内容。

　　当间接言语行为得到实施时,在会话中隐含的交际意向不一定是向听话
者**提供**关于某种事态之**信息**的意向。假如我的话语会话性地隐含,通过这句
话,我意在命令你离开,那么,我间接地命令你离开。我刚才描述的机制非常
普遍。这个机制使通过说出一个句子间接实施以言施事行为成为可能;这个

---

① 格赖斯(Grice 1975)区分数种会话含义;这里描述的含义(即那些导致实施间接言语行为的
　含义)对应于格赖斯的"C 组"。

句子按照字面的解释，表达实施**另一个**以言施事行为的意向。听话者通过下述推理重构说话者没有字面地表达的以言施事意向：

假如说话者只是意在实施句子字面标示的以言施事行为，他的话语就会构成对会话准则的违反。但是，他遵守这些准则；因此，他必定意在实施第二个以言施事行为，从而用以实施这个行为的话语确实是符合准则的。因此，违背准则只是表面上的。

说话者表面上无法解释地违背准则是一个信号，表明说话者在另一个层面而非字面交际层面上遵守准则。正是这个信号使我们认识到，以言施事意向受到"伪装"，说话者遵守会话准则的假设为我们提供了一条标准，用以鉴别这个伪装之下的意向：听话者归于说话者的间接以言施事行为是这样一个行为，这个行为的实施与字面行为的实施一起，就可能使话语与会话准则一致起来。

第 32 节 直接施事行为与间接施事行为解释

以言施事行为具有某种"语力"和某种"命题内容"。陈述"水在沸腾"这个行为具有断言的语力，其内容是所断言的东西，即水在沸腾。以言施事行为的命题内容是其表征的事态。假若保尔劝告约翰去读《句法结构》，他的以言施事行为针对约翰阅读《句法结构》。这个以言施事行为可以采用莱欣巴赫（Reichenbach 1947：§57）和塞尔下面这种标记法加以表征：

劝告(约翰阅读《句法结构》)

施事语力由大写的词(英文为大写,译文采用带下划线黑体——译者注)表征,命题内容由圆括号中的描述表达。

直接的或间接的以言施事行为借由听话者认识说话者的交际意向得以实施。假如行为是直接的,句子的意义使听话者能够重构这个意向。正如我在绪论(第 5 节)中所说的,句子的意义部分地是"语用的",部分地是"描述性的"。句子的描述性意义是为确定每个话语所表征的事态做出贡献的意义;句子的语用意义包括所传达的标示,这些标示不涉及所表征事态,而关涉(除了别的方面)说话者意在实施的以言施事行为类型。这两个方面的意义对应于以言施事行为的两个方面,即其"语力"与"内容"。借由句子的语用意义,句子与某种以言施事语力相关联;借由描述意义,句子与某种命题内容相关联。我将使用"以言施事语力潜势"这个术语以指称借由语用意义与句子相关联的施事语力类型,并使用术语"命题内容潜势"指称借由描述意义与句子相关联的内容类型。结合到一起,这两种潜势构成我所说的句子"以言施事行为潜势"。就直接以言施事行为而言,假若句子的意义能够使听话者辨识说话者实施行为的意向,这是因为有关行为属于句子的以言施事行为潜势。用加德纳的术语说(Gardiner 1932),句子意义与说话者派赋给句子的话语功能"融贯"。

通过说出句子实施以言施事行为,这样一个以言施事行为要属于句子的以言施事行为潜势,必须具备两个条件:行为的语力必须属于句子的以言施事语力潜势,其内容必须属于句子的命题内容潜势。[①] 句子的施事语力潜势是通过语言的语义规则与句子关联的施事语力**类型**。这个一般性施事语力包括各种**具体的**施事语力。一般性语力 F 包括具体语力 f,当且仅当不可能实施语力 f 的行为而不同时实施语力 F 的行为。例如,我不能**预言**某个事件将会发生而不由此**断言**这个事件将会发生。说行为的施事语力属于借以实

---

① 参见巴赫与哈尼希(Bach & Harnish 1979: §1.4)。这一节的论述,我显然要向巴赫与哈尼希致谢。

施该行为之句子的施事语力潜势，就是说这个句子在语义上关联于一个一般性语力，该一般性语力包括行为的具体以言施事语力。

句子的命题内容潜势是句子对某个事态做出的描述，这个描述通常是不完整的或歧义的。句子"他今天头疼"不完整地描述某个人在某一天头疼，确切的个人与所说的某一天由语境确定。因此，依赖于语境，这个句子的话语可能表征彼得1981年12月8日头疼，或者描述保尔在1807年3月6日头疼，或者同样类型的任何其他事态。我们可以使用"开放句"代表由这个句子描述的一类事态：

x 在 y 头疼

如果以指称个人与日子的常项代替变项 x 与 y，就能够得到事态的完整描述。我们以这种方式可以获得完整描述的任何事态都属于这个句子描述的事态类型，亦即属于其命题内容潜势。

懂得语言语义规则的听话者懂得说出的句子具有某种以言施事行为潜势。但是，他的语义能力本身既不告诉他说话者意在实施属于这个潜势的以言施事行为，又不告诉他说话者意在实施**什么**特定行为。为了认识说话者的直接以言施事意向，听话者必须按照使用以下三条信息的图式推理：(i)句子的以言施事行为潜势（听话者已经鉴别了这个潜势）；(ii)所推测的说话者对规范性原则的遵守，我将把这个规范性原则称作"字义性原则"①；(iii)听话者关于语境相关特征的知识。拥有了这条信息，听话者就能通过四个步骤重构说话者的直接以言施事意向：

1. （说话者）S 遵守字义性原则；按照这条原则，假若不意在实施属

---

① 我的"字义性原则"将巴赫与哈尼希(Bach & Harnish 1979)所说的"交际推测"与"字义性推测"两者的功能结合在一起。

于该潜势的以言施事行为,就不应当说出带有给定以言施事行为潜势的句子。

2. S 说出了具有施事行为潜势 F＊(p＊) 的句子(其中"F＊"代表某个施事语力潜势,"p＊"代表某个命题内容潜势)。

3. 因此,S 意在实施属于这个潜势的以言施事行为。

4. 给定了语境,所说的具体以言施事行为必定是行为 F(p)(其中"F"代表某个以言施事语力,"p"代表某个命题内容)。

假定说话者遵守字义性原则,这条原则使可能从带有某种以言施事行为潜势的句子话语加以推断,说话者意在实施属于这个潜势的以言施事行为。话语语境转而用以从所有可能的选项中选出说话者实际上意在借由话语实施的特定的以言施事行为。

当以言施事行为是间接实施时,说话者的意向必须借由一个推理过程加以推导,这个推理过程包括实施直接施事行为作为前提,这个行为的性质通过图式(1)~(4)推论。正如我们在第 31 节中所看到的那样,这个推论可能以下述形式进行:

(5) S 实施了以言施事行为 F(p)。

(6) S 遵守会话准则。

(7) 借由在这个语境中实施 F(p),S 违背了会话准则 M,除非他意在除了 F(p) 之外,实施另一个以言施事行为,从而 M 毕竟得到遵守。

(8) 因此,S 意在除了 F(p),实施第二个以言施事行为,从而 S 假如只是意在实施 F(p) 就可能违背的会话准则 M 就得到了遵守。

(9) 给定这个语境,有关以言施事行必定是行为 G(q)。

在实施以言施事行为 F(p) 时，说话者公然违背他应当遵守的会话准则中的一条准则。从这个事实可以推论，他意在传达比显性所言更多的内容。于是，话语语境使听话者能够确定在那些允许话语能够与会话准则调和的施事行为中，说话者意在间接地实施哪个以言施事行为。

第 33 节　会话原则在解释中的作用

图式(5)～(9)表征借由公然违背会话准则所实施的间接以言施事行为的解释。但是，假如由此推断，借由包含会话准则的一个推导过程而实施的任何以言施事行为实际上都是一个间接以言施事行为，这样的推断则是错误的。事实上，听话者在解释话语时诉诸会话准则，这对于使这样推导的以言施事行为成为间接言语行为，既非必要条件，又非充分条件。这不是一个充分条件，因为会话准则在解释借由(1)～(4)推导的直接以言施事行为中发挥作用；这不是必要条件，因为即使当用于实施间接施事行为的直接施事行为不违背(看来也不违背)会话准则时，间接以言施事行为也完全可能出现。

就第一点而言，容易看到，若不推测说话者遵守会话准则，听话者就难以确定在那些属于句子以言施事潜势的行为中，说话者实际上意在实施哪个特定的以言施事行为。威尔逊与斯珀伯(Wilson & Sperber 1981)[并参见 Katz (1972:449 - 450)，Walker (1975:156 - 157)，以及 Morgan (1978:264)]强调了会话准则在语境中确定直接行为中的作用：

考虑一下下面这句话：

(A) Refuse to admit them.（拒绝接受/承认他们/它们。）

按照格赖斯的阐释，(A)可能至少有两种涵义，取决于 admit 究竟意谓"让进入"还是"承认"。这句话也有着范围不确定的可能的指称对象，因为 them 可能指称说话者与听话者知道的任何群体的人或者物体。现在设想(A)是在回答(B)时说出的：

(B) 我假如犯了错误应该怎么办？

在这个语境中解释(A)，除了 admit 意谓"承认"、them 指称说话者的错误这个解释以外，听话者马上可以排除(A)的所有其他可能的解释。假如在回答(C)时说出(A)，做出的解释就会极大地改变：

(C) 我对那些票已经过期的人该怎么办呢？

这里，admit 将解释为意指"让进入"，them 解释为指称那些票已经过期的人。在考虑这些解释是如何获得的时，有一个显见的观点需要阐述。无论在什么语境中，(A)依然具有不定范围的逻辑上可能的解释，其中任何一个解释皆可能是不遵守格赖斯准则的说话者意指的。看来显然，听话者在语境(B)或(C)中为(A)选择恰当解释的能力依赖于其默示的假设，即说话者遵守了格赖斯准则……然后，听话者能够排除任何与这个假设不相一致的解释。[Wilson & Sperber 1981:157]

在威尔逊与斯珀伯的例子中，会话准则用于从句子的命题内容潜势推导直接实施的以言施事行为的实际命题内容。从说话者遵守字义性原则的推测与说话者说出带有某种以言施事行为潜势的句子这个事实，听话者可以推论说话者意在实施属于该潜势的行为。为了确定在说话者意在实施的可能的施事行为中究竟实施了哪个行为，[图式中的步骤(4)]，我们不仅需要诉诸话语语境，而且像威尔逊与斯珀伯指出的那样，需要假定说话者遵守了会话准则。这个假定使听话者能够相对于语境选择属于句子命题内容潜势的具体命题内容；以同样的方式，从那些属于句子以言施事语力潜势的候选项中选择一个具体的以言施事语力。

对于间接性而言，在理解过程中诉诸会话准则既非必要条件，又非充分条件。我业已分析的机制依赖于有意违背说话者应当遵守的规范性原则；但这条原则不一定是格赖斯式"会话准则"——其他原则可以发挥类似的作用。此外,并非每个间接以言施事行为都借由公然违背规范性原则而实施,前面分析的机制只是实施间接施行为若干方式中的一种而已。

关于格赖斯引起关注的会话准则的确切性质,语言哲学家的看法并不一致。不清楚这些准则究竟属于交际理论,还是更加普遍地属于合作理论,或者更加普遍地属于行动理论。学者们提出了各种方案,以将这些准则简约为一个总的原则,例如,格赖斯的"合作原则"(Grice 1975)、威尔逊与斯珀伯的"关联原则"(Wilson & Sperber 1981;Sperber & Wilson 1986),或者卡舍尔的"有效手段原则"(Kasher 1979)。这个论题超出了眼下讨论的范围。但是,不管这场争论的结果怎样,显然,除了会话准则以外的其他规范性原则在施事行为解释中也发挥着作用。例如,社会学家宣称发现了支配社会交往活动的一般原则,诸如"不让会话对方失去脸面"的原则。正如布朗与莱文森(Brown & Levinson 1978)所表明的那样,这条原则证明使用间接话语策略以减弱施事行为"威胁脸面"的方面是有道理的。① 在缺少某种这样的原则与"方式准则"(该准则规定除了别的因素,人们应当尽可能直接明了)相互作用时,在许多情形下,就不可能间接地实施某个以言施事行为(如通过说出"你能把盐递过来吗?"而要得到盐)而不违背这个准则,因为说话者就不会有站得住的理由不直接实施这个行为。听话者会因此而无法从以下事实推论实施了间接行为:这使之可能调和话语与推测说话者遵守了会话准则。

在我们讨论的例子中,有时,社会互动原则——或者还有其他一些原则——与会话准则发挥同样的作用。说出一个祈使句("进来""直接进去""回家")经常解释为**邀请**做某事,或**允许**做某事。这是因为如果解释为命令,亦即,解释为威胁脸面的行为,这个行为的直接实施就会违背前面提到的互动原则("不要使你的会话对方失去脸面")。像在其他例子中的会话准则一

---

① 根据布朗与莱文森的观点,这条原则不一定看作不可简约的规范。对于某个懂得每个人(包括他自己)都想保全"脸面"的人,这基本上是一条理性策略。

样,互动原则在此发挥作用,以确定在符合句子潜势的许多行为中,说话者意在实施哪个直接以言施事行为。但是,这些原则还可以在说话者说出表面上违背这些原则的话语时,确定说话者试图实施哪个间接以言施事行为。

语言哲学家就会话准则之性质缺乏清晰的一致看法。有鉴于此,我们只能决定将这个表达式用于与格赖斯准则在话语解释中功能相似的所有原则。但即使那样,我们也不能将会话准则看作间接性的必要条件。这是因为正像我业已提出的那样,会话中隐含交际意向只是实施间接以言施事行为若干方式中的一种。事实上,显性施为语实施的以言施事行为 A,其实施由该施为语指表,就其不属于句子以言施事潜势的范围而言,这个行为本身是一个间接行为。① 说话者实施这个行为的意向是从他实施直接行为 B 推导的,实施直接行为 B 包括言说他在实施 A。但是,正如我们将看到的,在实施 B 时,说话者并没有违背任何会话准则,甚至表面上也没有违背;在从 B 推导 A 的过程中,推测说话者遵守了会话准则(无论这些准则如何定义),这不起任何作用。间接行为由直接行为**蕴含**,完全独立于关于说话者遵守(无论何种)会话准则的任何假定。确实,结果证明,由显性施为语指表的以言施事行为尽管是间接行为,却在非技术意义上,较之借由会话含义实施的间接行为更加"直接地"实施的行为。从一个观点看,这是不言自明的。在言说"我命令你来"时,显然,说话者明确地宣告内存于话语中的以言施事意向,而远不是隐含地传达这个意向的。但是,使用会话含义机制以解释显性施为语如何可能实际地用于实施所指表的行为,这种诱惑对于格赖斯的那些追随者十分强烈。他们认识到这个行为必然的间接特性,太过乐意将间接性认同于含义。这就是为何在下一章,我将从讨论格赖斯信徒可能极想对施为语现象做出的阐释入手(第 35 节)。然后,我将阐发我刚才论述的观点。

---

① 可以肯定,如果"施为前缀语"**是**以言施事标示语,这个行为就会属于句子的以言施事潜势;但是,我已经详加论辩该前缀语不是以言施事标示语。

第6章
陈述句的施为性用法

第34节　引言

显性施为语的两种对立理论——一种是我在本书第一编反驳的理论，另一种是我在为之辩护的理论——可以概括如下。按照第一种理论，诸如"我命令你离开"这种显性施为语包括一个"前缀语"加上一个补足语。前缀语的意义是语用性的。补足语独自带有句子的描述意义。用塞尔的话说，施为前缀语是以言施事语力的标示语，由其外显性同其他类型的标示语区别开来——这个前缀语给予所引导句子的施事语力潜势，较之祈使语气赋予诸如"离开！"这种基本施为语的语力潜势，其局限性与具体性要强得多。就补足语而言，它为句子提供命题内容潜势，与关联于施为前缀语的施事语力潜势相结合，以产生整个句子的以言施事行为潜势。我们可以用一个式子加以表征：

命令（听话人离开）

这样看来,通过说出"我命令你离开"实施的命令行为属于句子的以言施事行为潜势。这个行为是直接实施的,在某种意义上,甚至是直接行为的范式,因为在话语的具体以言施事语力与句子的以言施事语力潜势之间存在完全的一致性。

在我这里提倡的理论中,施为前缀语不是标示语,"我命令你离开"在语言上与"他命令你离开"具有相同的以言施事语力潜势,亦即,每个陈述句都具有的语力潜势。(为了不就关联于陈述句的施事语力潜势引起质疑,我将径直以"D"标注,而不使用传统的断言符号。)所谓施为前缀语由于不只是一个语用标记,所以对句子的命题内容潜势做出贡献。因此,在我的分析中,"我命令你离开"的以言施事行为潜势与塞尔以及第一种理论的倡导者派赋给这个句子的行为潜势截然不同:

D(由说话者向听话者发出的离开的命令)

假如是这样,那么,命令听话者离开的行为属于"我命令你离开"的以言施事行为潜势吗? 显然它不属于。这导致我们推断这个以言施事行为必定是一个"间接"行为。正如我已经指出的那样,这个行为通过另一个言语行为实施。这另一个言语行为包括言说正在实施有关的行为。然而,在继续推进这个分析之前,我们需要确切陈述像"我命令你离开"这种句子的以言施事行为潜势是什么。本章的大部分篇幅将用于探讨这个问题。

正像我们在第 32 节中所看到的那样,句子的以言施事语力是一个一般性施事语力,借由其语气(其句子类型)等元素与句子相关联。因此,我们允许一般性语力借由语言的语义规则同祈使句相关联,包括像请求、命令、乞求等行为的具体语力。像塞尔那样,我将把这个一般性语力称作"指令性"语力,其语力由这个一般性语力所包括的行为将称作"指令性行为"。

在源于格赖斯(Grice 1975)的传统中,以言施事语力,无论一般性的还是具体的,都由某个**意向**定义:实施带有以言施事语力 F 的交际行为,表达 F 典型地具有的意向就足矣。① 因此,某个话语具有指令性语力,当且仅当这个话语表达说话者的某个意向,亦即,听话者以某种方式行动,听话者这样行动部分地因为话语表达这个意向。由于指令性像我定义的那样,是祈使句的以言施事语力潜势,所以,通过说出这样一个句子所实施的以言施事行为不可能是直接的,除非该行为是指令性的;亦即,这个行为不可能是直接的,除非借由话语 u 实施这个行为蕴含说话者表达的意向是 u(就其表达这个意向的范围而言)在听话者身上引起某个行动。

通常假定,正像祈使句具有指令性以言施事潜势那样,陈述句具有"断言性"以言施事潜势。但是,我们能够如何表征断言? 按照格赖斯的观点,断言的典型意向是(借由话语)在听话者那里引起某个**信念**的意向:通过断言 p,说话者表达听话者应当相信 p 的意向(或者也许,听话者应当相信说话者相信 p)。人们也许可以反对这个表征,指出该表征未能阐释断言并没有指令性行为那么高的听话者取向性。相反,在哲学逻辑传统中,断言的特征更多的是所言与实际事态之间的语义关系,而非说话者与听话者之间的语用关系;说话者在断言某物时,所表达的与其说是在听话者身上引起某个信念的意向,

---

① 文献中经常提出的一个问题是,以言施事语力是否可以借由"以言取效"意向定义。(关于这个概念,参见第 7 章注 5。)那些做出否定回答的人有时诉诸以下论证:我即使不具有某个行为的典型以言取效意向,依然可以实施该以言施事行为。因此,该行为不能借由这个意向定义。这个论证没有说服力,因为施事行为 X 的实施认同于表达某个意向 Y,这个事实根本不意味着任何实施 X 的人必定具有意向 Y,而只是意味着他必定表达了这个意向。在此涉及的"表达"这个概念不是述实性的:人们可以表达并不真正拥有的意向。[关于表达的定义,参见巴赫与哈尼希(Bach & Harnish 1979:15)。]我称之为"简约论纲领"的反对者使用的其他论证源于格赖斯,这些论证也不能令我信服:我认为,人们可以,事实上必须,主要从心理学角度对"以言施事"概念做出简约性分析。然而,我认为,除了(以言取效)意向概念以外的其他概念必须进入这种分析之中。我在第 7 章将提出,以言施事行为应当借由其"典型性条件"做出分析。所说的典型性条件包括,**除了别的方面**,说话者具有某些典型的以言取效意向。

倒不如说是言说**某个成真内容**的意向。①

无论我们选择什么样的断言表征,都会出现陈述句非述谓性用法的问题。例如,考虑一下(1),由一个军士说出:

(1) 你刮完土豆皮后,(你将)去刷厕所。

这里,军士不是在做出断言。他并不意在言说某个成真的话语,某个符合现实的内容,就好像他是算命先生在预言未来那样。相反,他意在听话者听到(1)后去刷厕所。这个以言施事意向属于指令类型。事实上,(1)大致等值于(2):

(2) 你刮完土豆皮后,刷厕所。

有两种方法克服陈述句这种非述谓性用法对于陈述句具有断言性施事潜势的理论所带来的困难。第一种方法是拓宽断言概念,以支持下述主张,即说出(1)的军士确实在断言听话者将刷厕所。这个解决办法隐含两种断言的区分:像在(1)中这样的非述谓性断言与述谓性(普通)断言。在由算命先生预言未来说出时,句(1)将具有述谓性断言的语力。

更加经典的第二个解决办法诉诸间接言语行为概念。这里,(1)和(2)的等值被认为是**语用性的**,存在于(1)和(2)皆用于向听话者发出命令。但是,

---

① 下面是表达大致同样内容更加简单的说法:说话者在断言 p 时,表达自己的**信念** p(而非在听话者那里引起信念 p 的意向)。这个表征假定放弃以下教条,即以言施事行为必须由典型地相关于这些行为的(以言取效)**意向**定义,并由这种意向加以相互区分。关于这个问题,参见第 39 节与第 43 节。

　　当然,人们也可以说,在断言 p 时,说话者同时表达自己的**信念** p 以及他关于听话者相信 p 的**意向**(为什么不也是关于听话者相信说话者相信 p 的意向)。例如,这是巴赫与哈尼希(Bach & Harnish 1979)的立场。

在两个句子的以言施事潜势上存在**语义**差异。军士使用(2)发出命令,实施一个以言施事行为,该行为与他说出句子的潜势吻合,因为他说出的是一个祈使句。但是,通过(1)发出的命令将是一个间接以言施事行为,因为这不属于句子的断言潜势。由于有了间接以言施事行为概念,在特定语境中,陈述句可以用于实施指令性行为这个事实并不一定与陈述句拥有普通意义上的"断言性"以言施事潜势这个概念相抵牾。正如我们后面将看到的,这种"格赖斯式"的解决办法相当于将述谓性以言施事潜势赋予陈述句,借由间接言语行为理论不仅阐释显性施为语,而且阐释所有施为性话语。

我将依次讨论这两个解决办法,先从第二个开始。结果将证明,两个办法无一是令人满意的。我在结尾时将拒绝陈述句具有断言性施事潜势的主张,支持陈述句的施事潜势是"中性的"或"非标记性的"这一主张。据此,可以推论,陈述句的施为性用法远不属于间接言语行为论的范畴,而与这种句子的以言施事潜势是(平凡地)相容的。因此,假若显性施为语事实上确实属于间接言语行为论范畴,这必定是施事话语本身的具体特性,而非一般性质。

第 35 节　施为性话语作为间接言语行为:"格赖斯式"分析

按照大多数语言哲学家的研究路线,仿佛所有间接言语行为都是会话隐含的言语行为,亦即,公然违背会话准则而实施的行为。这正是那些提出借由间接言语行为阐释像(1)这种话语的哲学家所采用的分析方法。他们罕有提供细节的,但很容易为像(1)这种话语设想一个可行的会话含义机制。这就是我下面所要表明的,然后将指出这种分析的缺陷。

以言施事行为是由会话隐含的行为,当且仅当需要实施该行为的假设,以调和话语与说话者遵守会话准则之推测之间的不一致性。因此,说(1)中的命令是在会话中隐含的，就是说如果没有实施这种行为，说出（1）就会违背会话准则。假如（1）没有用以发出命令，这句话只不过是一个预言。在那种情况下，就确实会违背一个准则：说出（1）的军士无权声称能够预言未来，因此，他的预言就会违背质准则的第二条，即不应当断言某种自己没有很好理由认为成真的东西。军士没有使他能够预言未来的信息，**除非他意在通过断言听话者将刷厕所以间接地命令他刷厕所**，因为在那种情况下，他有很好的理由假定听话者将刷厕所以服从他的命令。军士间接地实施了第二个以言施事行为（命令），这个假设使可能调和他的话与会话准则的不一致性。据此而论，这个命令是会话地隐含的。

同样的机制使我们能够阐释许多实例，在这些实例中，说话者在说出陈述句时，实施一个不属于句子断言潜势的行为。例如，考虑一下（3）～（5）：

（3）这是你的了。〔在回应"你的车太棒了；但愿我能有一台这样的车"。〕

（4）The floor is now open to debate.（现在可以开始辩论了/会议现在进入辩论阶段。）

（5）判了死刑的囚犯将被斩首。

假若彼得对保尔说"你的车太棒了；但愿我能有一台这样的车"，保尔慷慨地回答"这是你的了"，那么，保尔就把车**给**了彼得。这个行为不属于句子"这是你的了"的（断言性）施事潜势。我们必须解释听话者是如何得以理解说话者在说出"这是你的了"时，意在实施这个行为。像在（1）中的命令那样，这个行为借由显然违背会话准则的直接断言实施，看到这一点就足矣。彼得和保尔两人都知道车属于保尔。在说车属于彼得时，保尔断言了某种成假的东西。调和这句话与质准则的第一条（即说话者不应当说任何自己认为成假的东西),就需要假设保尔意在间接地实施第二个行为,这个行为会使断言成真。这样,如果保尔把车给彼得,那么,彼得就成为车的新主人,这个断言就成真。因此,保尔把车给彼得是会话地隐含的。

如果这个阐释对(3)奏效,类似的阐释对于(4)和(5)也将会有效。会议主席在说"会议现在进入辩论阶段(现在可以开始辩论)"时,做出了成假的断言,因为如果他这样说,肯定是因为会议**没有**开始辩论,他想使其开始。为了调和这个断言与质准则的第一条,我们必须假定说话者旨在实施第二个行为,这个行为使断言成真。这个行为只能是使会议开始进入辩论环节。与此类似,假如国王说"判了死刑的囚犯将被斩首",他并不比军士拥有更多先知的天赋。他不可能是在依据他个人关于未来的知识说话,因此,他肯定违背了质准则的第二条,**除非**他意在间接地下达命令,将判了死刑的囚犯执刑,从而借由这个间接行为使其字面断言成真。为了维持国王遵守会话准则的推测,我们必须假定,他通过断言意在间接实施第二个行为,即针对被判死刑之囚犯的未来,规定某个态度。

句(1)、(3)、(4)和(5)是奥斯汀称作施为性话语的例子,与"述谓语"相对(参见第18、19节)。正如我们所看到的,陈述性话语要成为施为语而非述谓语,必须是这样的情况,即说话者在说出这种话语时,实施一个社交行为,不能简约为报告话语所描述事态之简单行为。施为性这第一个条件使我们能够将(述谓性地描述说话者感情的)"今天我难过"(说话者用于实施**道歉**之社交行为的)与"(我)对不起"相对。奥斯汀还引用了"我确信约翰会来"与"我知道约翰会来"这对例子;前一个描述说话者的主观确信,后一个使说话者**坚信**约翰会来这个命题的成真性。施为性还有第二个条件同样重要:说出句子所实施的社交行为必须产生话语所表征的事态作为其潜在结果。这个条件在"(我)对不起"与"我知道约翰会来"这两个例子中没有得到满足;这两个例子并不是这样地"自我证实的"。从说话者说出"我对不起"做出道歉,并不能推论他真的感到歉意,而说出"我知道约翰会来"从而使说话者坚信"约翰会来"这个命题成真,也不能使说话者借此知道约翰会来。相反,说出"我会来的"的说话者应当来,**因为**他借此允诺他会来;同样,正是因为军士通过说出"你将清洁厕所"命令士兵清洁厕所,士兵事实上将会清洁厕所。在这些例子中,自我证实不是直接的,而是延迟的。在其他实例中,是直接的:在断言车属于彼得,保尔将车给予彼得,从而引起了他说出句子表征的事态。当然,自我证实可能失败;例如,士兵可能拒绝服从命令。但是,即使那样,说话者依然表达了意在通过自己说的话引起句子表征的事态。正是这个意向的表达,而非任何接着产生的事态是施为性话语的典型特征。①

正像我之前强调的(第 19 节,注 1),显性施为语由另一个特征与诸如(3)这样的其他施为性话语相区别。在说出"这是你的了",保尔实施一个社交行为(他将车给予彼得)。他行为的结果是引起话语所表征的事态——车这下属于彼得。就显性施为语而言,社交行为与所引起的事态是同一回事儿。所表征的事态是行为的实施,这就是为何事态可以径直通过实施行为引起。

为了阐释在说出(1)、(3)、(4)和(5)中实施的间接以言施事行为,我尝试性地提出的格赖斯式机制适用于所有施为性话语。这种话语具有两个主要特征:

　　(a) 这些话语用于实施**除**简单断言句子表达的命题这个行为**之外**的行为。

　　(b) 实施另外这个行为使命题成真。

我提供的分析(稍后将对之做出批判)表明,第二个特征与第一个相联系。在(a)中提到的行为是间接性的,因为这个行为不属于句子的断言潜

————————————

① 因此,我们不应当把那些自我证实却不表达这样一个意向的话语当作施为语(参见第 41 节)。

势。① 听话者通过如下推理,推论这个行为得到实施:说话者遵守会话准则,特别是,遵守了质准则,这条准则说,必须尽最大努力只说真话;不过,说话者假如只是实施了断言的直接行为,就违背了质准则,因为字面地加以理解,若没有额外的间接行为,断言要么显然成假(违背质准则的第一条),要么缺少证据支撑(违背质准则的第二条)。因此,必定是说话者实施了一个间接行为,这个间接行为调和说话者字面断言与质准则。换言之,说话者实施了一个(趋于)使其字面断言成真的行为。② 施为性话语的第二个特征是第一个特征的必然结果:间接行为必定使(或趋于使)所表达的命题成真,如果该间接行为得以实施这个假设被用以调和直接行为(包括断言这个命题)与直接行为貌似违背的质准则。

将这个分析应用于显性施为语是很容易的。"我命令你离开"这句话如果解释为仅仅断言某个言语行为现在正在实施,就会违背质准则的第一条,因为说话者同他说的相反,现在并不在实施一个包括命令听话者离开的行为。但是,我们可以通过假定说话者在说出句子时,意在实施第二个以言施事行为,该行为会使字面断言成真,以调和话语同关于说话者遵守会话准则的推测。确实,如果说话者(间接地)命令听话者离开,那么,他的直接断言(即他在命令听话者离开)成真,这正是质准则所要求的。据此,在说出"我命令你离开"时,说话者直接断言他在命令听话者离开,并且(通过会话含义)间接地命令听话者离开。

---

① 事实上,唯有**言语**行为可以说属于或不属于句子的以言施事潜势,因为只有言语行为类型可以借由语言的语义规则与句子类型相关联。(可以肯定,像洗礼那样的"语言外"行为关联于句子"我为你洗礼……",但是,这是借由语言外规约,而不是通过语言的语义规则实施的。)因此,在提及由诸如(3)与(4)这种话语实施的语言外行为(送掉一台车或宣布会议进入辩论环节)时使用这个概念有点儿误导。

② 假如说话者在说出句子时实施了间接行为使(或趋于使)其字面断言成真,那么显然,他遵守了质准则的第一条,因为借由间接行为他的字面断言成真,或者很可能成真。但是,他还遵守了**第二条**准则,这条准则要求说话者避免说他没有很好理由相信的东西,由于说话者知道其间接行为使字面断言成真,因而有很好的理由相信字面断言成真。

第 36 节　断言：施为性与述谓性

我刚才阐述的"格赖斯式"分析①与奥斯汀的施为性理论是不相容的。在奥斯汀看来，施为性话语同述谓语由以下事实区分开来，即说话者在说出这些话语时，并不像在说出述谓语时那样，意在说出某种**成真**的东西；他的目的并不旨在如其所是地描述世界，而是对世界采取行动。因此，假如我们将断言表征为包括说出某种成真内容的意向，那么就可以推论，说出施为语的说话者不做出断言。奥斯汀基于直觉对这个观点做出论辩；他认为很显然，在说出像"我命令你离开"——或者"会议进入辩论阶段""你将刷厕所"（作为允诺而说出）"我会做这件事的"等施为语时——说话者并不像在说"猫在席上"时所做的那样，旨在描述现实、断言某种成真或成假的东西。另一方面，"格赖斯式"分析将说话者在说出施为语时所实施的直接行为看作断言行为。根据这种阐释，说话者表达其说出某种成真内容的意向；听话者为了维持其推测，即说话者遵守了会话准则，引入一个间接行为假设，意在使说话者的字面断言成真。在奥斯汀看来，施为性话语不是断言。而在我刚才勾勒的理论中，施为性话语是带有会话隐含间接行为特殊性质的断言，这种间接行为使断言成真或有可能成真，以调和断言与准则的不一致性。于是看来，我们如果想要坚持奥斯汀的直觉，就不能接受关于施为性话语的"格赖斯式"分析。

奥斯汀十分强调实施断言性或"述谓性"以言施事行为不是陈述句本质功能的观点。他认为，这是陈述句可能的用法之一，但相对于其他用法，诸如由施为性话语例示的那些用法，断言并不是陈述句享有特殊地位的用法。在

---

① 据我所知，这样一种分析从未详细阐述过，但零零碎碎的分析可以在各处发现，其中包括巴赫（Bach 1975：234）、雷卡纳蒂（Recanati 1980：211 - 12）以及伯伦道内（Berrendonner 1982，第 2 章）。

奥斯汀看来,以陈述句具有实质上的断言性以言施事潜势这个教条的名义,将陈述句的非断言性用法简约为断言,这是犯了**描述谬误**(参见第18节),过分强调语言提供信息的功能。可以借由句子"会议现在进入辩论环节"实施的区别性以言施事行为,依据说话者究竟是在宣布会议开始进入辩论环节还是断言这一点,处于同一层面——第一个行为不能简约为第二个行为。但是,这正是"格赖斯式"分析所做的,坚持两个行为都是断言。当然,在**断言**会议进入辩论环节,说话者描述现实,而在**宣布**会议进入辩论环节时,他显然在做十分不同的事情,即改变现实(通过创生事态,会议进入辩论环节)。但是,按照"格赖斯式"观点,这个差异是表面上的:即使在宣布会议进入辩论环节时,也做出了断言。但该断言显然成假,因而迫使听话者接受假设,即说话者在间接地实施第二个行为,这个行为不描述世界,而在改变世界。因此,我们并不拥有处于同一层面的两个不同的言语行为,第一个行为断言会议进入辩论环节(述谓性),第二个行为宣布进入辩论环节(施为性)。根据"格赖斯式"分析,宣布会议进入辩论环节不是一个类似于断言的区别性言语行为:这本身是一个断言,尽管带有使会话地隐含的语言外行为成为可能的区别性特性。换言之,我们在说主席"宣布会议进入辩论环节"时,意谓说话者"断言"会议进入辩论环节,借此引起听话者假定,通过调和会议主席的话语行为与会话准则的不一致性,他在使会议进入辩论环节。

对于施为性话语所作的"格赖斯式"分析与关于断言是陈述句以言施事语力潜势的主张密切联系。这两个观点似乎都与(A)与(B)中概述的奥斯汀直觉不相容:

(A) 说出施为语不是做出**断言**;施为语不表达说出某种成真的东西之意向,这某种东西对应世界的样态。

(B) 相对于其施为性用法,陈述句的述谓性用法并不具有优越之处。

根据(A)可以推论,对施为性话语的"格赖斯式"分析是错误的,因为这个分析隐含说出施为语所实施的直接行为是断言。根据(A)和(B)可以推论,陈述句具有以言事潜势的主张是错误的,因为如果这个主张正确,那么因为,根据(A),施为语不是断言,相对于施为用法,陈述句的述谓性用法就会拥有优越性(在下述意义上,即与施为性用法不同,述谓性用法与所说出句子的潜势吻合),从而与(B)相抵牾。

然而,即使我们像奥斯汀那样,拒绝将会议主席宣布会议进入辩论环节看作某种述谓语,也存在一种方法坚持主张陈述句的以言施事语力潜势是断言性的。这是因为,"断言"这个词可以有两种不同的方法理解。很可能尽管在一种意义上,正像奥斯汀所主张的,施为语不是断言,而在另一种意义上施为语却是断言。如果这个阐述正确,那么,我们可以承认,断言在特定意义上是陈述句的以言施事潜势,而不推断,相对于施为性话语,述谓性话语具有优先性。

"断言"的两种涵义同以下概念相容,做出断言就是通过话语表达话语**成真**的意向。"真"这个词本身可作两种理解:奥斯汀(Austin 1950:123 - 126)将之作狭义的理解,但还有一种广义的理解。

奥斯汀为一种成真性符合论辩护。更加确切地说,在他看来,"成真性"的概念依赖于所言与事态相符:话语成真,当且仅当话语忠实地反映现实。某个话语要在这个意义上成真,话语描述的事态实际存在还不够,事态必须独立于描述事态的话语而存在。① 会议主席的话"会议现在开始[进入辩论环节]"表征实际存在的事态,因为这句话正是引起了这个事态。但这句话不能判断为成真或成假,因为所描述的事态并不独立于话语,话语并不以事实性报告的方式"反映"现实。

与这个"狭义"的成真性概念相对,我们可以提出另一个概念,根据这个

---

① 然而,这项要求必须放松。相对于描述事实的话语,事实存在不同存在的"依赖性"。奥斯汀意在仅仅排除某种类型的依赖性(Austin 1950:126,注 2)。

概念,陈述句相对于语境所表达的命题(在该语境中说出句子所言说的东西)成真,只是当(且仅当)这个命题与实际存在的事态相符,无论那是怎么相符的,尤其是无论话语实施了什么以言施事行为(如果实施了任何施事行为的话)。在说出"会议现在进入辩论环节"时,说话者究竟做出**宣告**还是做出**报告**都无头紧要;无论怎样,他都在说出一个陈述句。他所说的话成真,当且仅当会议现在进入辩论环节,即使这是因为他说了这样才是这样。在这个理论框架中,成真性也定义为所言与事态相符合。但这个"符合"可以通过(至少)两种方式实现:要么所言符合(业已)存在的事态,要么所言主动帮助决定事态。如果是所言帮助决定事态,就不是所言符合事态,而是事态符合所言。简言之,要么词语适应世界,要么世界使自己适应语词。我们可以用G. E. M. 安斯康姆(Anscombe 1963:56)一个有名的例子例示这一点。一个男士去市场购买夫人开的购物单上的物品;他受到一位侦探的跟踪,侦探列出男士购买的所有物品。两张购物单完全一样,因为都与男士购买的物品相符。但符合的指向却不同:男士购买的物品符合夫人开的单子,而侦探的单子则符合男士购买的物品。

当奥斯汀提出说出施为语的说话者并不表达言说某个成真内容的意向时,他用的是狭义的"成真"。他这样做是对的,因为说话者**不**表达自己的话语在这个意义上(即该话语符合独立于话语而存在的现实)成真的意向。因此,假如我们像奥斯汀那样,借由言说狭义地成真的某个内容之意向定义"断言",那么显然,说出施为语的说话者并不是在做出断言,因为他并不是在描述业已存在的事态。不过,他**是**在表达一个意向,即他的话语在广义上成真,因为他在表达其所言应当符合现实的意向——可以肯定,这不是在他的话语应当符合业已存在的现实这个意义上,而是在现实应当使自己符合他的话语这个意义上的符合。因此,假如我们将"断言"定义为言说广义地成真的某个内容,那么,说出施为语的说话者确实做出了断言;只不过是他的断言不是奥斯汀意义上"述谓性的"。

在进一步探讨之前,我想防止一个可能的误解。"成真的"两个涵义之间的区分(以及"断言"两种可能涵义之间的区分)基于语言与现实相符,这个区分可以朝着一个方向或另一个方向做出。但是,这个区分与符合的两种可能方向的区分不是一回事儿。狭义的成真性要求语词向世界的符合,广义的成真性是**独立于**符合指向的(尤其是,这种成真性不要求必须是世界向语词的符合指向)。狭义的成真性是语言与现实相符合的**某种**类型,而广义的成真性是语言与现实之间**任何类型**的符合。

正像我们可以广义地或狭义地谈论成真性那样,也可以广义地(说话者表达言说某个广义地成真内容的意向)或狭义地或在"述谓性断言"意义上(说话者表达言说某个狭义地为真的内容之意向)谈论断言。奥斯汀主张施为语不是狭义的断言,因此,他的这个主张并不与施为性话语是断言的这个立论相矛盾,如果这个立论中的"断言"作广义的理解。① 据此,我们不能利用奥斯汀的直觉反对陈述句的以言施事潜势是断言性的这个观点。施为性话语尽管(不像述谓性话语)不是狭义的断言,却(像述谓性话语那样)是广义上的断言;因此,主张陈述句的述谓性用法相对于施为性用法不具优越性,而且同时,只要我们广义地理解"断言",陈述句具有断言性以言施事潜势,这个主张是完全合理的。在这个解释中,施为性用法与述谓性用法都与句子的以言施事潜势相吻合,其中没有哪一个用法具有特殊地位。

最后这一点具有重要影响。如果陈述句的施为性用法与述谓性用法都符合这些句子的以言施事语力,如果该潜势是广义地"断言性的",那么,我们或许可以考虑这里存在属于一个一般性语力的两个具体的施事语力。这导致我们在广义断言范畴中区分两种具体类型:①**述谓性断言**,即我们一直称作狭义断言的东西;②**施为性断言**。说话者在表达下述意向时,做出述谓性断言:这个意向是,他的所言应当符合现实,而现实的存在不依赖于他的话语

① 在这个问题上,参见科尔尼利耶(Cornulier 1975:60–61;1980:89)。

(尽管这个不依赖性不应该太严格地解释);说话者在表达下述意向时则做出了施为性断言,即他的所言应当符合某种意义上由表达他这个意向的话语"引起"的事态。据此而论,宣布会议进入辩论环节与陈述会议事实上进入辩论环节,确实是同一层面的两个不同的言语行为。在一种情形下,说话者述谓性地断言会议进入辩论环节;在另一种情形下,说话者施为性地断言会议进入辩论环节。这两个言语行为属于句子的以言施事潜势,因而直接地实施。

考虑到这些区分,我们就可以调和奥斯汀直觉与陈述句具有断言性以言施事潜势的论点。然而,这不意味着两者也可以由施为性话语的"格赖斯式"分析调和。奥斯汀坚持,在说出施为语中,说话者并不以任何方式完成述谓性断言的行为。然而,在"格赖斯式"分析中,借由说出施为语而实施的以言施事行为正是述谓性断言行为。只有这一点使我们能够就直接行为说,这个行为(表面上)违背了质准则。假如我们将由说出施为语所实施的直接行为看作**施为性**断言行为,那么,就根本没有违背准则,甚至表面上也没有违背。在做出施为性断言你将清洁厕所时,我表达了我的话语(在话语表达了这个意向的范围内)应当导致你清洁厕所的意向。表达我的意向就足以使你采取行动以满足这个意向(假定我处于向你发出命令的地位)。因此,我的话完全可能符合现实。另一方面,在述谓性解释中,我的话似乎违背了准则,因为这个话语显然未能满足独立于我的话语行为而存在的任何现实。

当然,人们可能拒绝我称作"奥斯汀的直觉"的东西,尤其是论点(A)。但是,难以看到什么会证明这样做是有道理的——除了希望不惜一切代价拯救"格赖斯式"分析之外。事实上,论点(A)只是在由于"断言"这个词而具有歧义的范围内而具有争议(并遭到反对);"断言"既可作广义理解,又可以作狭义理解。一旦我们同意将"断言"理解为"述谓性断言",论点(A)看来是不言自明的:宣布会议进入辩论环节的说话者显然不是在对事实加以评论(即使他是在做出广义的断言)。因此,我们尽可能地坚持论点(A)是有道理的;

仅当没有其他选择时,我们才应当(像"格赖斯式"分析所要求的那样)考虑拒绝这一论点。

第 37 节 反对广义断言

在第 35 与 36 节,我们探讨了两种分析方法,这两种方法使我们能够调和由话语(1)例示的陈述句非述谓性用法与陈述句具有断言性施事潜势的论点。第一种分析方法诉诸间接言语行为理论;其主要缺陷是要求我们将非述谓性用法看作述谓性的。第二个分析方法依赖于广义断言概念,尊重施为性用法的独特性;但是,正如我们现在将看到的,这个方法也存在严重的缺点。

我们参考语词与世界的"符合指向"区分了施为性断言与述谓性断言。在一种情形下,意在让世界使自己适应语词;在另一种情形下,将语词呈现为与世界相符合。但是,这个概念——用塞尔(Searle 1975b)的术语,称作"适应指向"——意义更加广泛。这个概念使我们能够不仅将施为性断言与述谓性断言相对立,而且将诸如允诺和命令这种通常看作非断言性的言语行为与之相对。在这两个言语行为中,所说出的语词塑造世界,而不旨在符合世界。① 当然,人们或许可以将允诺看作一种施为性断言,由其命题内容与其他施为性断言相区别;允诺做某事会是施为性地断言说话者将做这件事情。但是,命令不是一种断言,甚至不是施为性断言。在言说"到这儿来!"时,我并不断言任何东西,无论是否是施为性的。这样,或许看来,施为性断言与述谓性断言以及像命令这样的非断言性言语行为有某种共同之处。施为性断言

---

① "我会来的"这个允诺意在导致我来(该允诺"迫使"我来),"来"这个命令意在导致听话者来。在此,世界必须符合语词,而不是相反。另外注意,在安斯康姆(Anscombe 1963:56)看来,对于要去购物的男士而言,要购买的物品的购物单起着指令的作用,他必须服从这个指令;因此,在安斯康姆看来,两种"符合指向"之间的区分属于指令与述谓之间的区分。

与述谓性断言共有(广义上的)成真或成假的性质,与指令性言语行为共有塞尔称作**世界到语词**的适应指向。至此,我们把由适应指向加以区分的施为性断言与述谓性断言看作断言类型的两种成员,这一类型本身与(例如)指令类型相对立。但是,还可能将指令性话语与施为性断言看作属于一类行为的两种,两者的区别在于只有施为性断言能够(在广义上)成真或成假,而两者的适应指向与述谓性断言的适应指向相反。在这两种可能性之间做出抉择是困难的,因为两者都不是真正令人满意的。第一种可能性忽略了施为性断言与指令语之间存在的共性;第二种可能性没有看到施为性断言与述谓性断言的共同之处。

这样,我们在将以言施事行为划分成属、种与亚种时,就遇到了采用什么标准的问题。这个问题有两个方面。其一,我们必须确保我们的标准合理。例如,正像我们至此所做的那样,不加探讨地接受以下观点,即每种语气(祈使、疑问、陈述,等等)关联于一种一般性施事语力,并且依靠这条标准确立我们的分类将使用的以言施事行为主要类型。[①] 我们选择的标准应当独立于特定语言,必须不只是重新建构内嵌于某个特定语言语气系统或反映在其词库中的分类[关于最后这一点,参见塞尔(Searle 1975b:345)]。一旦我们排除了根本不合理的标准,还有在剩下的标准中做出选择的问题,剩下的标准依然不计其数。塞尔(Searle 1975b)提到了不下 12 条标准,可用于为以言施事行为分类。这引起了使用不同标准做出不同分类的可能性。就手边的情形而言,我们可以要么借由(广义上的)真值可评价性分类,要么借由适应指向分类。这会产生对以言施事行为两种截然不同的分类,一种分类将施为性断言与述谓性断言归于

---

① 这看来正是本维尼斯特在下面这段文章中所做的:"普遍地认识到,存在断言性命题、疑问式命题以及祈使式命题,这些命题由句法与语法的具体特征区别开来,但所有的命题都类似地基于述谓。这三种语气仅反映人在说话并使用话语作用于听话者的三种基本行为类型:他力图传递某个知识,或者获得信息,或者发出命令。这三种主体间话语功能印刻在三种句子语气中,每种语气对应于说话者的一种态度"(Benveniste 1964:130)。本维尼斯特没有提供独立的理由,证明决定将述谓、指令与疑问三种言语行为看作"基本的"是合理的。完全有理由相信,如果他给予这三种言语行为以优先地位,这正是由于语言单选这三种言语行为,赋予其以特殊语气。

一类,另一种分类将之与承诺类与指令性以言施事行为归于一类。另一方面,我们如果不接受特定的标准,就会像维特根斯坦(Wittgenstein 1953：Ⅰ§23)那样推断,①对以言施事行为的任何树形分类都是幻觉。那样,"以言施事行为类型"的表达式就会失去意义,随之下述问题也将失去意义:以言施事行为是否可能"属于"用以实施该行为的句子之以言施事潜势。

至此应当清楚的是,我们若不正视以言施事行为如何分类这个问题,就不可能在我们对陈述句以言施事潜势的研究中取得多少进展。我们将在下一节探讨这个问题。然而,我们无需等到一个新的分类的出现,以便回答刚才提出的具体问题:刚才提到的两个标准中的哪一个——广义上的真值可评价性和适应指向——更加重要? 对这个问题稍加思考就会发现,广义上的真值可评价性是一个不合理的标准,这意味着第 36 节中使用的广义上的断言这个概念必须放弃。

我在上一节中说过,像"猫在席上"这样一个述谓语和像"你将清洁厕所"这样一个施为语共有广义的成真或成假性质。这与"清洁厕所!"不同,这个话语没有真值。我们使用这个事实以表征广义断言的以言施事行为,这种行为规定陈述句的以言施事潜势。这条路径的弱点如下:是否具有广义真值的话语之间的区别最终简约为两种句子——陈述句与非陈述句——之间的区别(这正像我很快将表明的那样);但这个区分并不证明创生以言施事行为的一个特殊范畴(广义断言)是合理的,因为以言施事行为分类应当独立于将句子归于像"陈述性"与"非陈述性"这种不同形式范畴的划分。尚未表明主要语气(陈述、祈使、疑问、感叹,等等)类型中的每一种对应以言施事行为主要类型中的一种;即使在句子的语法分类与以言施事行为分类之间存在这样一种对应,证明这种对应的存在需要独立地建立这两种分类。

按照我之前做出的表征,话语若符合现实即广义地成真,不论符合的指

---

① 我承认,在此诉诸维特根斯坦有点不合适,因为他的"语言游戏"概念比奥斯的以言施事行为概念宽泛,无论怎样也是与其不同的。

向如何。但这作为一个定义却不行。话语不能说是成真的,当且仅当符合现实,无论符合的指向是什么样的。倘若是那样的话,"明天去伦敦"这句话只要得到服从,就会认为是成真的。究其原因,假如听话者确实真地第二天去了伦敦,话语就将事实上符合世界。但是,几乎没有哲学家想将成真性概念拓宽到适用于非陈述句的地步。最多可以说,**陈述性**话语(广义地)成真,当且仅当符合现实,无论符合的指向是什么。换言之,话语广义地成真,当且仅当:①话语是陈述性的;②话语(以两种适应指向中的任一一种)符合现实。对于我们眼下的目的,第二个条件并不重要,因为作为广义断言,话语不一定广义地**成真**,而只是广义地可做出真值评价(即成真**或**成假)。这样,话语要广义地成真或成假,不一定要满足条件②,因为这只是可做出真值评价的话语要**成真**而非成假所必须满足的条件。为了广义地成真或成假,话语满足条件①就足矣;亦即,话语必须是陈述性的。话语如果也满足条件②,那么即成真;否则,则成假。

由于广义上的断言范畴基于广义真值可评价性标准,并且由于结果证明,这条标准纯粹是一条形式标准,涉及所说出句子的语法类型,所以,断言广义上的命题毕竟只是(带有当真意向地)说出表达该命题的陈述句。但是那样,就根本没有理由假定,在会议主席说出"会议现在进入辩论环节"时所实施的"施断性断言"与"述谓性断言"有任何共同之处,除了两者都包括说出了一个陈述句。由于有关句子是陈述句,话语在广义上是可做出真值评价的。但却就其实际的以言施事语力没有告诉我们任何东西。认为我们可以通过将所实施的行为置于"广义上的断言"范畴中以描述该语力,这只是一个幻觉,因为广义断言与狭义断言不同,①并不形成以言施事行为的一个真正范

---

① 狭义的断言概念,即述谓性断言,并不预设陈述句的概念。狭义的断言概念实质性地由语词到世界的适应指向定义。在表征以言施事行为时,使用该适应指向是完全合理的。我要赶紧补充,我在本章第一次试图借由语词到世界的适应指向定义述谓性断言——在那几我诉诸所假定的断言的典型意向,即言说某种成真的东西(当然,这是狭义上的)——这在我看来由于若干原因是不充分的。稍后一点,我将回到述谓性断言的定义(第 39 节)。

畴。因此,第 36 节中阐发的分析方法不会起作用。我们必须重新开始探讨陈述句以言施事潜势的问题。我们将在第 40 节探讨这个问题,在此之前,将首先勾勒以言施事行为一个新的分类。

第 38 节　以言施事行为分类

与维特根斯坦不同,塞尔认为,某些标准比其他标准更加根本。按照塞尔的观点,猜想保尔在电影院与坚持他在电影院,是描述现实的两种方法。与此类似,建议保尔去电影院与乞求他去电影院是使他以某种方式行事的两种方法。以言施事行为的要旨或目的——说话者借由其话语试图完成的事情——使我们能够将这四种行为划分成两个主要范畴。我们如果现在采用另一条标准,例如,采用"借以呈现以言施事目的之力量或力度"这条标准(Searle 1975b:348),就会获得一个不同的分类,因为坚持与乞求比猜测与建议"更强"。但是,按照塞尔的看法,力度(力量)的标准显然不如以言施事目的重要。采用以言施事目的这条标准,我们可以在分类方案中确立以言施事行为的主要范畴,然后使用强度标准以区分次范畴。

我将像塞尔那样,假定某些标准应该比其他标准具有更多分量。他的分类(Searle 1975b)使用三条主要标准:行为目的(说话者旨在描述现实,或者使听话者做某事,或者自己承诺做某事,等等);语词与世界之间的适应指向(意在使语词与世界吻合,或者使世界与语词相适应);说话者表达的心理状态(信念、愿望,等等)。但是显然,以言施事目的与所表达的心理状态本身必须划分成种与类。我在向你下达命令时,借由我对你拥有的权威,我的目的在于导致你做某事;而在向你提出忠告时,我的目的是引起你做对自己有利的某件事情。塞尔认为,同样的根本目的包含在每个实例中,因为他已经隐含地将以言施事目的划分成主要类型了。没有这个先前的分类,或许就会有多少以言施事行为就有多少目的。同样,所表达的心理状态如果不是已经划分成不可简约的主要类型,对以言施事行为分类就不会有什么用处。这样,为了把说话者的目的与所表达的心理状态分类,因为以言施事目的和所表达的心理状态在该分类中发挥作用,所以,我们诉诸的标准显然就无外乎以言施事行为分类所需要的根本标准。

在我看来,"适应指向"的概念比目的和所表达的心理状态更加根本,正是因为适应指向用于将目的和心理状态分类。有时,说话者的目的在于通过自己的语词改变世界;在其他情况下,说话者只想描述世界。这同一个标准将用于区分认知(信念、确定性)与意愿心理状态(愿望、意向、意愿,等等)。通过实质性地诉诸目的的概念,塞尔将以言施事行为区分成五种主要类型:

- 断言类或表征类(用我的术语,述谓性断言)
- 指令类(命令、请求,等等,以及理解成请求获得信息的发问)
- 承诺类(说话者承诺做某事)
- 表态类(感谢、祝贺、吊唁、道歉,等等)
- 宣告类(诸如"你被解雇了""会议现在进入辩论环节",等等。)

但是,如果像塞尔本人所建议的那样,我们将适应指向作为根本标准,就可以将这些类型的中的某些类型加以结合,从而简化分类。

然而,适应指向的概念仅仅适用于具有"指称"维度的以言施事行为,即具有表征内容的行为,通过这个内容,这些行为同事态相联系。如果某个言语行为不传达对事态的表征作为命题内容,那么,所说出的语词就不可能与世界相吻合,世界也不可能与语词相适应,因为在这种情形下,在语词与世界之间不存在使一方适应另一方的指称关系。语言与世界之间可能存在一致性——无论以何种指向——仅当所言以某种方式表征世界的一种状态。不过,某些以言施事行为没有命题内容(Searle 1965:226; Recanati 1980:216 -

217)。我在说"你好"时,是在向你打招呼,仅此而已。不存在任何事态作为我打招呼的内容。但当我命令、断言、允诺或提出一个问题时,始终存在某种内容,作为我的命令、断言、允诺或发问的内容。像感谢与祝贺这样的行为就不那么泾渭分明了。一方面,人们始终因某事向某人致谢或祝贺;另一方面,那个某种东西未必是显性地具体描述的——是言语行为的**场合**或**话题**,不是其内容,属于"语境"而不属于理解为言语指称相关项的"世界"。详尽阐释"语境"与"世界"的区分(Kaplan 1977)会使我们离题太远,但是,在当前情形下,这个区分可以通过一个对比实验直觉性地揭示。我们说"你**为什么**祝贺[感谢]我?"(或者"你**因**什么祝贺我?"),而更加直截了当地说"你允诺[命令、断言]**什么**?"

于是,要做的第一件事是区分实质性地"传达内容"的行为与不传达内容的行为,亦即,奥斯汀所说的"behabitives"(表态行为类)[塞尔重新命名为"expressives"(表态类)]行为。通过这类行为,说话者规约性地表达针对听话者的某些社交态度。在实质性地具有内容的行为中,第二个重要区分将下述两种行为相对立:一种行为将所指称的事态呈现为由话语(或者因为话语)而潜在地实现;另一种行为将事态呈现为独立于话语而给定的,话语则仅仅反映事态。我将针对第一种情形谈论"施为性"行为,针对第二种情形谈论"述谓性"行为,或者谈论具有"施为性"或"述谓性"语力。①

塞尔的"指令类""承诺类"和"宣告类"都是施为性行为:说话者意在通过话语改变现实。就宣告类而言,这种改变假定立刻发生,这不是(或不仅是)在时间意义上,而是在话语本身被呈现为导致(或意在导致)所表征的事态成立。在其他情形下,话语只是间接原因:如果是承诺类行为,使所表征的事态成立就呈现为说话者的责任。如果是指令型行为,使所表征的事态成立则呈

---

① 沿着同样的路线,图根哈特也将适应指向作为以言施事行为分类的基础,他区分话语的两种主要范畴,"理论性的"(或"断言性的")与"实际性的";参见图根哈特(Tugendhat 1982:401 - 404)。我的"施为性语力"也与特拉维斯(Travis 1975:38)所说的"构成性语力"相联系。

现为听话者的责任。在此,话语所做的是提供给说话者或听话者一个"理由",以引起所表征的事态。换言之,说话者做出宣告时——例如,在宣布会议开始时——表达他的话语应当引起所表征的事态之意向。说话者如果做出允诺,或更加普遍地做出承诺,就表达"由于"其话语的约束,他意在引起所表征的事态。说话者如果发出指令,就表达他意在使听话者按照其话语,引起所说的事态。

第 39 节 以言施事行为分类(续)

前面对以言施事行为的分类出现了若干问题。下面我将提出其中的四个问题:

(1) 图 5 概括的分类处理以言施事行为的主要**类型**,但我尚未对当我们深入到具体的以言施事行为层面时树形表征是否能够满足需要这个问题表明立场。在这个层面,"维特根斯坦式"立场可能证明是合理的,或许具体的以言施事行为只是不那么严格地相互联系,因此证明借由家族相似性而非严格的谱系加以分类是合理的。

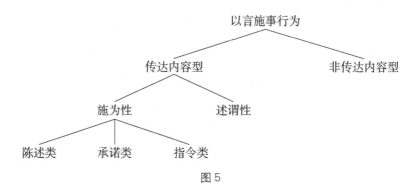

图 5

(2) 独立于这个一般性问题,当我们试图包括诸如疑问和感叹这种推定性以言施事行为时,也会出现困难。在向某人提出问题就是请求回答这个范围内,许多作者(如 Searle 1975b)将发问看作一种指令性行为。但是,我也可以说,与施为性行为和述谓性行为并在,提出问题是第三种传达内容的行为。① 至于像我们借由言说"这多美啊!"所实施的以言施事行为,极想将之归于述谓性言语行为,因为适应指向显然是**语词到世界**。但是也许我们应当不将之看作传达内容的行为,而看作说话者借以表达钦羡的言语行为(正像人们也许简单地通过说出"哇噻!"所做的),在这种言语行为中,所表征的事态不是真正的命题内容,而是我称作言语行为"主题"的东西。

(3)正如我之前所说,这个分类只是粗略的勾勒。某个更加严格的分类需要定义不同范畴的以言施事行为。我甚至还没有说我认为人们应当如何着手确立这种定义(我只提供了若干不系统的暗示)。

在表征施为性行为时,我诉诸**意向**概念:我说过,实施这种行为的说话者借由其话语表达引起作为该行为命题内容之事态的意向。但是,是否可能通过将以言施事行为与典型(以言取效)意向相关联而定义**所有**以言施事行为?我认为不可能。首先,典型的以言取效意向只是言语行为"典型性条件"的一种。② 例如,命令这个以言施事行为的典型性条件之一是说话者意在听话者做说话者要求他做的事情,但是,还存在其他条件:说话者被赋予对听话者的某种权威,说话者相信听话者将做要求他做的事情,等等。

我认为,以言施事行为由其**整个**一组典型性条件定义——当然,尽管其中某些条件可能与分类目的特别相关。此外,就施为性行为而言,说话者具有某个以言取效意向可能是极具特点的典型性条件,但不能说所有言语行为均如此。对于述谓性行为而言,一个典型性条件可能是——至少对于其中某些行为——说话者意在使听话者相信说话者的所言;但是,依我看,一个更加

---

① 我发现,斯珀伯与威尔逊阐释发问的方法很有成功的希望。我们也可以采取他们的方法。我无法在此讨论他们的观点(Sperber & Wilson 1986,第 4 章)。但是,如果他们的观点正确,无疑将必须在分类中引入一个新的范畴。

② 关于典型性条件的概念,参见第 7 章(第 43 节)。

重要的典型性条件是说话者自己相信所说的话。实施带有内容 p 的施为性
行为的说话者实质性地表达自己的**意向**,即成为 p 的情形,而实施带有内容 p
的述谓性行为的说话者实质性地表达自己的**信念** p。

在典型性条件的层面上,施为性行为与述谓性行为之间在适应指向上的
不同由两者所表达的心理状态——信念与意向——上的对立而表明。这个
例子表明我基于适应指向的分类方案预设——但本身并不等值于——以言
施事语力借由典型性条件的一组定义。

(4) 施为性行为的内部分类也许可以更加明确地做出。特别是,指令类
与承诺类也许可以看作包含一个施事者的施为性行为更宽泛类型的两个相
联系的亚种,两者的区别在于具体的施事者(说话者或听话者),[①] 对引起所
指称的事态负责;这个属范畴会与"无施事"行为(即宣告类)的范畴相对。在
无施事行为中所指称的事态并不具体意指由参与者之一的行为引起。取代
图 6 中显示的方案,我们从而拥有图 7 中呈现的方案。图 7 中表征的两类施
为性行为中,第一类是"标记性"范畴,第二类是"非标记性"范畴。宣告旨在
引起作为其命题内容的事态。这是施为
性行为的普遍特征。相反,在第一类施为
性行为中,引起所表征的事态意在作为具
体施事者(说话者或听话者)的责任。

图 6

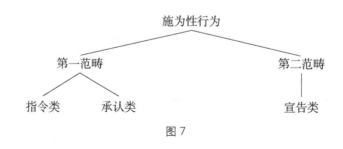

图 7

① 使用"communicator"(信息传达者)与"communicatee"(信息接收者)这对术语也许更可取。
继杜克罗特之后,我将在后面引入这对术语阐释"一符多音现象"(第 51 节)。

也许还可以认为,指令类与承诺类的具体性不是以言施事语力的事情。按照塞尔的观点(1969,1975b),命令与允诺行为的区别在于,除了其他方面,对其所允许的**命题内容**的约束。指令型行为的内容(所命令与请求的东西)始终是听话者的某个未来行为,而允诺的内容(所允诺的东西)是说话者的某种未来行为——我们如果接受这一点,不妨说将允诺与指令区别开来的与其说是其以言施事语力——两者皆为施为性的——不如说是其命题内容:假如其内容涉及说话者的未来行为,施为性行为就是允诺;如果其内容涉及听话者的某种未来行为,施为性行为就是指令,否则就是宣告。

但是,假如塞尔是正确的,考虑一下后果。在说出"你将得最高分"时(在此,说话者意在取消之前所给的考试成绩以对听话者有利)所做出的允诺以及由"我今晚将睡在有四根帷柱的床上"(由变化无常的国王对仆从说出)传达的命令,现在这些都将被看作间接言语行为。这些行为的间接特性不是其施为性语力的事情。正如我们将在第 40 节中所看到的,这些行为的以言施事语力与陈述句的潜势是相容的;相反,这个间接特性产生于以下事实,即鉴于塞尔的约束,这两句话并不与说出它们时所实施的言语行为具有相同的命题内容。塞尔的约束指出,指令性行为始终是听话者的某个未来行为,但是,"我今晚将睡在有四根帷柱的床上"关涉说话者,而不是听话者。因此其内容与用之发出命令的内容不一样。与此类似,按照塞尔的观点,允诺涉及说话者的某个未来行为;据此,"你将得最高分"这句话的内容不能成为用它所做允诺的内容,因为这句话的内容涉及听话者。实际做出之允诺的命题内容可以由像"**我将确保**你获得最高分"这样一个句子表达;同样,国王命令的内容可以由"**你将确保**我今晚睡在有四根帷柱的床上"表达。由于实施行为的内容与用于实施行为之话语内容之间的差距,这些例子中的命令与允诺必须认为是间接的,完全偏离了依赖于陈述句以言施事潜势的任何考虑。

塞尔的分析方法要求我们将说出"你将获得最高分"做出的允诺看作间接言语行为,这是反对其分析方法的一个有说服力的论据。完全可能向某人允诺他将获得最高分,借此做出允诺,但允诺的内容并不是说话者的某个未来行为。打算让对手赢的网球手无论说出"你将赢"或"我将输",都做出了同样的允诺。按照塞尔的方案,由第一句话做出的允诺是间接的,而由第二句话做出的允诺则是直接的。在这两个允诺行为之间由此引入的非对称性看来难以自圆其说,因为在两个情形下,说话者的话语都使他承诺引起所指称的事态,即听话者胜过说话者。此外,假若塞尔是正确的,像"皮埃尔允诺将有足够的三明治"这样完全正确的话语会在语义上成为异常的,因为动词"允诺"不应当允许像"有足够的三明治"这样一个补足语。①

我认为,同样的论证路线适用于指令类。以我们可以向某人允诺将有足够的三明治的同样方法,我们可以要求下午两点一切都准备就绪。然而,塞尔的约束隐含我们不能这样做。尤其是,该约束迫使我们说通过说出"一切在下午两点前准备就绪"所实施的指令性行为是间接言语行为。但这是极不可能的,因为"应当"看上去十分像指令性施事语力的标示语。鉴于这一切,我感觉难以不同意丹·斯珀伯的建议,彻底放弃塞尔的约束:

> 塞尔对请求的表征应当修改。这可能按下述方式修改:请求的命题内容是任何命题;然而,请求(与仅仅的愿望相对)是使请求对象以使命题成真的方式行动。[Sperber 1982:47]

听话者(或说话者)的未来行为这个概念在分析承诺类与指令类施事行为中确实发挥作用。这个作用是塞尔之约束的唯一理据。但是,该作用并不

---

① 伴随其标准意义,英语动词"to promise"(允诺)还有"使放心"之意。根据艾丽丝·戴维森的看法(个人交流),这就是为何人们可以"promise"——亦即,使放心——将有足够的三明治。这个论点意在拯救塞尔的方案,诉诸动词"promise"的歧义性,可能对说英语者具有吸引力。但这种方法在法语中却不那么奏效。在(完全正确的)法语句子 *Pierre me promet qu'il y aura assez de sandwiches*("皮埃尔允诺我将会有足够的三明治")中,动词 *prometttre* 显然具有标准意义。

证明塞尔的约束是合理的。塞尔约束能够在指令类与承诺类施事行为的**以言施事语力**的分析中发挥恰当的作用,而在分析这些行为的命题内容中则没有作用。无论什么命题都可以是指令类或承诺类施事行为的内容;只要说话者的话语表达自己的意向,即听话者(或说话者)借由表达这个意向的话语,以使命题成真的方式行动。"听话者(或说话者)的未来行为"在于**引起**作为言语行为内容的事态。这不是该事态的一个内在方面。

第 40 节　陈述句是语力中性的

疑问句引起特殊的困难,先搁置一旁。我们看到,传达内容的行为可以有两种主要类型的以言施事语力:施为性与述谓性。如果这样,可以就陈述句的以言施事潜势做出什么样的阐述呢?我们不能认为,这是广义断言,因为结果证明,广义断言不是真正的言语类型范畴(参见第 37 节)。这就是为何它没有出现在图 5 中。(广义地)断言某事只不过是说出带有某种语力的陈述句,无论那个语力是什么。我们现在可以补充这一点:**施为性**地断言某个内容只不过是说出带有施为语力的陈述句,**述谓性**地断言某个内容是说出带有述谓性语力的陈述句。因此,正像我在第 36 节中所做的那样,说陈述"语气"传达广义断言的一般性语力,但并不将这个语力具体描述为施为性的或述谓性的,这就是说陈述语气在以言施事语力上是中性的;不像其他语气,陈述语气不在语义上关联于两个语力主要类型——施为性与述谓性——中的任何一个。我在探讨非传达内容行为的典型语力的同时,区分了这两类语力。

陈述句是语力中性的,这个论点是我针对陈述句以言施事潜势问题的解决办法。在为这个方案做出辩护之前,我想将之与其他可能的解决办法做一比较。

假如陈述句不是常规地用于做出施为性行为（更加具体地说，实施指令、承认与宣告行为），一切就不会有问题。正是存在这种施为性用法，产生了陈述句以言施事潜势的问题。我看到仅有四种可能的办法解决这个问题（Recanati 1982）：

[1] 将陈述语气看作语义上歧义，亦即，在语义上关联于几种以言施事语力，不能相互简约。

[2] 将述谓性以言施事潜势派赋给陈述句，利用间接言语行为理论处理施为性用法。

[3] 将述谓行为与施为性地使用陈述句所实施的行为看作属于以言施事行为的一个家族，关联于陈述语气。

[4] 将陈述语气看作以言施事地中性的。

一般说来，假如某个句子有两种读解，大致有三种办法处理这个歧义。人们可以说(a)两个读解都在语义上与句子关联（这正是歧义所在）；(b)两个读解中只有一个在语义上与句子相关联，另一个读解是通过会话含义从第一个读解语用地派生的；或者(c)两个读解都不与句子在语义上相关联，而产生于句子意义与语境的相互作用。上面的解决办法[1]和[2]对应(a)和(b)，而解决办法[3]和[4]则对应(c)。考虑一下像"会议现在进入辩论环节"这样的陈述句，这种陈述句既可作施为性读解，也可作述谓性读解。按照(c)，两个读解都不与句子语义地相关联；相反，两个读解都从句子独立于语境所具有的语义潜势**在语境中**确定的。在办法[3]中，句子语气被赋予一个一般性以言施事语力（例如，广义断言），这个语力可以获得两个在语境中不同的具体体现（例如，施为性断言与述谓性断言）。办法[4]朝着以言施事语力"语境化"方向更进一步，因为这个办法甚至不给陈述语气派赋语境中可具体体现的一般性语力。这个办法根本不将任何以言施事语力关联于这种类型的句子,将这种句子话语的以言施事语力的具体确定完全留给了语境。办法[4]比[3]具有的优势是,不迫使我们假定在"会议进入辩论环节"这句话的两个读解中都具有相同的一般性施事语力,这个语力仅仅获得了两个不同的语境具体描述;因此,这个办法并不要求我们修正以言施事行为分类,以便符合这个约束;该办法使我们能够认识到(与述谓性行为相对,即使借由陈述句实施时)施为行为具有高度异质性。

看来,办法[1]受到某些研究者的青睐(例如,Vanderveken 1982),但受到方法论局限性的掣肘,这个局限性被格赖斯(Grice 1978:118 – 119)称作"改造的奥卡姆剃刀":**除非必要,勿增义项**。这个原则告诫我们,可能的条件下,优先选择不需要推定语义歧义的解决办法。鉴于这条原则,我在前面几节中没有考虑像[1]这样的解决方案,以便集中讨论[2]和[3]。

假如所实施的施为性行为是指令性行为,办法[2]对哲学家和语言学家富有魅力。几乎没有人会不把借由(1)的话语所实施的指令性行为看作间接言语行为:

(1) 你刮完土豆皮后去刷厕所。

但我看到反对这个解决办法的几个严重质疑。首先,正如我前面所指出的,这个办法隐含,在陈述句的每个施为性用法中潜存一个述谓性行为,这很怪异。说出(1)的人看来并不报告任何内容,甚至没有用修辞方式发出命令(正像"这儿挺冷"这句评述可能用于隐含关闭窗户的请求)。此外,人们不能将像(1)这种话语同陈述句的其他施为性用法分开,必须整体地看待这个问题。针对像(1)这种话语提出的解决办法无法容易地扩展到陈述句的其他施为性用法。这个解决办法基于以下观点,即陈述句具有述谓性以言施事潜势,因此,通过这种句子实施的施为性行为必然是间接的。这隐含着,在(6)中的允诺行为,或者不那么具体地,使自己承诺做某事的行为,是间接地实施的,这正像(1)中的指令性行为那样：

　　　(6) 我会来的。

但是，如果(6)中的承诺是间接的，那么，这个以言施事行为就**绝不会**是直接的。这是因为并不存在承诺语气，使自己承诺做某事的最好的办法只不过是说出陈述句，言说说话者将做这件事情。[①] 那样，我们如果同意陈述句具有述谓潜势，就不得不推断，承诺类行为只可能借由述谓行为间接地实施。(指令性行为可以直接地实施，这是因为存在具体的指令语气，亦即，祈使语气。)由于缺少具体"语气"或与言语行为相关联的句法句子类型，某些言语行为只能间接地实施。这个观点在我看来非常令人生疑。办法[2]的一个弱点就是隐含了这个观点。我认为，这里的问题是混淆了两个区别，将之区分开来至关重要：

　　一是直接以言施事行为与间接以言施事行为之间的区分；二是显性以言施事行为与隐性以言施事行为之间的区分。说某些言语行为不能通过说出其句子类型语义地关联于该行为的句子而"显性地"实施，这不等于说这种行为只能间接地实施。说话者通过说出(6)所实施的承诺来这个行为是一个十分直接的行为，尽管这不是**显性**的行为，尽管我们必须使用语境以确定这是一个允诺而不是某个其他行为。

　　认为说出(1)所实施的指令性行为是间接言语行为，这个主张源于同样的混淆。如果我们的印象是(1)中的命令是间接的，这只是由于(1)和(2)之间的反差：

　　　(2) 在你刮完土豆皮后，刷厕所。

――――――――――

① 我暂且将使用显性施为语"我允诺"的可能性搁置一旁。

例(2)中的命令不仅是直接的,而且由祈使语气显化了。这表明,(1)的说话者本可以选择说出一个句子——即句(2)——这个句子语义上关联于说话者旨在实施的那种行为类型。然而,例(1)与例(2)之间的区分,并不是直接实施的一个行为与间接地实施的同一个行为之间的区分,而是其语力显性地标示的直接行为与其语力没有显性地标示的直接行为之间的区分。

刚才提到的直接与间接之区分和显性与隐性之区分的混淆同一个极其普遍的假设相伴而生。针对这个假设,我希望提供一个方案,将陈述句看作语力中性的。我所指的假设认为,每个句子都借由其语气(即句子类型)关联于一种特定类型的以言施事行为。这个假设隐含下述原则:

　　(P) 通过句子实施以言施事行为时,句子要么在语义上关联于该行为(或包含该行为的一般性行为),要么在语义上同另一个行为相关联。

根据(P)可以推论,只有两种以言施事行为:那些使用包含语义上关联于该行为(或包括该行为的一般性行为)的标示语的句子、显性地实施的行为;那些使用包含语义上关联于**另一个**行为的标示语的句子、间接地实施的行为。这个观点没有认识到第三种可能性:可能存在"直接"实施的以言施事行为,尽管说出的句子并不包含关联于该行为或其他任何行为的标示语。换言之,这个观点混淆了**直接**以言施事行为与**由句子的某个成分显性地表示的以言施事行为**(图8)。

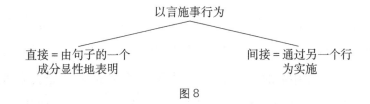

图8

认识到一个语气或句子类型是语力中性的,就相当于拒绝原则(P),从而使我们能够不仅区分直接行为与间接行为（即通过实施另一个行为而实施的行为），而且在直接行为中，区分关联于句子形式特征的那些行为与那些只由语境表明的行为（图9）。由于这个区分，我们就不必说那些不与任何特殊句子类型相关联的以言施事行为（例如，允诺与宣告）只能间接地实施；我们所需要说的只是这些行为不能**显性地**实施。当然，假如我们接受原则（P），两个描述就变成了一回事儿。但是，一旦我们拒绝所有句子类型都是以言施事标示语的主张，（P）就不再有效。放弃这个主张就会认识到下述可能性，即以言施事行为可以通过说出一个句子实施，这个句子并不通过其形式关联于该行为或关联于**任何其他行为**。因此，不能从某个行为不能显性地实施这个事实推论，这个行为只能通过语义上关联于所说出的句子间接地实施。

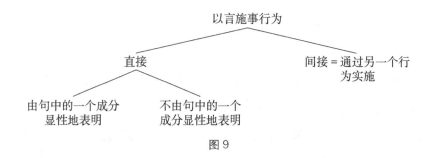

图9

依我看，与非陈述句相反，陈述句是以言施事中性的或"非标记性的"。（述谓性语力与陈述语气之间似乎存在的直觉联系，由非陈述句典型地关联于非述谓语力这个事实解释；这使陈述句成为实施述谓性行为偏爱的手段。）因为陈述句以言施事上的中性，（1）中的命令和（6）中的允诺不被看作是间接的言语行为。命令的指令性语力是一种施为语力，施为语力与陈述句的以言施事潜势是相容的——从而与（1）的以言施事潜势是相容的——因为陈述句的以言施事潜势是中性的。同样，我在说出"我会来的"以承诺会来时，我实施了一个行为，与我说出的句子的（中性）以言施事潜势相容，把从语境中确定我话语确切语力的任务留给听话者。

第 41 节　施为性话语概论与显性施为语专论

奥斯汀认为,施为性/述谓性之分与他从这个区分出发所获得的理论不相容。按照他的理论,每个话语具有某个"语力",用于实施某个以言施事行为。每个话语——甚至是述谓性话语——因而都是施为性的,如果施为性意为用于实施以言施事行为。正如我在第 19 节中指出的那样,施为性/述谓性之分根本不是与言语行为理论不相容,可以与之调和,如果我们放弃将施为语过分宽松地定义为用于实施以言施事行为的话语。定义施为性话语的不是这些话语用于实施以言施事行为(因为显然,这对于述谓性话语也是适用的),而是这些话语旨在**创生**(而不只是描述)所表征的事态,该事态构成了话语的命题内容。尽管述谓性话语(像"地球是圆的")具有语用维度,可用以实施以言施事行为,即断言的以言施事行为,但这种话语并不旨在创生所表征的事态,因而不是施为性的。

在此,我们必须小心,以免将两件事弄混淆了。话语要成为施为性的,所需要的不是话语必须具有创生作为话语命题内容之事态的(直接或间接)**效应**。同经常声称的相反,施为性并不简约为自我证实性。重要的是话语**将自己呈现为**自我证实的,话语**旨在**创生所表征的事态。换言之,话语的施为性依赖于其(广义上的)**意义**;正是话语的意义,而非话语的实际结果,将其表征为是否是施为性的。话语的施为性依赖于话语这个方面的意义。但是,这方面的意义不是其命题内容,因为话语的施为性是相对于事态所表达的态度,事态构成话语的命题内容。相反,决定话语是否是施为性的那个方面的话语意义是话语的**语力**。

按照我在此阐发的理论,施为性首先是以言施事语力的事情。奥斯汀为取代他基于施为性/述谓性相对立的原初理论,提出了言语行为理论。这个是理论认为,每句严肃的话语,甚至是"述谓性"话语,都具有语力,用于实施以言施事行为。在我的言语行为理论版本中,存在两种主要的以言施事语力:施为性语力与述谓性语力。正是因为这样,我们可以广义地或狭义地使用"施为性"概念。在广义的使用中,施为性话语指称任何具有施为语力的话语[这与奥斯汀(Austin 1975:59)关于祈使句一般是施为性的这个主张一致];在狭义(更加接近于眼下的用法)的使用中,施为性指称任何具有施为语力的**陈述性**话语。当句子用于祈使语气时,其施为语力(或者更加确切地说,指那种称作指令性语力的特定施为语力)是在形态上有标记的,述谓性解释被排除掉了。相反,陈述性话语的施为性并没有在陈述句本身予以标记。

尚待表明,我的理论能对显性施为语做出什么阐释。作为第一个近似的阐释,我们可以说,显性施为语是这样一个施为语,其命题内容包含一种特定的事态,亦即,说话者眼下实施一个以言施事行为。不言而喻,这是一个施为性话语,而非述谓性话语。说出"我命令你来"的说话者并不意在报告一个独立于话语的事实,而在于由其话语创生一个事实——亦即,他在命令听话者来这个事实。结果,这个话语具有施为语力,具体而言,它具有宣告的语力:说话者"宣告"他在实施由施为动词指表的以言施事行为。由于陈述语气在以言施事上是中性的(因而与施为语力相容),所以没有理由否认这个行为是直接地实施的。

自然,关于显性施为语,应当做出的阐述不止这些。我们必须提到显性施为语最值得关注的性质:显性施为语用于实施由其指表的以言施事行为。在言说"我命令 p",说话者并不仅仅满足于宣告自己命令 p,说话者事实上在命令 p。因此,在说出显性施为语时,说话者实施两个以言施事行为:宣告自己在实施某个行为,并且在实施这个行为。但是,第一个行为(宣告)是直接地实施的,而第二个行为却不是直接地实施的;这个行为,即说话者宣告自己在实施的行为,只能间接地实施。

假如当说出显性施为语时,冠以显性施为语之名称的以言施事行为不可能直接地实施,这并不像普遍地认为的那样,是因为施事行为的语力与关联于陈述语气的以言施事语力潜势不相容。有关的以言施事语力潜势是中性的,与句子可用于实施的任何行为之语力相容。然而,有时,正如我在第 39 节结尾处所提出的,某个言语行为是间接的,并不是因为其语力(这个语力与句子的语力相容),而是因为该言语行为的内容(如果这个内容与话语的内容不相吻合)。显性施为语就出现了这种情况。在言说"我陈述地球是圆的"时,我陈述地球是圆的;在言说"我命令你来"时,我命令听话者来。这两个行为的以言施事语力与陈述句的以言施事潜势相容,该潜势是中性的。但是,行为的内容与话语表达的命题根本不契合。在言说我陈述地球是圆的时,我陈述地球是圆的,而不是我陈述地球是圆的;在言说我命令你离开,我就命令你离开,而不是我应当命令你离开。由于言语行为内容与话语内容之间的系统差异,由显性施为语实施与冠名的以言施事行为始终是间接的。① 现在到了描述这种行为借以实施之机制的时候了。

　　这里所说的机制至关重要地诉诸交际行为的性质,这个性质我已经不止一次提到,将是下一章讨论的主题。借由这个特殊性质,为了实施以言施事行为,使听话者辨识说话者在说出话语时所具有的实施该行为的意向就足矣。由于像"我命令你来"这种话语带有施为语力,说出这个话语的说话者表达的意向是,借由这个话语,出现下述情形:说话者命令听话者来。(一般而言,带有命题内容 p 的施为话语 u 表达说话者的意向,即由于 u 而使 p 得以实现。)但是,"说话者的意向是,借由这个话语,出现下述情形:说话者命令听话者来"究竟指什么? 这只不过是指说话者命令听话者来的意向。据此推

① 假如通过显性施为语实施的以言施事行为不是"传达内容的",这种行为是间接的并不是因为其内容与话语的命题内容不一致,而是因为这种行为没有内容,而话语是有内容的。为了将这个实例看作话语内容与施事行为内容之间非同一性的一个案例,我们也许可以谈论"零内容"或"无内容"。因此,感谢行为属纯表态类行为,具有零命题内容(像"多谢"或"你好"这种话语也只有零内容);但是,"我感谢你"这句话确实具有命题内容——这个话语表征特定的事态(说话者感谢听话者)。因此,借由说出这些词语实施的致谢行为必定是间接的。

论,在施为性地说出"我命令你来"时,说话者表达命令听话者来的意向——这个意向一经显现就得以实现。

事实上,这并不确切地是"命令听话者来的意向"一经表明就得以实现;这是**借由表达该意向的那句话**实施这个行为的意向。唯有这种自我指称的①意向具有通过得到辨识而实现的性质。正像科尔尼利耶所强调的(个人交流),如果我借由话语 u 表达我的意向,通过一个未来的话语 u'向听话者发出某个命令,表达这个意向不足以实施所说的行为。要通过话语 u 实施以言施事行为 A,话语 u 表达的意向必须**是通过 u 实施 A 的意向**。

我开始认为,就显性施为语而言,话语的施为语力确保话语所表达之意向的自我指称性。这似乎是可信的,因为带有内容 p 的显性施为语 u 所表达的意向是 u 直接或间接引起 p 的意向。由施为性话语"我命令你来"所表达的意向因而是下述意向,即借由(或由于)这个话语出现以下情形:说话者命令听话者来。但是,尽管这个意向确实是自我指称性的(该意向包括对表达这一意向之话语的指称),不过,该意向并不具有或不显现地具有所需要的那种自我指称性。借由话语 u 而出现以下情形的意向,即 S 命令如此这般,与 S 通过 u 命令如此这般不是一回事儿。人们完全可能通过话语 u 表达自己的意向,即借由 u 出现以下情形:说话者通过话语 u'发出某个命令。例如,如果 S 通过 u 向 H 允诺他将在之后向 H 发出某个命令,S 表达意向,即他的话语 u 使他承诺之后说出一个话语 u',话语 u'具有命令的语力。这样表达的意向是自我指称性的。但是,正像科尔尼利耶向我指出的那样,这个意向并不具有交际意向的典型特性。交际意向一经辨识,即刻得到实现。换言之,施为性意向内在的自我指称性(即由所有施为性话语表达的意向)不足以将指表实施以言施事行为的施为性话语转变为"显性施为语"。这样一个话语要成为真正的显性施为语,话语的**命题内容**(独立于其施为语力)必须自我指

_____

① 这里,我在(有点不恰当地)使用"自我指称性的"这个术语意指包括指称表达意向之话语的意向。

称性地解释为包括对当下话语的指称；由话语 u 指表的事态必须是**通过话语 u 实施某个以言施事行为**。从奥斯汀（Austin 1975）与本维尼斯特（Benveniste 1963）到科尔尼利耶（Cornulier 1980），许多作者坚持显性施为语的这种自我指称性，这种特性可以通过使用"特此"加以显现。显性施为语典型地具有的自我指称性被添加到（但有别于）相关于语力的自我指称性，而这种自我指称性为显性施为语和其他施为性话语所共有。①

　　显性施为语在命题内容层面所具有的自我指称性是以言施意向自我指称性的反映。以言施事意向具有通过加以显现而得到实现的性质。正如我们刚才所看到的那样，实施以言施事行为的意向要具有这个独特的性质，该意向必须是自我指称性的，亦即，这个意向必须是实施**通过表达该意向的话语**所实施的行为的意向。以言施事意向自我指称性的这个条件使我们能够处理丹·斯珀伯（会话交流）设想的反例，该反例旨在否证下述主张：实现以言施事意向所需要的就是对这个意向的辨识。斯珀伯的例子大致如下：在某个语境中，每个人都期望某个说话者 S 说某件事情，S 张开嘴开始说所期待他说的事情；但是，他在讲完之前突然停了下来（例如，他猝死了）。斯珀伯说，在这个语境中，大家都认识到 S 实施某个以言施事行为的意向；可是，没

---

① 因此，像"我命令你离开城堡"（不带"特此"）这样一句话**即使在我们赋予其以一个施为性语力之后**，也可以作几种解释。在"显性施为语"的解释中，这个话语意谓"我通过眼下这句话命令你离开城堡"。但我们如果放弃命题层面上的自我指称（或者更加确切地说，对眼下话语的指称），那么，就会出现对这句话的其他施为性解释。我已经提到过对这种话语的承诺性解释：说话者通过话语"我命令你离开城堡"，向听话者**允诺**他将命令听话者离开城堡，这正像在下述话语中那样："好的——我允诺你：所有人一到这里，我就命令你离开城堡。那样你就有借口离开了。"我们还可以假设这句话具有命令的语力，并不是因为说话者命令听话者离开城堡（那个命令会是间接的，这是"显性施为语"解释的特征），而是因为说话者命令听话者导致说话者命令听话者离开城堡。例如，假定 H 是一名作家，说话者 S 雇用 H 写一个电影脚本。在这部电影中 H 和 S 都将参演。S 想让 H 描写一个情节 S 命令 H 离开城堡。当 H 说他认为这个情节不应该出现在脚本中时，S 动用了自己的权威，说道："在下一个场景中，我们要按我的方法来做。我命令你离开城堡，就是这样。"在这个解释中，像在前面的解释中那样，"我命令你离开城堡"这句话是施为性的（在第一个情形下，话语具有承诺性语力，在第二个情形下，具有指令性语力）。但是，这不是显性施为语，因为尽管话语确实指表以言施事行为的实施，却不是**通过话语本身指表该行为的**实施。

有人会说,S 真正实施了该行为,因为他甚至连话都没有说完。人们最多可以说,S 已经**开始**实施该行为。斯珀伯推断,为了实施以言施事行为,显现实施这个行为的意向是不够的。通过诉诸自我指称性约束,我们就可以很容易处理这个反例,这个反例违背了自我指称性约束:借由其不完整的话语 u,S 显现通过 u'(即 S 永远没有机会说完的完整话语)实施行为 A 的意向。S **没有**借由 u 显现他通过 u 实施 A 的意向。

得到辨识即得到实现,这构成了以言施事意向的特殊性质。在(下一章)探究以言施事意向这个特殊性质之前,我想作为本节的结尾,强调通过说出显性施为语实施的那些间接言语行为与我在上一章讨论的那种间接言语行为之间的不同。就显性施为语的情形而言,间接言语行为不是"格赖斯式的",亦即,该行为不是从通过说话者遵守了会话准则这个前提推导出来的。当然,会话准则可能在决定什么行为是**直接地**实施的这个过程中发挥作用,亦即,宣告的行为(参见第 32 节)。听话者可能必须进行某种推理以确定话语**是**一个显性施为语(即其语力是施为性的,其内容是自我指称性的)。听话者在其推导中可能假定说话者遵守了会话准则,并将这个假定用作前提。① 但是,一旦确定了什么行为是直接地实施的,间接行为就可以加以推导,而无需做出关于说话者遵守了会话准则的任何假定,并且以这样的假定作为额外前提了。说话者如果宣告他在发出命令(或者,更加确切地说,他在通过眼下的话语下达命令),那么就自动地在发出命令。说话者如果宣告自己在断言 P,那么他就在断言 P。间接行为由自我指称性宣告这个直接行为所"蕴含",而不是会话地隐含的。

---

① 我心中想到的是像下面这样一个推理:"假如话语的语力是述谓性的,该话语就会违背质准则;假如说话者声称借以实施以言施事行为 A 的话语不是眼下的话语,该话语就会是无法理解或不相关的;我假定 S 遵守合作原则;因此,说话者(施为性地)宣告自己在通过眼下的话语实施 A。"

第 7 章
交际意向与交际行为

第 42 节　引言

正像在其著名的《意义》一文以及随后的数篇论文中阐释的那样,格赖斯纲领是双重的。他想(i)借由交际意向这种语用概念分析诸如句子意义或词语意义这种语义概念;(ii)借由普通的非交际意向对交际意向的语用概念做出简约分析。在这一章里,我将不关注格赖斯纲领的第一个方面,而只关注第二个方面。尽管数位哲学家似乎认为,就第一个方面,格赖斯纲领失败了。但是,公平地说,针对第二个方面,格赖斯纲领取得了相当的成功。对语用学感兴趣的语言学家和哲学家的普遍共识是,沿着格赖斯式路线的某种方案提供了有效语言交际理论的基础。[①] 确实,自斯特劳森(Strawson 1964)之后,通常假定以言施事行为可以借由格赖斯理论定义。[②]

---

① 例如,参见巴赫与哈尼希(Bach & Harnish 1979)、斯珀伯与威尔逊(Sperber & Wilson 1986)。

② 鉴于存在"规制性"或"规约性"以言施事行为所引起的问题,这一点应当加以限定。唯有普通的非规约性以言施事行为通常假定是可以借由格赖斯理论定义的(参见第 47 节)。

在继续讨论之前,就我所使用的"交际"这个词(以及相联系的词语)需要做一小点的说明。从格赖斯论文产生的基本观点之一是语言交际不只是简单的"通过语言交际"。独立于通过语言实施这个事实,语言交际是**非常特殊**的交际类型之实例,不一定是语言的(就此而论,也不一定是规约性的)交际,我们才可能称作"格赖斯式交际"。在这一章里,我将假定如此——有一种自然类属的交际行为,格赖斯式交际,从而(a)不一定是语言的,也不一定是规约性的;(b) 语言交际是格赖斯式交际中的一例。我将通篇在"格赖斯式交际"的意义上使用"交际"一词。

格赖斯并不试图定义交际,但从他对交际意向的表征到交际本身的表征仅距一小步而已。下面是格赖斯对交际意向的表征:

(G) 说出带有交际意向的话语[①] u——或者,用格赖斯自己的术语来说,说话者(S)借由 u "意谓某事"——当且仅当 S 说出 u 意在:

(G1) S 的话语 u 在听话者 A 身上产生某个反应 r(例如,某个信念),

(G2) A 认识 S 的意向(G1),

(G3) A 对 S 意向的认识(G1)至少作为对 S 的反应 r 的部分理由而起作用。[亦即,意向(G1)的实现意在部分地依赖于对该意向的认识。]

从交际意向的这个表征入手,就容易继而将交际行为定义为显现深层交际意向的话语行为。交际行为的类型与内容将依赖于说话者意在使其话语产生**哪种**反应 r。

与格赖斯对交际意向的表征相联系,并且经常与之相混淆的,是一个广泛坚持的论点,我对显性施为语的分析基于这一论点。这个论点我将称作"新格赖斯主张"。按照这个论点,听话者对交际意向的辨识对于这个意向的实现是必要的与/或充分的。下面是这个主张的几个命题,这些命题可以在

---

① 像格赖斯那样,我将"话语"用作一个中性词,用于任何具有交际行为性质的候选项。

语用学文献中找到：

> 人类交际具有某些特殊的性质,这些性质不为大多数其他人类行为所共有。最为特殊的一个性质如下:假如我试图告诉某人某事,那么(假定满足某些条件),他一经认识到我在试图告诉他某件事情,以及我究竟试图告诉他什么事情,我就成功地告诉了他这件事情。此外,除非听话者认识到我在试图告诉他某件事情以及我试图告诉他什么事情,否则,我就不能完全成功地告诉他这件事情。**就以言施事行为的情形而言,我们通过使听话者辨识我们试图在做什么而成功地做我们在试图做的事情。**[Searle 1969:47；强调体为本书作者所加]

> 以言施事[交际]意向……在 H. P. 格赖斯(Grice 1957)的意义上是自反性意向:自反性意向是一种意在作为意在被辨识而得到辨识的意向。我们进而将以言施事意向局限于那些意向,这些意向的实现仅在于得到辨识。[Bach & Hamish 1979:xiv - xv]

> 言语行为是意向的公布:言语行为的基本目的是产生一个客体——言语行为本身——这是可公共地感知的,尤其是由听话者感知,体现一种意向,意向的内容正是该言语行为可辨识地实施。听话者认识到这样一个意向以这种方式公开,就使得意向的实现不再需要任何其他东西。[McDowell 1980:130]

> 让我们将旨在被辨识并仅仅借由被辨识而得到实现的意向称作交际意向。这样,语用理论的主要目的必定是解释说话者的交际意向是如何得到辨识的。[Sperber & Wilson 1983,绪论,第 10 页]①

---

① 在其关联论著作的最终版本中,斯珀伯与威尔逊(Sperber & Wilson 1986)放弃了这个交际意向观(参见下文第 45 节以及第 204 页脚注)。

新格赖斯主张至少存在两个可以区别的版本，一个强式和一个弱式。按照弱式版本，听话者对交际意向的辨识足以实现该意向，而依据强式版本，听话者对交际意向的辨识既是必要条件，也是充分条件。然而，这两个版本没有一个可以归于格赖斯。在格赖斯表征(G)中，意向的实现与其辨识相联系，但这不是交际意向或以言施事意向本身——这是共同构成交际意向的子意向之一。此外，不能说这个子意向的辨识是使其得以实现的充分条件，而只能说它**很可能**在其实现中发挥作用，并且**意在**发挥这种作用。

格赖斯表征(G)引起了各种问题与质疑，这些问题与质疑文献中经常探讨。我在本章的目的旨在考虑(G)应当如何加以修正，以应对这些质疑(中的某些质疑)，并且考察新格赖斯主张，或者至少我分析显性施为语所基于的那个版本的新格赖斯主张，是否能够在修正的表征之基础上证明是合理的。

第 43 节　做以铺垫

格赖斯借以分析交际意向的三个子意向的第一个，即 S 的意向(G1)是话语在听话者身上产生某个反应 r 的意向(例如，假若话语属于断言类型，r 为信念，假如话语属于指令类型，r 则为行动或行动的意向)。我将把这个意向称作说话者的"以言取效"意向。[1]

格赖斯将以言取效意向包括**在**交际意向**中**，这种做法引起以下质疑。交际意向是说出某句话时必须带有的意向，如果话语要算作相关意义上的交际的话。不过，不带有意向(G1)地交流某个内容是可能的。我可以做出断言

---

[1] 奥斯汀将交际行为的经验效应或结果称作"以言取效"(该效应的区别性特性是，交际行为可以至少在原则上成功地实施，而不产生这些效应)。因此，以言取效意向是某人的交际行为产生某个言后效应的意向。断言 p 的说话者的典型以言取效意向是听者形成信念 p，命令 p 的说话者典型的以言取效意向是听者服从该命令，等等。

而不意在使听话者相信我说的话(或者相信我相信我说的话)。我可以让听话者 A 做某事而不意在 A 做这件事(或者形成做这件事的意向)。但是,假如以言取效意向是交际意向的一部分,不带有以言取效意向的交际就会是不可能的。因此,以言取效意向不是交际意向的一部分。

　　为了对格赖斯最初的分析(G)做出辩护,就可以反对道,我关于意向(G1)不可能是交际意向必需的组成部分的论证是把未经证明的判断作为论据的一例。我将以下事实作为前提,即可能实施诸如断言这种交际行为,而不具有相应的以言取效意向;但从这一点到推断交际意向不可能包括以言取效意向,我还需要另一个前提(P):

　　(P) 若没有交际意向,交际就是不可能的。

　　事实上,当我在论证中说出下面这句话的时候,就想当然地接受了(P):交际者说出的话语若要算作交际性的,交际意向就是交际者必须具有的意向。但是,这个假定过强了。格赖斯并不坚持这一点。格赖斯完全可能说,"交际意向"[他将之分析为(G1)、(G2)、(G3)的结合]是这样一个意向,即(a)交际者典型地(而非必然地)具有这个意向;(b)话语行为算作交际行为,当且仅当该行为使这种意向**显现**出来。这样,(P)应当由(P*)取代:

　　(P*) 说话者若没有交际意向或不显现说话者具有交际意向,交际就是不可能的。

以(P*)取代(P)带来了很大的不同,因为远不是显然只有实际意向才能够得以显现的。我们如果使用斯珀伯与威尔逊关于显现性的定义(Sperber & Wilson 1986,第 1 章第 8 节),就会说某物(对某人)是显现的,当且仅当某物(对这个人)是可感知或可推导的。但显然可能推导某个**成假**的东西。假若我(错误地)认为,外面在下雨,人行道上是湿的对我就是显现的(即可推导的),尽管事实上人行道上并不湿。同样,依据一句话以及某种背景知识,听话者可能推导说话者具有交际意向,尽管说话者并没有这种意向。这意味着话语 u 很可能显现(或许意在显现)说话者事实上并不具有的交际意向。因此,交流某个内容而不具有相关的交际意向,这至少在理论上是可能的;这是因为交际就是通过说话者的话语使交际意向显现。这样,反对将以言取效意向包括在交际意向中的异议就不复存在了。没有以言取效意向而进行交流,确实是可能的。但这并不表明以言取效意向不能成为交际意向的一部分,因为也可以设想人们进行交流而没有交际意向。

有些人会认为,不应当接受从(P)到(P∗)这个步骤,没有交际意向的交际不是真正的交际。我将不卷入这场争论之中,因为从(P)退缩到(P∗)并不严重影响我关于以言取效意向的观点。即使(P∗)正确、(P)不正确,也不能说交际意向包括以言取效意向。究其原因,即使没有"显现地"表明我具有意向(G1),我依然可以交际。尽管对大家都很明确我并不意在使我的听话者相信我说的话语或者相信我相信自己说的话,我依然完全可能断言 p。(在这个语境中,我的话语并不使我的以言取效意向得以显现,因为显然我不具有这个以言取效意向。)因此,我们究竟将交际意向定义为说话者必须具有的意向,还是仅仅定义为他的话语应当使之显现的意向,如果他的话语行为要算作交际的话,无论什么样,这个意向不能像在格赖斯分析(G)中那样,包括以言取效意向(G1)。

作为交际意向必要部分的意向(G1)被抛弃之后,意向(G3)也必须抛弃,因为(G3)预设(G1)。人们不可能"意在通过 A 辨识 S 意在产生反应而使话语在 A 身上产生某个反应 r"却不实际地意在产生反应 r。但是,如我所说,人们可以交际而不意在产生反应 r(或使该意向显现)。据此而论,人们可以交际而不具有(或表明)意向(G3),亦即,不意在(或表明自己意在)A 辨识意向(G1)旨在至少作为 A 做出反应 r 的部分理由而起作用。[①]

在把意向(G1)和意向(G3)都摒弃之后,我们就只剩下意向(G2)了。确实,我认为说话者的交际意向是**像**意向(G2)的某种东西。但这必须做一点阐发。意向(G2)不能正好认同于说话者的交际意向。

意向(G2)——说话者 S 关于听话者 A 辨识其意向(G1)的意向——也预设(G1)。之所以如此,是因为"辨识"是一个叙实动词,就像"知道"那样。不存在的东西不可能被知道或辨识。S 不可能意在 A 辨识其意向(G1),如果他没有这个意向。但是,S 即使没有(或没有表明)意向(G1)依然可以交流。据此推论,S 即使没有(或没有表明)意向(G2)仍然可以交流。这就意味着意向(G2)不能认同于交际意向。

当然,对意向(G2)加以修正,以非叙实性动词"相信"取代"辨识",这样做是可能的。经过这样修正之后,意向(G2)成为意向(G2 ∗):

(G2 ∗)［S 的意向］A 相信 S 带有意向(G1)说出 u

但这也不能奏效。假若我断言相应的以言取效意向(G1)应当或者是 A 相信 p 的意向,或者是 A 相信我相信 p 的意向。可是,正如我之前说过的,我可以断言 p,尽管对大家都显然,我并不意在 A 相信 p 或者相信我相信 p。一个恰当的例子是有这样一个语境,A 和我"相互知道"非 p,亦即,在这个语境中我们两人都知道:(a)非-p;(b)我们双方都知道非-p;(c)我们双方都知道我们两人都知道非-p,如此等等。假定我在这样一个语境中断言 p。显然,我并不意在 A 相信我带有意向(G1)做出了断言,我甚至都没有表明 A 相信我具有意

[①] 摒弃意向(G3)还有另一条理由。塞尔(Searle 1969:46 - 47)和希佛(Schiffer 1972:§2.3)表明,即使当 S 意在产生反应 r 时,亦即,即使当意向(G1)**是**说话者整体意向的一部分时,说话者也并不一定意在使该意向[即意向(G1)]借由得到辨识而(部分地)实现。这种例子(提醒、争辩,等等)为人熟知。我将不再进一步探究这个论证路径。

向(G1)这个意向;相反显然,我并不具有意向(G1),而且我也不意在使 A 相信我具有意向(G1)。可是,我依然交流了。这隐含要么我具有交际意向,要么我"显现"我具有交际意向。但是,我并没有使 A 相信我具有以言取效意向的意向,我的话语也没有显现我具有这个意向。因此,(G2 ∗),即 A 相信我具有以言取效意向之意向,不可能是交际意向(的一部分)。

所以,我们不得不寻找某个除"相信"以外的词语代替"辨识"。许多哲学家(Armstrong 1971;Schiffer 1972;Holdcroft 1978;Bach & Hamish 1979)采用短语"给予某人理由相信"。据此,我们也许可以用(G2 ∗∗)取代(G2 ∗):

(G2 ∗∗)[S 的意向]为 A 提供理由相信 S 具有意向(G1)

我们在下一节将看到,这个建议确实可行。然而,在稍加详细地探讨这个方案之前,应当对反对格赖斯阐释(G)的最后一个质疑做出回应。

像格赖斯那样,我们正在试图做的是通过普通的"以言取效"意向,分析交际意向或以言施事意向。我们不再想将以言取效意向**包括**在交际意向中。但这并不能阻止我们**借由**以言取效意向分析交际意向。然而,有些哲学家提出了一个主张,这个主张如果正确,就会削弱这样一种简约分析的原则。

我心中想到的哲学家中最突出的是奥斯汀(Austin 1975:139 - 140)和塞尔(Searle 1969:46)。两人都说,对于某些以言施事行为,不存在相应的典型以言取效意向。我不知道这是否是真的,但让我们假定这是真的。让我们接受这个质疑。我认为,受到削弱的不是借由像以言取效意向这种更加普通的概念简约地分析交际意向之原则,而是明确提到以言取效意向的一个更加具体的方案。然而,对于本着格赖斯精神的简约分析,还存在其他可能性。

这时,我想引入典型性条件的概念。我们典型断言的一部分是,如果某人断言 p,他就知道 p,并且希望听话者分有他的知识。同样,如果某人命令另外某个人做某事,那么典型的情况是,他想这件事情得到完成,并且对听话者拥有某种权威。这些典型性条件——就断言的情形而言,知道 p 并且意在让听话者分有这个知识——并非实施该行为的必要条件。我将不试图在此分析所涉及的典型性概念。我依靠对这个概念的直觉理解。

对于有些以言施事行为,正像刚才提到的两个实例(断言与命令)那样,当存在相应的典型以言取效意向时,这个意向是该行为的典型性条件之一。但还存在其他条件,例如,说话者除意向之外的其他态度(如信念)。有些典型性条件甚至不一定是说话者的态度。[①] 这样,我所建议的是,我们在尝试性地定义交际意向时,使用典型性条件,而不用以言取效意向。因此,例如,我们就有了(G2a),取代(G2 * *),即 S 意在为 A 提供理由相信 S 拥有意向(G1):

(G2a)[S 的意向]为 A 提供理由相信如此这般的典型性条件得到满足[②]

这些典型性条件可能包括但不一定包括说话者具有某个以言取效意向。这样,是否每个以言施事行为都存在对应的典型性以言取效意向,这个问题就成为是开放式的。(我在下文有时将使用"PC"作为一个缩略语,代表"如此这般的典型性条件成立",或者"如那般的典型性条件成立",或者"如此这般的典型性条件成立之事实"。)

---

① 例如,可以说,**P 的事实**(不只是信念 P)是陈述 P 的典型性条件:典型地,仅当 P 时,人们陈述 P。

② 或许我应当强调,在复杂短语"为 A 提供理由相信如此这般的典型性条件得到满足"中,出现"如此这般的典型性条件"是为了完全透明。

第 44 节　交际意向与新格赖斯主张

交际意向能够分析成(G2a)——即能够分析成 S 为 A 提供理由相信如此这般的典型性条件成立——吗？我们如何回答这个问题取决于"相信的理由"意谓什么。例如,艾尔斯顿(Alston)提出以下质疑,反对霍尔德克罗夫特(与希佛)使用这个概念:

> 在[霍尔德克罗夫特]阐释中,例如,我回答 p 的必要条件是我公开意在我的话语在其语境中应当为 A 提供理由认为 p 是回答他的问题的正确答案。同样,我命令 A 做 y 的必要条件是,我公开意在我的话语在其语境中应当为 A 提供理由认为,我想让 A 服从我的"指令",即做 y。但在我看来,这两条都是不正确的。无疑,我可以回答你的问题而不具有任何这样的意向。我也许只是出于礼貌而做出回答,或者只是"为了记录在案"。我也许十分清楚,A 没有一点可能会假定 p 是回答他问题的正确答案。事实上,我可能明确地说出这一点,并且依然继续往下回答 p。我在完全明确地表明我不认为 A 会有一点可能假定这一点,就不大可能再说我具有做某事的意向,而这个意向会给 A 提供很好的理由假定这一点;然而,我依然在回答 p。甚至更加显见的是,我也许可以命令某人做某事,而不意在给他以理由假定我想让他做这件事情。事实上,我也许可能表明我不**想**让他做此事,但还是发出了命令,因为那样做是我的职责。[Alston 1982:625－626]

然而,通过弱化"相信的理由"的概念,就可以应对这个质疑。我们必须使用"相信的理由"的这样一个概念,从而我如果意在给某人提供相信 p 的理由,就不一定意在让他相信 p。为了处理艾尔斯顿所谓的反例,意在让 A 有理由相信 p 与意在让他**不**相信 p 两者就必须是一致的。例如,我可以意在让他既找到某些证据证明 p,又在鉴于某种(更有力的)反面证据而摒弃这个证据。在这样一个情形下,我意在让 A 拥有相信 p 的理由,但也意在这个理由作为他相信 p 的**不充分**理由。完全一致的是,我意在 A 不相信我意在让他有理由相信的东西。

巴赫与哈尼希(Bach & Harnish 1979:§3.6)在论言语行为的著作中,明确阐述了这一点。他们说道,提供给听话者的"相信的理由"不一定是**充分的**理由。然而,他们在试图(第 291 页)对这个概念做出分析时,却不够到位。他们相当误导地说,说话者意在使其话语为听话者提供一条理由相信说话者具有如此这般的态度;这条理由是**充分的,除非存在互相间相信的**相反理由。但是,他们忽略了这个事实,即意指的"理由"很可能是不充分的(并且意在是不充分的),尽管没有**互相间**相信的相反理由。

让我就(未必充分的)相信的理由这个概念再稍作阐述。这个概念可以借由另一个相联系的概念加以定义,即相信某事的"很好的理由",我将之定义如下:

(GRB)一个事实 P 提供了"很好的理由"相对于某个语境——一组命题——C 相信 Q,当且仅当 Q 可以从 P 与 C 推断,但不能从 C 本身推断。

"可以推断"并不意谓"可以演绎"。我在此考虑到非论证性推论。例如,假定包括单个命题的语境:"一般而言(或典型地说),P 隐含 Q。"相对于这样一个语境,可以从 P 推断 Q,尽管不可能演绎推理 Q。① 我假如听说我的一个朋友

_____

① 当然,这样一个非论证性推论可以部分地借由演绎推理**分析**为(a)将一个新命题添加到语境中,诸如"眼下的情况是典型的或者属于一般情形";(b)相对于扩大的语境,从 P 演绎推理 Q。但是,我在此并不关心如何分析非论证推理。

家里养了一只鸟,假如我对那只鸟别的一无所知,就可能推断那位朋友养了一只会飞的动物。我能够做出这个推断的原因在于语境包括以下命题作为我百科知识的一部分:"一般而言鸟会飞。"该语境没有包括任何命题隐含**这只**鸟不会飞。在这个语境中,那位朋友养鸟的事实给予我很好的理由相信她养了一只会飞的动物。

现在,我建议我们以下述方式定义"相信的理由":

> (RB) 某个事实 P 相对于语境 C 提供一条理由相信 Q,当且仅当存在一个语境 z 作为 C 的子集,而且相对于这个语境 P 提供很好的理由相信 Q。

这就留下了下述可能性,即 C 包括某个命题(没有包括在 z 中),这个命题阻止 Q 从 P 实际地推断出来,例如,我朋友的鸟是鸵鸟或者企鹅。但是,尽管在这样一个语境中人们不能推断我朋友养了一只会飞的动物,但却获得了理由相信这一点。这个理由——我朋友养了一只鸟的事实——相对于 C 不是一条很好的理由;在 C 中,从"她养了一只鸟"到"她养一只会飞的动物"的推理被一条知识阻断,这条知识阻止默认地利用"一般而言,鸟会飞"这个命题。但是,推论要被阻断,就必须以某种方式即将出现,P 作为相信 Q 的理由这个概念揭示了在语境 C 中从 P 潜在地推论 Q 的观点。

意向(G2a)即话语 u 给予听话者以理由相信 PC;至此分析为意向(G2a)的交际意向一个殊异的特征在于,听话者对这个意向的辨识必定导致意向的实现。一旦这个意向被辨识隐存于话语中,该话语只能给予听话者以理由相信 PC。或者,换句话说:S 具有这个意向(给予 A 以理由相信 PC)为听话者提供了相信 PC 的理由。这个殊异的特征——交际意向的"自我实现"特性证明弱式新格赖斯主张的合理性——正是我现在将力图解释的。

人们经常说,真实性——在真诚性与可靠性两个意义上的——一个普遍推定在人类交际中发挥作用。这个推定之结果可以相对于正常情况与不正常情况加以描述。在正常情况下，即在没有理由怀疑的情况下，说话者表现一个意向，给予 A 以理由相信 PC 提供了很好的理由相信 PC（这与关于我朋友养鸟一例中的方式相同：由于鸟会飞这个普遍推定，我朋友养鸟给我很好的理由相信她养一只会飞的动物）。在不正常的情况下，听话者拥有的无论什么好的怀疑的理由阻止他利用真实性的普遍推定，但按照我的定义，说话者意向依然给予听话者以理由相信。相对于语境 C 听话者解释话语。这个语境既包括真实性的普遍推定，又包括听话者的具体知识，这种具体知识使他怀疑说话者。这个知识阻止 A 实际地推断 PC。但是，存在作为 C 之子集的语境 z，相对于语境 z，可以推断 PC——亦即，该语境产生于从 C 中排除有悖于普遍推定的具体知识。

这表明，听话者对交际意向的辨识是该意向实现的充分条件。但有些哲学家走得更远。尽管没有多少论证，但有人说，实现交际意向仅仅在于辨识该意向。或者，换个方式来说，意向的辨识既是实现意向的必要条件，又是实现意向的充分条件。这是强式新格赖斯主张（Strong Neo-Gricean Claim，缩写为 SNGC）。我们应当如何看待这个主张呢？

乍一看，这个主张是错误的，甚至是明显地错误的。听话者的辨识不可能是实现说话者交际意向的必要条件，如果这个意向只是 u 为 A 提供理由相信 PC 之意向。可以确信，我的某个行动可能在适当的语境中给予 A 以理由相信如此这般的条件成立，独立于 A 是否辨识我提供这样一个理由的意向。我的一个行动可能是 PC 的很好的证据，即使我甚至不意在它提供这样的证据。

然而，有一个容易的方法佐证这个主张，即听话者辨识 S 的意向（G2a）是实现说话者交际意向的必要条件。我们只需要说，交际意向并不与（G2a）相同一，而是与（G2a）加上更进一步的子意向之和相同一，这个子意向即（G2a）得到辨识：

(D1)

$$交际意向 \begin{cases} 意向(G2a)：u 为 A 提供理由相信 PC \\ \\ 意向(G2b)：(G2a)得到辨识 \end{cases}$$

假如交际意向**包括**听话者辨识说话者意在给予他相信 PC 的理由这个意向，那么，当然，除非听话者辨识该意向，否则说话者的交际意向就不可能实现。（然而，注意，在这个阶段，SNGC 并没有得到证明。交际意向的实现所需要的不是听话者辨识交际意向，而是听话者辨识交际意向所包括的两个子意向中的一个。）

假如我们增加(G2b)，我们可能极想也增加第三个子意向(G2c)：

(G2c) S 的意向：(G2a)的实现依赖于其辨识

一旦增加了这个子意向，**唯有**辨识说话者的意向(G2a)将算作提供了交际者（作为交际者）意在提供（"相信的理由"）的那种证据。因此，这一增加会具有排除以下情形的效果，在这些情形中，说话者尽管意在使其意向(G2a)得到辨识，但并不意在使(G2a)的实现紧要地依赖于其辨识——在这样的情形中，除了 S 提供这种证据的（得到辨识的）意向所提供的证据之外，S 的话语意在为 A 提供证据 PC。

请注意，(G2a)、(G2b)和(G2c)这三个意向把我们带回到了格赖斯最初的表述(G)：

格赖斯的最初阐释

$$交际意向 \begin{cases} 意向(G1)：u 在 A 身上产生某种反应 r \\ 意向(G2)：A 辨识意向(G1) \\ 意向(G3)：(G1)的实现依赖于对之的辨识 \end{cases}$$

修订后的阐释

$$
\text{交际意向}\begin{cases}
\text{意向(G2a):u 为 A 提供相信 PC 的理由}\\
\text{意向(G2b):A 辨识意向(G2a)}\\
\text{意向(G2c):(G2a) 的实现依赖于对之的辨识}
\end{cases}
$$

格赖斯的原初阐释与修订的阐释之间的唯一不同在于,按照修订的阐释,三元组中的第一个意向不是在 A 身上产生(以言取效)"反应"的意向,而相反,正像斯珀伯与威尔逊会说的那样,是通过为 A 提供某种证据而修改其认知环境;该证据听话者也许用,也许不用,以形成信念并且产生他可能产生的任何"反应"。

尽管(D1)和刚刚陈述的经过修订的阐释都不能证明强式新格赖斯主张是合理的,但从(D1)或者从修订的阐释就差一小步就到了**可能会**证明其合理性的交际意向定义。然而,在转向这一点之前,让我们首先考虑一下将两个子意向(G2b)和(G2c)包括在交际意向中是否有很好的理由。

我认为我们**不**应当增加意向(G2c),或者,更确切地说,我不明白我们**为什么**应当增加这个子意向。存在很多这样的案例,在这些案例中,除了由说话者意在提供 PC 的证据这个证据之外,话语也为 PC 提供(并且意在提供)了证据。考虑一下格赖斯的例子,希律把砍下的施洗礼者约翰的头颅拿到莎乐美面前。借由这个"话语","说话者"S(希律)公开地意在为 A(莎乐美)提供理由相信以下条件成立:约翰死了,S 知道约翰死了,S 想让 A 分享这个知识。为什么这不应当看作交际的一个实例? 格赖斯排除这个实例的理由是要实现说话者的意向(中很重要的一部分),说话者的意向必须得到辨识:砍下的施洗礼者约翰的头颅**本身**是他已死的证据;要做出这样的推断,A 并非必须辨识 S 的意向。格赖斯正确地指出存在两种情形:一种情形下,只有说话者意向意在提供证据(格赖斯称之为"非自然意义",在语言交际中确实至关重要);另一种情形下,除了由说话者意向提供的证据之外,"话语"也意在提供证据。但是,在我看来,没有理由将"格赖斯式交际"的名称仅限于第一类情形,无论这一类情形如何重要。

当然,通过规定这样做是可能的。但是,我们最终感兴趣的问题是语言交际问题——我们假定语言交际是格赖斯式的,我们寻求对格赖斯式交际做出阐释。既然这样,修订后的阐释——以及就此而论,格赖斯的原初阐释——太过局限了。该阐释隐含语言交际**从来也不是**"自然的"——即隐含着除了由其得到辨识的意在提供证据的意向所提供的证据之外,说话者从来也不意在使其(语言)话语提供证据 PC。这在我看来显然是错误的。下面举个例子说明:我和朋友正走在一个拥挤的地方,她找不到我了,尽管我离她一点儿也不远。我告诉她"我在这儿",借此我向她交流了我在这儿的信息。但对于她而言,我的话也是我在这儿这一事实的自然符号。即使我对另外某个人说了某种不同的话——不带有可辨识的意向,对她传达我所在地方的信息——纯粹我在附近的声音就会向她表明我所在的地方。这完全与施洗礼者约翰被砍下的头颅向萨乐美表明他已死的方式一样。此外,我话语的"自然"意义不啻是事实上的:我**意在**使我的话语为听话者提供某个证据,这个证据独立于由我得到辨识的意向提供的证据。在我看来,这个实例完全类似于萨乐美实例。[①]因此,如果我在语言实例中实施了格赖斯式交际的行为,就没有理由否认希律很可能通过把砍下的头颅拿给萨乐美看也实施了这样的交际行为。因此,让我们忘却修订的阐释,坚持更简单的阐释(D1)。

意向(G2c)区分修订的阐释与(D1)。与意向(G2c)相反,意向(G2b)看来是交际意向的一个必要部分。S 要交流某个内容,他说出 u,意在 u 给予 A理由相信某些条件成立,这显然是不够的。假如 S 没有进一步的意向,即 A

---

① 这个相似性不止我刚才所指出的。要辨识 S 的交际意向,在希律的案例中,必须首先认识符号的自然意义(萨乐美首先通过认识被砍下的施洗礼者约翰的头颅的"自然"意谓,认识希律的意谓)。同样,在语言实例中,听话者如果不领会话语的"自然意义",就不懂得所言,因而也就不懂得说话者意在(通过语言)传达什么信息:她如果不能从听到的附近的熟悉声音推导**我**在向她说话,并推导我就在**这里**,那她就不懂得**谁**在**什么地方**。[关于格赖斯第三个子意向的进一步批评,参见希佛(Schiffer 1972:57 - 58)以及斯珀伯与威尔逊(Sperber & Wilson 1986,第 1 章,§ 10)。]

认识到 S 意在给予他理由相信 PC,他所实施的肯定不是格赖斯式的交际行为。换言之,S 的意向(G2a)若不是"外显的",并且意在得到辨识,那就不是一个交际意向。因此,在交际意向中包括(G2b)远非随意之举。

然而,增加(G2b)还不够。正像斯特劳森(Strawson 1964:§3)指出的那样,S 的意向 p 仅仅借由 S 拥有进一步的意向(即第一个意向得到辨识)还不是"外显的"。假若正如在斯特劳森著名的反例中,S 意向 p 而且意在让 A 辨识其意向 p,但意在 A 不辨识其意向(即 A 辨识其意向 p 这个意向),那么,S 的意向 p 就不是"完全外显的"。意向(G2b)旨在揭示下述这个(直觉性)思想,即交际意向是外显的,并且意在得到辨识。但是,正如斯特劳森的反例所表明的那样,增加这个新意向(G2b)并不足以将这个实例构成试图交际的实例;看来,新意向(G2b)也必须意在得到辨识。更加普遍地说,对于为了成为外显交际实例而必须增加的每个意向,必须有该意向得到辨识的更进一步的意向。

斯特劳森类型的反例表明,增加(G2b)是必要的,但不是充分的。为了排除这些反例,似乎所需要的是这种意向的无限性,这是十分令人不堪的。解决这个问题的一个办法是不增加(G2b),而增加(G2b∗):

(D2)

交际意向 $\begin{cases} 意向(G2a):u 为 A 提供理由相信 PC \\ 意向(G2b∗):该交际意向得到辨识 \end{cases}$

增加(G2b)使交际意向在真正的意义上成为自反性的。由于这个自反性,现在交际意向蕴含排除斯特劳森类型之反例所需要的无限数量的意向。[①]

[①] "自反性意向"这个表达式经常使用(如 Searle 1969),意谓其实现依赖于或意在依赖于其辨识之意向。在此,我在更加严格的意义上使用"自反性意向",意谓一个意向包括**本身**得到辨识的意向。关于这个概念,参见雷卡纳蒂(Recanati 1979a:180 - 181,注 2)、巴赫与哈尼希(Bach & Harnish 1979)以及布莱克本(Blackburn 1984:114 - 117)。

我们假如接受交际意向这个自反性的新表述,就也必须接受下述主张,即对于交际意向的实现,听话者的辨识不仅是充分条件,而且是必要条件。显然,交际意向如果包括交际意向得到辨识的意向,那么,除非得到辨识,否则就不可能实现。因此,与(D1)相反,(D2)证明 SNGC 的合理性。但是,我们应当接受新表述(D2)吗?根本不清楚我们是否应当接受。正像我们将在下一节中看到的那样,自反性引起问题;总的看来,自反性意向不受欢迎。这就意味着必须有很好的理由推定自反性意向,其他情况相同的条件下,不含自反性意向的阐释比需要自反性意向的阐释更可取。

第 45 节　交际意向是自反性的吗?

斯珀伯与威尔逊提出了以下异议,质疑自反性意向:

也许看来,单个的自反性意向比意向的无限性在心理学上更加可信。但是,我们由于下述理由对此表示怀疑。正常情况下,当某个表达式包含对一个表达式的确定指称时,这个表达式可以通过提及所指称的表达式加以替代。例如,(a)包含对由玛丽表达且在(b)中表明的表达式的确定指称;因而(c)可以从(a-b)有效地推论得出:

(a) 彼得相信玛丽说的话

(b) 玛丽说在下雨

(c) 从而:彼得相信在下雨。

理解诸如(a)这种表达式经常……正是包括这样一种替代。一个相关的例子是交际者的意向 I,即听话者应当辨识其意向 J:只有领会 J 才能实现或完全领会意向 I。对于包括听话者辨识 I 之子意向的自反性意向 I,这就产生了一个无限长的表述。[但是,]无限长的表述心智无法获得,更不用说能够理解了(Sperber & Wilson 1986:256 - 257)。

斯珀伯与威尔逊的(心理学)异议之梗概是,完全地加以阐明之后,S 的所谓自反性意向就可能包括 A 辨识 S 的意向 A 辨识 S 的意向 A 辨识 S 的意向 A 辨识 S 的意向……以至无穷。换言之,这样一个意向**不可能**完全表达出来。按照斯珀伯与威尔逊的观点,这看来隐含该意向是无法领会的。在得出这个结论时,斯珀伯与威尔逊依靠前提(S):

(S) 如果不能阐明所指称的表达式,就无法领会或理解一个包含对另一个表达式确定指称的元表达式。

这一节集中考察前提(S)以及斯珀伯与威尔逊的论述。

让我们从讨论斯珀伯与威尔逊的元表达式(a)入手:"彼得相信玛丽说的话。"这个关于彼得心理状态的表达式包含对另一个表达式的指称,这另一个表达式即为构成彼得相信内容的表达式。我将把这第二个表达式称为(a*)。在(a)中,(a*)指称为"玛丽说的话"。但(a*)没有"阐明"。阐明像(a*)这种表达式是对之加以呈现。表达式(b)和(c)是两个(分别为玛丽说的话和彼得相信的内容)元表达式。在这两个元表达式中,(a*)**得到**阐明,包含玛丽的话和彼得相信的东西这些共同内容。

无论(S)是否正确,显然,理解诸如(a)这样的元表达式并非**始终**涉及阐明(或能够阐明)所指称的表达式。为了理解(a),至少在有些情形下,并不必须(能够)阐明(a*)。即使我不知道玛丽说的话,但我仍然理解"彼得相信玛丽说的话"意谓什么:我将这个表达式理解为关于彼得所相信的与玛丽说的话具有相同内容这个事实的表达式。这至少是正确的,如果我们在谈论的"元表达式(a)"是当描述语"玛丽说的话"在唐奈伦意义上归属性地使用时句子(a)表达的表达式。当该描述语指称性地使用时,理解由(a)表达的元表达式就可能需要知道玛丽说的话。我将回头探讨这个问题,但眼下指出下面这一点就足矣:当诸如(a)这样一个元表达式包含对一个表达式的归属性指称时,为了领会元表达式,并非必须阐明所指称的表达式。

从我刚才的阐述可以推论,存在这样一些元表达式,即使它们指称的表达式无法阐明,这些元表达式也依然可以领会。例如,我们可以通过以下述方式阐明玛丽所说的话,使(a)成为自反性的和似非而是的:玛丽说(a)中转述的彼得所相信的东西成真。尽管在这个案例中,我们知道玛丽说的话,但我们仍然无法**完全**阐明彼得所相信的东西,因为作为玛丽话语内容的表达式本身是一个元表达式,这个元表达式所指称的表达式无法阐明。不过,在这个情况下,对应于(a)的归属性理解的元表达式仍然可以领会。

西蒙·布莱克本提供了可以领会的自反性意向一个更加直截了当的例子,尽管作为自反性意向,该意向无法阐明:

> 设想某种恋爱场景。我希望让你知道我的**一切**。特别是,一切包括我有这个希望的事实。你如果不知道关于我的这一点,可能怀疑我隐瞒了什么,我不希望那样。[Blackburn 1984:117]

布莱克本补充道:"这里没有似是而非,也没有倒退。"可以肯定,如果我们试图阐明意在使布莱克本的恋人知道关于布莱克本的所有事情,这个列表将是无限的。但这并不引起任何问题,因为为了理解布莱克本的自反性意向,我们显然不必要阐明布莱克本意在使其恋人知道关于他的所有事情。我们一旦知道这个意向是布莱克本的恋人知道关于布莱克本的**一切**,也就理解了布莱克本的意向。

所有这一切表明,斯珀伯与威尔逊的论证中缺少了某种东西。布莱克本的例子令人信服地表明,自反性意向本身并非不可能把握。自反性隐含阐明的不可能性,(S)说阐明的不可能性"经常"隐含领会的不可能性。是的,但什么时候？要填充其论证,斯珀伯与威尔逊必须说什么类型的元表达式属于这种情形,即阐明所指称表达式之不可能性隐含理解或持有该元表达式的不可能性;他们必须表明自反性交际意向正是那样一种元表达式。

我已经阐述了根据指称性理解,听话者若除了描述语"玛丽说的话"所提供的内容外,不知道关于所指称表达式更多的东西,那么就不理解(a)。要理解作指称性理解的元表达式,听话者必须知道玛丽说的话,而不只是知道玛丽说了某种东西。(d)的情况也类似:

　　(d) 保尔的这个看法真是疯狂。

除了鉴别所指称的表达式(看法),否则无法理解元表达式(d)。因此,我们至少拥有一些斯珀伯与威尔逊所思考之现象的例子。[此外,我们指出,诸如"这个意向本身得到辨识的意向"这种自反性意向看起来酷似(d),因为两个元表达式都包含指示性指称。]

从这两个例子——作指称性理解的(a)以及(d)——我们能提出有时为了理解元表达式,必须能够阐明所指称的表达式吗？我们从而能证明前提(S)的合理性吗？我不是十分确信。尽管在这两个实例中,关于所指称的表达式,知道比元表征本身提供的内容更多的东西,对于理解元表达式确实是必需的,但是,却并不显见阐明或持有所指称的表达式是实际上所需要的。无论以何种方式鉴别所指称的表达式,无论是通过阐明该表达式或以其他方式,鉴别所指称的表达式,可能就足以理解元表达式。但是——这是重要的一点——即使从这两个例子就可能清楚地证明(S),我想反驳将之作为证据,证明交际意向不可能是自反性的。我想——并且将——做出论辩,因为能够基于这两个例子(一个例子涉及指称性地使用描述语,另一个涉及指示性表达式)予以证明,(S)与我们正在讨论的自反性意向问题无关。

　　问题的关键在于区分心理表达式与语言表达式。[①] 两种表达式存在某些共性:两者都是表达式,包含对各种事物的指称。但两者并非所有性质都是共同的。因此,不能推而广之,从对于语言表达式正确的事实推论为对于心理表达式同样正确。这样,我刚才提到的作为佐证(S)的两个例子是**语言元**表达式的例子。正是由于(d)作为包含指示性表达式的语言话语,如果由指示性表达式指称的表达式无法得到鉴别或阐明,那么该语言话语就无法理解。为了理解带有指示性表达式的话语,必须能够形成一个"基于信息的思想",这隐含能够鉴别指示性表达式的指称对象(Evans 1982)。因此,仅当允许(S)涵盖语言元表达式时,这个例子才能证明(S)是合理的。这同样适用于另一个例子,即(a)的"指称性"理解。包含指称性地使用的有定描述语的是句子,而非心理表达式;仅当指称对象以某种方式得到鉴别时,描述语的指称性用法才可以理解。因此,在这个情形下,这个例子也佐证(S)。但是,仅当允许(S)中的元表达式是语言表达式时,这个例子才佐证(S)。换句话说,这两个例子都佐证的是(S*),而非(S)本身:

　　　　(S*)有时,如果所指称的表达式不能得到阐明,那么,语言元表达式就无法理解。

　　然而,从(S*),我们不能推断作为其指称对象不能阐明的元表达式,自反性意向在心理上是不可能的,因为自反性意向是心理元表达式,而(S*)仅对语言元表达式起作用。这是一个严重的问题,因为在**心理**表达式领域中,不存在(S*)可信的对应物。我乐于接受存在一些像(d)这样的**语言元**表达式,从而要理解这些表达式(即将一个完整的心理表达式与这些表达式相关

[①] 斯珀伯与威尔逊在论证过程中,并不区分这两种表达式。他们一般性地谈论"表达式"。(他们使用某些与语言表达式相联系的术语,这些表达式可以"理解",使用某些与心理表达式相联系的术语,心理表达式可以"领会"。)

联),就必须阐明所指称的表达式,或者至少以某种独立的方式鉴别所指称的表达式;但我不认为存在任何包含指称(而非"提及"或"呈现")一个表达式的心理表达式,从而为了持有元表达式,人们就必须阐明或能够阐明所指称的表达式。

就**心理**元表达式而言,存在两种类型:单称性元表达式和一般性元表达式。单称性元表达式通过**呈现**一个表达式指称该表达式,这个表达式**包括**所指称的表达式。斯珀伯与威尔逊引语中的元表达式(b)和(c)是单称性元表达式的例子。由于单称性元表达式包括所指称的表达式(可以说是"对象表达式"),所以,如果没有领会对象表达式,也就无法领会单称性元表达式。假如将对象表达式无限地扩展,情况尤其如此。

一般性元表达式指称一个表达式而不呈现或包括该表达式;元表达式所包括的不是对象表达式本身,而是一个概念,对象表达式归属于这个概念。因此,领会一般性元表达式而不能鉴别,更不用说持有所指称的表达式,这是可能的。当对有定描述语作归属性理解时,(a)表达一个一般性元表达式。因此,即使所指称的表达式不能阐明,这样一个一般性元表达式也可以领会。同样,布莱克本针对恋人的意向是一个一般性元表达式,即使对象表达式由于属自反性的而不能阐明,该元表达式依然能够得到领会。

看来,我所说的"一般性元表达式"是斯珀伯与威尔逊称作"包含对一个表达式有定指称的表达式"的东西。对他们来说我称作单称性元表达式的东西是包含一个表达式的"提及"(即展现)的表达式。按照这种解释,假定我们在谈论的是心理元表达式,(S)指出,在有些实例中,如果元表达式所指称的表达式不能阐明,一般性元表达式就不能领会。这在我看来是错误的:我认为,领会一般性元表达式**从来也不**包括能够阐明所指称的表达式。相反,领会单称元表达式始终包括阐明所指称的表达式;或者,更加确切地说,持有单称元表达式包括持有所指称的表达式。因此,如果所指称的表达式由于是无限的而不能领会,元表达式也就不能领会。

　　如果我的观点正确,唯有作为单称元表达式,自反性意向才是不可能领会的。因此,在回应斯珀伯与威尔逊时,自反性交际意向的支持者所需要说的是,正像在布莱克本的例子中那样,有关自反性意向是**一般性**元表达式。这些元表达式并不包括所指称的表达式,而是包括一个概念,对象表达式归属于这个概念。

　　问题在于,这个方案很难实施。布莱克本(Blackburn 1984:116)说,"假定有一组意向",在这组意向中"我们包括……**所有意向得到辨识这个意向**"。像布莱克本对他恋人的意向一样,这个自反性意向确实会是一个一般性元表达式。但是,在眼下这个实例中,不清楚如何界定限量域。"所有意向"假定意谓"那一组中的所有意向"。但是那样,元表达式就会包括对"那一组"意向的指称,而那一组意向包含(自反性)元表达式本身。因此,必须可能以一般的方式表征那组意向。遗憾的是,布莱克本并没有告诉如何去做。他并没有为我们提供一个概念,从而如果某个意向属于那个概念,就属于那组意向。

　　有些人可能会说,有关的自反性意向不是在某个组中的"所有"意向得到辨识之意向,而相反,是"正是这个意向"得到辨识(或者也许是,在某个组中的所有意向,包括这个意向本身,得到辨识)的意向。他们可能会补充说,这样一个自反性意向不是单称元表达式,因为该表达式指称对象表达式,却不呈现该表达式。因此,无论这是否是一个明确的一般性元表达式,都不会引起问题,因为仅当单称性元表达式是自反性的时,才会出现问题。

　　这一步骤基于一个错误。"这个意向得到辨识之意向"既不是单称元表达式,也不是一般性元表达式,因为它不是一个**心理**表达式,而只是词语的一个形式,即一个语言表达式。这个词语形式因为包括一个指示词语,所以,仅当由指示性短语"**这个**意向"所指称的意向能够得到鉴别时,该词语形式才能够得到理解,并且对应于一个真正的心理表达式。取决于鉴别所指称意向的方式,对应于词语这个形式的心理表达式(如果有的话)将会是一般性表达式或单称表达式。现在,这个表达式不可能是单称性的,因为所指称的意向无法阐明。因此,该表达式只能是一般性的。这意味着除非词语的这个形式是空洞的,否则借由指示性短语指称的意向必须鉴别为属于某个概念。但属于哪个概念?我们又回到了相同的问题。并非显见,这个问题能够找到可行的解决办法。

这样,自反性意向引起了一个严峻问题。幸运的是,要确保外显性并不需要自反性。处理斯特劳森类型的反例还有另一种办法。鉴于反对自反性意向的初步论证,这另一种办法应当更加可取。

第 46 节　默认自反性

按照斯珀伯与威尔逊(Sperber & Wilson 1986)的观点,说话者意向尽管既不是自反性的,也不是内嵌于一系列无限的元意向之中,但仍然很可能是"外显的"。为了定义外显性、解决斯特劳森反例提出的问题,斯珀伯与威尔逊将"相互知识"概念作为出发点。史蒂文·希佛(Schiffer 1972)正是为了这个目的而引入了这个概念(也可参见 David Lewis 1969)。S 和 A 两个人"互相知道"p,当且仅当两人都知道 p;两人都知道两人都知道 p,等等。斯珀伯与威尔逊引入了与之相联系的但更弱的概念"相互显现性"。这个概念我前面做了如下定义(第 30 节;关于显现性的定义,也可参见第 43 节):P 对于 S 和 A 是相互显现的,当且仅当对于 S 和 A 下面三点是显现的:(1)that P;(2)that P 对于 S 和 A 是显现的;(3)第(2)点对于 S 和 A 是显现的,等等。(在这样一个系列中,斯珀伯与威尔逊说,显现性的"程度"趋于渐近为零。)在斯珀伯与威尔逊看来,外显性只不过是相互显现性。这样,为何斯特劳森反例不是交际的实例之理由假定如下所述:话语使其显现的说话者意向(即为听话者提供理由相信某事的意向)没有得到**相互**显现,而话语要算作真正交际的实例就必须使之得到相互显现。在斯特劳森的例子中,对听话者显现的是,说话者意在让话语在听话者那里产生某个信念,但对听话者并不显现的是这个事实(即说话者的意向对听话者是显现的)对说话者是显现的。这有悖于相互显现性要求,因为假如说话者意向对 S 和 A 是相互显现的,那么,S 的意向对 A 是显现的这一点就会对 S 是显现的,而这整个对 A 就会是显现的。

这个解决办法的问题是,相互显现性没有办法确保外显性。很容易建立一个反例,其中说话者的意向肯定不是"外显的",即使它是相互显现的。考虑一个案例,在这个案例中,说话者呈现某个(虚假的)"证据",意在借此在 A 身上产生信念 p,而且意在 A 不能辨识这个意向。所有人都会同意,在这样一个案例中,说话者意向**不**是外显的。但很可能使之成为相互显现的,例如,假如说话者在呈现虚假证据时,不经意间暴露自己的意图;结果,S 与 A 就互相知道 S 在呈现虚假证据,意在欺骗 A 相信 p;这时,就会出现这种情况。

格赖斯自己提出了克服斯特劳森反例所造成的这一困难的另一种办法。格赖斯和斯珀伯与威尔逊一样,对自反性意向持怀疑态度。他说"S 具有以这种方式无限扩展的意向,这种情况实际上不可能存在"(Grice 1982:240)。但十分有趣的是,他补充道,在我们的理论中这种情况依然发挥作用:尽管逻辑上(或者更加确切地说,心理学上)不可能,这是某种类似于"理想极限"的东西。格赖斯(同上:241 - 242)说,一个实例要算作外显性交际,就应当只能"接近"这个理想极限或向这个理想极限"靠近"。

我认为,格赖斯基本上是正确的。按照他的方案以及他在之前的另一篇论文(Grice 1969:159;也可参见 Bennett 1976:126 - 127)中的建议,我想引入**默认**自反性的概念。首先,我们考虑自反性:

(R) 意向 p 是自反性的(是一个自反性意向 p),当且仅当该意向不仅包括意向 p,而且包括整体意向(包括意向 p 及其子意向)得到辨识的子意向。

让我们同意,这样一个自反性意向在心理学上是不可能的。什么将算作接近这样一个不可能的自反性意向呢? 肯定不是 S 拥有真正的自反性意向可能蕴含的无限数量中**很大一部分**这个事实。让我们假定 S 拥有一个(G2a)类型的意向,即本意向得到辨识的意向,这个进一步的意向得到辨识的意向,以此类推,直到意向 n,即意向 n-1 得到辨识。不论 n 多大,如果 S 欺骗性地意在意向 n 不被辨识,这种情况就不会算作外显交际的情形。正如格赖斯(1969:159)所指出的那样,存在使之前意向得到辨识的大量意向并不那么重要,而相反,重要的是不存在格赖斯称作"隐秘"意向的东西。假如说话者不意在对听话者隐藏自己任何的相关意向,情况就会接近完全自反性的理想极限。我将说,在这样一种情况下,说话者的意向就是**默认自反性的**:

> (DR) S 的意向是默认自反性的,当且仅当他没有任何意向同其意向可能蕴含的任何(无限数量的)意向不相一致,如果他的意向是真正自反性的。

默认自反性不是理解为心理状态的意向之内在性质。默认自反性是一种关系性质,由据说为默认意向与说话者的其他意向之间的关系决定。我们在说交际意向是默认意向时,并不把任何怪异的在心理学上令人生疑的意向赋予交际者;我们说,交际者不具有某种意向。因此,默认意向性并不引起自反性所引起的同样质疑。①

默认自反性意在揭示外显性的直觉概念。也许关于外显性的这个阐释

---

① 默认自反性不能引起**自反性**所引起的**心理学**质疑。但是,对那些认为自反性意向受到**逻辑**理由质疑的人来说,默认自反性意向概念的境遇并不比自反性意向好,因为默认自反性意向借由自反性意向定义。然而,不使用自反性意向来定义默认自反性是可能的。我的建议如下:S 的意向 i 是默认自反性的,当且仅当,S 没有任何意向与相对于该意向 i 属于 DR 集的任何意向不相一致。相对于该意向 i 的 DR 集——缩略为"DRi"——由(a)和(b)定义:(a)i 属于 DRi;(b)对于任何属于 DRi 的意向,本意向得到辨识的意向也属于 DRi。

在面对一些新的反例时,最终证明并不令人满意。① 但是,在我看来,这些反例同样也会是使用充分自反性阐释的反例。在这一点上,重要的看法是,无论自反性能起到什么作用,默认自反性也可以起到这些作用。因此,自反性是不需要的:交际意向是自反性的这个主张,不仅令人生疑,而且不必要地过强。

在离开这个问题之前,我想提及并且拒绝在支持(D2)与交际意向的自反性时可能诉诸的最后一个论证。这个论证同我在本章开头(第 43 节)阐述的一个观点相联系。

我一开始就说,交际意向是交际者必须具有的意向,或者至少是交际者的话语必须使之显现的意向。回忆一下原则(P∗):

(P∗)若没有或不显现说话者具有交际意向,交际就是不可能的。

原则(P∗)用作对交际意向的限制,使可能区分遵守(P∗)的交际意向与以言取效意向。以言取效意向不遵守(P∗),因而不能包括在交际意向中作为其子意向。同以言取效意向相反,交际意向内在于交际行为中,无法与交际行为相分离。

证明(P∗)之合理性的主要理由有如下述,跟其他任何行为一样,交际行为是一个行为。使之**成为**交际行为的一个标志只是,交际者在做出这个行为时所应当具有的某种**意向**(交际意向)。据此而论,不显现内在交际意向的行

---

① 默认自反性阐释是格赖斯早期的方案(Grice 1969:159)的后嗣。他的这个早期方案受到史蒂文·希佛的批评与反面例证(Schiffer 1972:26)。但是,希佛的批评针对格赖斯的**具体**建议,该建议基于的想法是,基本意向必定意在通过被辨识而得以实现。这个观点在我的阐释中不存在。我认为,这足以使我的阐释免遭希佛反例的攻击。然而,希佛认为"要求 S 不拥有某些意向的任何条件都不能恰当地处理[他的]反例提出的问题"(Schiffer 1972:26)。据此,他针对我刚才做出的关于外显性的阐释提出了一个反例。这个反例后面在这一节将加以讨论,这个阐释也将因此而得到改进。

为就不是交际行为;由此得出(P∗)。

那么,直觉地看,交际意向会是什么呢? 心里想起的第一个回答是:交际意向无外乎做出交际的意向。这个回答简洁地解释了为什么交际意向与交际行为如此密切地联系在一起。当然,这个回答如其所是显然存在循环论证,因而不能令人满意:我们将交际行为定义为使内在交际意向得以显现的话语行为,而我们又将交际意向定义为实施交际行为的意向。但这个回答并非全然空洞的,它使我们能够对交际意向设立一个限制,亦即,限制(Q):

(Q) 交际意向得以实现,当且仅当实施了交际行为。

这就是将交际意向等同于进行交际的意向的实质所在,这并不妨碍我们寻求交际意向的实质性定义,理解为一个意向,从而下述两条约束条件成立:(P∗),交际者若没有交际意向或没有使交际意向显现,就不能实施交际行为;(Q),交际意向得以实现,当且仅当实施了交际行为。

那么,这样一个意向会是什么? 很容易表明,符合(P∗)和(Q)两者的意向必定是自反性的。假定我们以某种方式鉴别交际意向——例如,将之看作意向(G2a)。拥有那个意向显然不足以使 S 能够交际;S 必须通过话语 u 使其意向显现给 A(而且 A 必须辨识这个意向,只有这样,交际行为才能成功)。由于这是交际的必要条件,并且由于交际意向是进行交际的意向,所以,交际意向必须包括这个条件得到满足的意向作为子意向,亦即,包括 u 使(G2a)对听话者显现之意向[也许还包括 A 辨识(G2a)的意向]。因此,交际意向毕竟不能认同于(G2a);交际意向还必须包括这个新的子意向。但是记住:要进行交际,就必须使交际意向显现。据此而论,也必须使新的子意向显现,以使话语成为交际行为。因此,有一个新的条件必须得到满足,交际才能发生:u 必须使新的子意向对 A 显现。通过同样的推理,交际要发生必须满足的新条件产生了一个新的子意向,这个新的子意向将包括在交际意向中,以此类推,以至无穷。使之得到稳定的唯一办法是允许交际意向为自反性的，就像在（D2）中那样。

这个支持交际意向自反性的论证根本不能奏效，却引起了整个的问题。假若我们承认，交际者在交际时必须使之显现的意向是进行交际的意向，从而不仅符合（P∗），而且还符合（Q），那么当然，交际意向就必然是自反性的。SNGC正是说，交际意向（即借以将交际行为标示为交际性的意向）无外乎是进行交际的意向；根据SNGC，要进行交际，就是使要进行交际的意向显现。但是，我看不到任何理由要接受这个主张。我们一旦注意到这个主张把我们引向无穷倒退，就有两个解决办法：我们要么接受自反性，要么放弃这个主张。放弃这个主张毫无代价；这只是意味着放弃（Q）[①]并且将交际的必要条件和充分条件（这些条件的满足是实现"进行交际的意向"所必需的和充分的）同实现交际意向的充要条件区别开来。

区分这两种条件使我们能够承认听话者对说话者交际意向的辨识是成功交际的必要条件，同时坚持它不是实现交际意向的必要条件。换言之，交际意向不一定包括（自反性）子意向，即交际意向得到辨识的子意向，尽管交际意向的辨识确实是成功交际所必需的。在这个理论框架中，进行交际就是向听话者显现说话者的交际意向。当听话者辨识说话者的交际意向时，交际

---

① 注意，如果有人坚持将（Q）继续作为交际意向的限制，这是可能的，而无须信守SNGC以及交际意向的自反性；在那种情形下，要做的是放弃（P∗）。这只不过是一个定义的问题；我们要么借由（P∗）定义"交际意向"，要么借由（Q）定义交际意向。我们要么说，交际意向是将某个行为标示出来作为交际性的之意向——这个意向交际者必须加以显现，以使其行为算作交际性的——要么说交际意向是进行交际的意向。我们如果选择后一条路径，就必须放弃（P∗）（当然，除非我们接受SNGC）；我们必须说，交际行为并不一定使交际意向（理解为"进行交际的意向"）显现。这是斯珀伯与威尔逊的立场。

　　重要的是理解我刚才描述的两种立场并不矛盾。基于（P∗）的交际意向与基于（Q）的交际意向是人们必须区分的两种不同的意向，无论人们想如何使用"交际意向"这个短语。我个人使用"交际意向"仅指基于（P∗）的交际意向；我将基于Q的交际意向称作"进行交际的意向"。斯珀伯与威尔逊采用不同的术语，将"交际意向"称作进行交际的意向。无论人们选择遵循什么路径，进行交际就是使基于（P∗）的交际意向显现；进行交际的意向［即基于Q的交际意向］很容易定义为使基于（P∗）的交际意向得以显现的意向。

就取得了成功；但是，同 SNGC 相反，为了实现这个意向，该意向并非必须使之显现，更不用说得到辨识。这似乎似是而非，但实际不然，因为说话者的交际意向**不**是一个要进行交际的意向（正如我们将看到的，这是**稍逊于**进行交际的意向之意向）；不过，它被合理地称作交际意向，因为这是将交际行为本身标示出来的意向——这是交际行为使之显现的意向。

此时，仍然不清楚交际意向**究竟**是什么。我们假定交际意向不包括诸如（G2b＊）这种自反性子意向，但包括（G2b）吗？我们曾认为，它不得不包括，因为交际意向是"外显的"，意在得到辨识。但继斯特劳森之后，我们看到（G2b）不足以确保外显性。这就是为何提出了（G2b＊）。继格赖斯之后，我建议，不通过（G2b＊），而通过我所说的默认自反性，阐释外显性。但是那样，我们是否还需要意向（G2b），或者我们能否将交际意向认同于（G2a）作为默认自反性的呢？

假定我们放弃（G2b），将交际意向等同于开放式（默认自反性）意向，即 u 提供 A 以理由相信 PC。这个意义得以实现，当且仅当 u 给 A 提供理由相信 PC，无论 A 是否辨识 S 提供这种理由的意向。我上一节的阐述因而是正确的：听话者的辨识对于交际的成功是必要条件，但对于交际意向的实现却并非必需。

然而，我认为我们仍然需要意向（G2b）。假定 S 意在通过话语 u 给予 A 以理由相信 PC，这个意向——（G2a）——在作为默认自反性的这个意义上是开放式的。S 的意向为默认自反性的就隐含他并不在意 A 是否辨识其提供理由相信 PC 的意向。假定 S 并不具体**意在** A 辨识其意向；他根本就不介意。同时还假定 A 意识到情况如此：他辨识 S 的意向，并且认识到尽管 S 不在意他是否辨识该意向，S 也并不具体意在他辨识这个意向。这个实例是一个交际实例吗？我认为这不是。在我看来，S 使其开放式意向（即给予 A 以理由相信 PC 的意向）显现、A 辨识该意向，这些还不足以使交际活动发生。S 还必须意在 A 辨识这个开放式意向，而且使之显现他意在这样做。换言

之,交际意向有如(D1)中所述,加上默认自反性:

(D1 *)

$$
交际意向
\begin{cases}
开放式(=\ 默认自反性)子意向(a),\\
即\ u\ 给予\ A\ 以理由相信\ PC\\
子意向(b),即\ A\ 辨识开放式意向(a)
\end{cases}
$$

　　将该意向得到辨识的意向添加到开放式意向(a)上,就使我们能够处理史蒂文·希佛(会话交流)提出的另一个反例。希佛指出,说话者很可能具有默认自反性意向p,从而不存在与自反性意向p不相一致的意向,同时依然意向在A(错误地)相信说话者具有这样一个意向。在这个困境中,按照希佛的看法,S的意向p尽管是默认自反性的,却不是完全外显的。默认自反性阻止S拥有我们也许可以称"一价"欺骗性意向的东西(即与自反性意向p不相一致的意向),但却不能阻止他拥有二价欺骗性意向,即A相信S拥有一价欺骗性意向。然而,片刻思考就会表明,一旦我们增加意向(b),即A辨识说话者的开放式意向,并且将其辨识为开放式的(即默认自反性的),这种二价欺骗性意向就不再可能。

　　反对(D1 *)的一个显见的异议是,可能并且确实很容易按照同样形式构建一个进一步的反例,这个反例基于说话者拥有三价欺骗性意向,亦即,诸如(i)这种意向:

　　　　(i)[S的意向]即A(错误地)相信S意在A相信S具有一个与自反性意向p不相一致的意向

　　或许,假如S拥有一个像(i)这样的欺骗性意向,他的意向p就不是"完全外显的"。这看来挫败了我们通过默认自反性阐释外显性的努力;凭借(D1 *)

和默认自反性分析,我们的境遇似乎并不比我们采用格赖斯的原初阐释要好,同样面临斯特劳森型反例。

然而,默认自反性分析只要付出很小的代价就能拯救。让我引入另一个意向(j):

(j) [S 的意向]即 A 辨识 S 意在 A 把 S 的意向 p 辨识为开放式的

关于(j),我们注意到,其一,这个意向与(i)不一致;其二,(b)如果在(R)的意义上是自反性的就会隐含(j)。(我将检查这两点是否正确,留给读者作为练习。)因此,为了避免针对(D1*)的这个反例(像我做的那样,假定这是一个反例),所需要做的只不过是要求意向(b)像意向(a)那样,成为默认自反性的。如果(b)是默认自反性的,那么,给定(DR),S 就不再可能拥有意向(i),因为(i)与意向(j)不一致;(b)假如是自反性的,就隐含(j)。

若要使(b)像(a)那样成为默认自反性的,我们只需要将默认自反性赋予交际意向本身:

(D1**)
交际意向＝开放式(默认自反性)意向,即
　　　(a) u 给予 A 以理由相信 PC;
　　　(b) A 辨识(a),并且将之辨识为开放式的

于是,这就是我对(基于 P*的)交际意向的定义。交际行为借由话语 u 实施,当且仅当 u 使这样一个复杂意向显现;听话者实际地辨识这个意向时,交际活动就获得成功。(哪个交际行为得到实施,这取决于变项"PC"如何实例化。)因此,听话者辨识交际意向是成功交际的必要条件。但是,复言之,这对于交际意向本身的实现并非必要。交际意向得到实现,当且仅当 u 给予 A

以理由相信 PC,并且 A 辨识 S 的开放式意向,即该意向得到 S 辨识。为了实现交际意向,A 必须辨识 S 的开放式意向(a),但他不一定要辨识 S 的整个(开放式)交际意向,而(b)也是这整个交际意向的一部分。

第 47 节 显性施为语与交际行为

在这一章里,我试图定义交际意向,亦即下述这样一个意向:一个行为(一个"话语")u 是一个交际行为,当且仅当它使这种意向显现。我的定义在(D1∗∗)中做了陈述。这样定义的交际意向是复杂的。正像在格赖斯阐释中那样,这个定义包括一个基本意向加上该意向得到辨识的意向。

我做出的阐释与**格赖斯**最初的阐释之间存在两点主要不同。其一,我没有将基本意向定义为在听话者身上产生某种反应的意向,而是定义为给听话者提供"理由相信"某些条件成立的意向。这些条件是交际行为的"典型性条件"。有时,这些条件包括说话者拥有在听话者身上产生某个反应的意向。其二,继其他许多人之后,我拒绝格赖斯关于这个基本意向的实现(始终)意在取决于该意向的辨识这个观点,亦即下述观点:交际意向不仅包括基本意向以及基本意向得到辨识的意向,而且包括基本意向的实现以某种方式依赖于该意向得到辨识的意向。然而,我以这样一种方式定义"相信的理由"这个概念,从而基本意向的辨识确实是实现该意向的**充分**条件。

我在本章的目的不仅是修订格赖斯的原初阐释,而且探讨我称作新格赖斯主张的理论。按照新格赖斯主张,辨识交际意向本身是交际意向实现的充分和/或必要条件。当然,最终,我的目的是证明将显性施为语分析为自我证实之宣告的合理性。第 41 节中提出了这种分析方法。在这一节,我将从新格赖斯主张入手,总结至此业已做出的阐述,然后,探讨显性施为语的自我证实特性。

以其较强的更有趣的形式,由诸如塞尔(Searle 1969)以及巴赫与哈尼希(Bach & Harnish 1979)等重要作者提倡的新格赖斯主张认为,进行交际就是表达一个交际意向,这个交际意向得到实现,当且仅当听话者辨识该意向。正如我们所看到的那样,这种形式的新格赖斯主张蕴含一个(存在问题的)论点,即交际意向是自反性的,包括一个子意向,即交际意向**本身**得到辨识。可能有两条理由佐证这个观点:①有时说,需要这个论点以阐释交际意向本质上的外显性。但是,按照格赖斯的一个建议,我指出交际意向的外显性可以通过假定交际意向具有"默认自反性"这种关系性质加以阐释。②也可以说,如果交际意向(即交际行为必然使之显现的意向)只不过是进行交际的意向,那么,该意向必定是自反性的。但是,正像我试图阐明的那样,没有理由假定交际意向只不过是进行交际的意向。那样假定就会接受 SNGC,从而引起质疑。

这些考虑因素无一构成反对 SNGC 无以辩驳的论据。我所做的是表明,SNGC 基于自反性论点,这个论点本身导致问题,用以支持该论点(从而支持 SNGC)的论据不能令人信服。尽管如此,我在第 6 章结尾提供的对显性施为语的分析并不基于 SNGC。相反,该分析基于下述观点,即说话者要实施某个言语行为,他表达实施该言语行为的意向、听话者辨识这个意向,这就**足**矣。

同 SNGC 相反,新格赖斯主张的弱式版本(根据这个形式的主张,交际意向的辨识是实现该意向的充分条件)可以基于我对交际和交际意向的阐释加以论证。在这个阐释中,交际意向包括一个基本子意向,该子意向若得到辨识就得以实现。这样,从基本意向若得到辨识即得以实现这个事实可以推论,交际意向本身也是若得到辨识即得以实现。这是很容易加以证明的。当交际意向得到辨识时,作为交际意向一部分的基本意向(a)也得到辨识,从而得以实现。除了基本意向(a)之外,交际意向只包括第二个意向(b),即基本意向(a)得到辨识的意向。但当基本意向(a)得到辨识时,这第二个意向就平凡地得以实现。① 因此,辨识交际意向隐含辨识基本意向(a),辨识(a)隐含实现两个子意向,这两个子意向共同构成交际意向。这证实了弱式新格赖斯主张,根据这一主张,交际意向的辨识是实现该意向的充分条件。

然而,我对显性施为语的分析并不完全基于弱式新格赖斯主张。根据这个主张,交际意向的辨识是实现该意向的充分条件。我的分析基于一个稍微不同的主张:说话者要实施交际行为,说话者显现**实施这个行为的意向**、听话者辨识该意向,这就足矣。我在第 6 章说过,显性施为语是这样一个话语 u,其语力是"施为性的",其表征内容是(借由 u)实施主动词指表的言语行为。据此推论,在说出显性施为语"我 V"时,说话者表达通过其话语实施行为 V 的意向。这样一个意向是我称作"进行交际的意向",而非交际意向本身(第46 节)。②因此,我们不能仅仅通过诉诸以下事实阐释显性施为语的"自我证实"特性:为了实施某个言语行为,说话者显现关联于言语行为的"交际意向",听话者辨识这个意向,这就足矣。必须诉诸的原则是一个稍微不同的原则,根据这个原则,为了实施一个交际行为,说话者显现**实施该交际行为的意向**,听话者辨识这个意向,这就足矣。换句话说,我们必须表明,像交际意向一样,进行交际的意向是这样一种意向,听话者对意向的辨识是实现意向的充分条件。

进行交际的意向是引起一个交际情形的意向。这样,当且仅当(i)S 通过话语 u 显现交际意向;(ii)A 辨识这个意向,交际活动才会发生。据此推论,进行交际的意向是引进(i)和(ii)的意向;因此,这是一个复杂意向,在这个意向中,可以区分出两个子意向:

---

① 更加准确地说,这第二个意向(b)是基本意向(a)被辨识**为开放式的**。这不会引起问题;当交际意向得到辨识时,意向(a)确实被辨识为开放式的,因为交际意向是开放式意向,包括两个子意向(a)和(b)。这等值于由两个开放式子意向组成的一个整体意向。

② 这一点应加以限定。我们将在第 49 节中看到,实施 V 的意向并不完全是进行交际的意向,尽管体现进行交际的一个意向。

　　（A1）S 通过其话语 u 显现某个交际意向的意向

　　（A2）S 使 A 辨识这个交际意向的意向

由于 S 的交际意向若不实现就无法由 A 辨识，所以，除非将这个交际意向也归于 S，否则将其交际意向得到辨识的意向归于 S 就没有意义。因此，进行交际的意向隐含交际意向。据此推论，只要说话者显现进行交际的意向［由 A1 和 A2 两个子意向构成］，而且听话者辨识这个意向，交际意向就会显现并且也得到辨识。因此，说话者通过话语 u 显现其进行交际的意向、听话者辨识该意向，这就足以使（i）和（ii）两个条件根据事实本身得到满足，亦即，足以使进行交际的意向得以实现。

　　这就是在显性施为语实例中发生的情况。在施为性地宣告自己在实施某个言语行为的过程中，说话者通过眼下的话语，表达自己实施该行为的意向。当然，听话者并没有被迫将这个意向归于说话者；他很可能判断说话者不是当真的，而只是假装具有这个意向。例如，某人很可能反语地或开玩笑地说出"我命令你离开"这句话。但是，听话者假如把说话者看作是当真的，如果听话者将语言表达的意向归于说话者，那么，该意向根据事实本身就得到了实现。换言之，如果把说话者的话当真，说话者就无法宣称自己在实施一个言语行为而实际上又没有实施该行为。（当真性要求将在第 49 节更加详细地探讨。）

　　施为性话语是一个借由其语力**声称**是自我证实的话语，亦即声称具有创生所表征事态的效应。我刚才解释了为什么当有关事态是说话者眼下正在实施一个以言施事行为时（即当话语是一个显性施为语时），就必然造成了自我证实——至少当将说话者看作是当真的时如此。对于源于非"显性施为语"的施为性话语的自我证实而言，情况就不同了。必须满足某些条件，"会议现在开始"这个话语才能具有使会议开始的效应，或者"你现在马上回家！"这句话才会真正使听话者回家。这些条件包括"适切条件"。针对以言施事行为,奥斯汀讨论了适切条件。然而,他并未将以言施事行为简约为适切条件。宣布会议开始隐含如果这个行为的适切条件得到满足,会议就真正开始了。但是,即使一个命令的适切条件得到满足,命令听话者回家不足以使他回家的事情得到完成。然而,在这两个实例中,自我证实是有条件的,而在显性施为语的实例中,自我证实是自动的、无条件的。

现在仍然需要考虑的是对我刚才提出的分析方法提供反例的话语。这些话语是像(1)～(3)中的显性施为语,这种话语不是自动地自我证实的:

(1) 我以圣父、圣子、圣灵的名义为你洗礼。

(2) 我把手表遗赠给我的兄弟。

(3) 我就此解雇你。

这些话语是奥斯汀意义上的显性施为语,但是值得注意,因为表征规制性语言外行为的实施。这就是为何这些话语不是自动地自我证实的:仅当规制情景是适当的时,这些话语指表的行为才能实施。我如果不是你的老板,那么即使我带有宣告语力地说(3),那也不足以能使我真的解雇了你。

这让我们想起了瓦诺克(参见第19、20节)批评的歧义性。奥斯汀既使用"以言施事行为"既指诸如请求或断言这种言语行为,又用之指称诸如洗礼或解雇这种语言外行为。与这两类以言施事行为相对对应的是两类显性施为语,一类指表言语行为的实施,另一类指表语言外行为的实施。正如瓦诺克所言,奥斯汀归于单个范畴的两种行为之间存在一个重要差异,这从与之对应的两种显性施为语性质上的差异获得某种佐证:只有第一类(那些表征实施言语行为的施为语)是自动地自我证实的。

奥斯汀关于所有以言施事行为都拥有适切条件的主张看来是由于他将两种行为弄混淆了。"语言外"行为无疑拥有适切性条件,但这对于言语行为就不那么确定了。显然,人们必须"得到许可"才能宣布开会,却并非必须拥有权威才能发出命令；士兵**可以**向其指挥官发出命令，尽管他的命令几乎不可能得到服从。正如厄姆森(Urmson 1977)所强调的那样，假如将奥斯汀 20 世纪 40 年代阐发的最初的施为性理论与他在《论如何用语词做事》中批判并放弃的理论做一比较，上述混淆是显而易见的。在最初的理论中，施为性话语用于实施的行为不是言语行为，或者并非实质性地是言语行为。奥斯汀为何后来放弃了施为性概念，原因在于每句话语都用于实施言语行为。他说，每个话语都必须看作施为性的。显然，施为性话语实施的行为不应当是简单的言语行为，而是一个语言外规制行为，这条约束在其研究过程中的某个地方被遗忘了，而这条约束甚至在《如何用语词做事》的开头部分还得到了重申。

我认为，厄姆森和瓦诺克(以及其他人)正确地强调了言语行为与规制性行为的区分、奥斯汀最初的理论涉及规制性行为，而非言语行为。但是，正如我在第 21 节中所述，依然可以分辩说，奥斯汀的"混淆"也可以正面地理解为富有成果的归类。毕竟，鉴于像命令、允诺或者道歉等行为既可以在语言外规制中程式化地实施，又可以作为言语行为非形式化地实施，所以，并不那么容易清晰地区分两种行为。看来两种行为之间更多地存在一个根本性的连续体，而非清晰的界线。无论怎样，采取这个观点并且某种程度上佐证奥斯汀使用"以言施事行为"这单个范畴包括言语行为与规制行为两者，这可能并非荒唐之举。但这并不能排除存在下述两种行为的可能性：一方面，可以仅仅借由表达实施行为的意向而实施的行为；另一方面，具有适切条件的行为。这个区分——由两种类型的显性施为语之间的对立反映，一种显性施为语自动地自我证实，另一种却不能自动地自我证实——与诸如为某人洗礼或解雇某人的规制性行为与诸如请求或断言这种言语行为之间的区分完全不同，尽管表面上不然。我认为，将这两种区分加以分离是可能的，从而能够质疑其中一种区分的最终效度(并且从而证明奥斯汀阐释的合理性)，而同时又不因此而放弃另一种区分。

"言语行为"概念是歧义的；这个概念或者包括诸如断言、劝告、提醒等行为（区别于规制性行为），或者只是以言施事行为的一个**方面**（在"以言施事行为"范畴中，既包括第一种意义上的言语行为，又包括显然的规制性行为）。换言之，存在两个不同的对立：一方面是两种行为之间的"横向"对立，一种行为诸如请求与断言，另一种行为诸如洗礼或宣布开会；另一方面是同一种行为两个方面的"纵向"对立，究竟是第一种意义上的言语行为，还是一种规制性行为。我下面想讨论第二种对立。根据这个对立，同一种以言施事行为可以看作一个简单的言语行为或者看作社交行为。社交行为有适切与不适切之分、合理与不合理之别。

在说出"现在开始开会"，说话者实施一个言语行为；他**宣布**开会。在这样做时，可以说，他在通过话语断言会议开始。如果某些条件得到满足，他就成功地实施了这个行为。实施了单个行为，取决于是否将语言外情景考虑在内，这个行为既可以描述为一个言语行为（宣布会议开始的行为），又可以描述为一个语言外行为（使会议开始的行为）。与此类似，在说出"你将清洁厕所！"或者"清洁厕所！"时，说话者实施了一个言语行为；他命令听话者清洁厕所。在这样做时，他旨在为听话者创生清洁厕所的一个义务。如果某些条件得到满足，他就事实上成功地创生这样一个义务。如果是这样的情形，我将说该行为是社会地"许可的"。我将区分只是看作言语行为的行为（弱意义上的以言施事行为）与同一个行为看作社会地许可的行为（强意义上的以言施事行为）。

以言施事行为两个方面的纵向区分适用于言语行为和规制性两者。由于这个原因，按照奥斯汀的观点，这个区分具有使这两种行为之间横向对立的价值降低的效应。说话者可以是门卫或者是（会议）主席，都无关紧要。他/她宣布开会，所需要的是表达了某种意向。该意向是否合理，那是涉及适切条件的另外一回事。行为要得到社会许可，就必须满足适切条件。如果我们将（第一种意义上的）言语行为而非规制性行为作为出发点，可以做出同样的区分。实施诸如断言这种言语行为的说话者表达一个意向——但愿听话者相信这个意向——像通过说出某句话使会议开始的意向一样,该意向只在某个语境中是合理的。因此,诸如命令或断言这种行为,当**看作强意义上的以言施事行为时**,确实具有适切条件:一个命令要得到社会许可(即听话者要"有义务"服从),相对于命令的对象,发出命令者应当具有某种权威。同样,并非任何人都可以断言某事;断言自己显然完全无知的某件事情就好比某人只不过是个门卫而去宣布会议开始。根据这个观点,我将奥斯汀把言语行为与规制性行为归入同一范畴的做法理解为表达言语行为具有类规制性社会维度这个观点的一种方式。由于这个规制性社会维度,人们无法合理地在每个可设想的语境中实施每个可设想的言语行为。一言以蔽之,奥斯汀恰恰说出了社会学家布迪厄(Bourdier 1982:105 及之后)批评他没有说出的话。

这样,言语行为就像规制性行为一样;作为强意义上的以言施事行为,言语行为需要社会许可。但是,我们如果从社会许可加以抽象,就会看到,言语行为与规制性行为就都(或者至少其中一些①)体现弱意义上的以言施事行为,其实施并不依赖任何适切条件:实施这种行为只不过是表达(或更加确切地说,显现)某个意向。因此,我们可以回到我们的出发点,修订我们的第一个表述,即施为性话语是自动地自我证实的,如果它表征的事态是说话者当下实施一个以言施事行为。我们必须以"弱意义上的以言施事行为"取代"以言施事行为"。以言施事行为概念,正像这个术语在文献中所使用的那样,是在两种涵义之间歧义的。奥斯汀是在强意义上使用这个术语的。这就是为何他对以言施事行为提出了适切条件。但是,奥斯汀的后继者,尤其是在格赖斯的影响下,越来越对弱意义上的以言施事行为感兴趣。正是这些行为,

---

① 可能看来某些规制性行为是纯规约性的,意思是说,要实施这些行为,(在某个语境中)说出某个套语就是必要和充分的了,不管说出套语的人究竟可能怀有什么意向。即使互相都明白,词语是非自愿地说出的,这种行为仍然得到实施。如果我们承认这些行为存在,这样的行为具有不体现弱意义上的以言施事行为的特性。

现在通常称作"以言施事行为"。①

像(1)~(3)这样的话语不是自动地自我证实的,因为诸如"为……洗礼" "授权""开除……的教籍"或者"宣布开会"指称强意义上的以言施事行为,亦 即,社会许可的行为。假如规制性环境不合适,就无法为……洗礼、授权、开 除……的教籍或者宣布开会。另一方面,诸如"断言""命令""允诺""警告"等 动词并不具体附于我所区分的两个方面的哪一个方面。奥斯汀说,士兵不能 成功地给其上级下达命令,或者我不能成功地断言(而至多只能表述一个推 测)这一刻罗纳德·里根正在做什么。奥斯汀这样说,意在用"命令"或"断 言"指称强意义上的以言施事行为。但是,使用这些相同的表达式指称某个 断言或下命令的人实施的言语行为,这也是可能的。这时,人们就会像我前 面所做的那样,说士兵**可以**向其上级下达命令(如果他不害怕这样做的后果 的话);或者即使大家都知道,我对自己正在谈论的东西一无所知,我依然**可 以**做出断言,如果我不担心失去信誉的话。诸如"我命令你……"或"我在此 断言……"这种显性施为语是自动地自我证实的,当且仅当动词以这种方式 解释为指称弱意义上的以言施事行为。

---

① 从现在起,除非另外有所标示,"以言施事行为"将理解为弱意义上的。

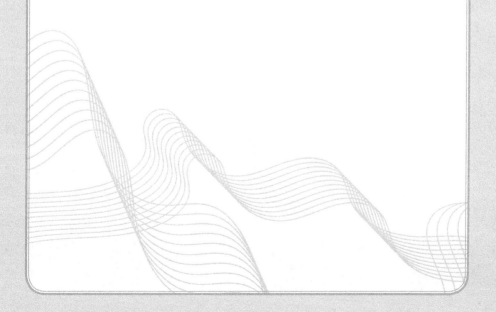

第四编

意义与语力

第 8 章
句子理解与言语行为理解

第 48 节　可表达性原则

根据我批评的理论,施为性"前缀语"是一个标示语,通过语言的语义规则与它所指表的言语行为的实施相关联,这正像祈使语气与指令类行为的实施相关联那样。这一理论同关于言语行为理解与句子理解之间的关系的一种具体观念紧密联系——这一观念我下面将试图做出反驳,作为本书的结尾。

这个观点基于约翰·塞尔称作"可表达性原则"的思想。按照这条原则,**说话者始终可能确切表达其意谓**;说出句子的意义与说话者意向之间始终可能存在完美的匹配。在这种情形下,理解句子就足以使听话者能够确定说出那个句子所实施的言语行为,而无需诉诸推导。我将说,在这样一种情形下,话语是"显性的"。按照可表达性原则,所有话语都可能是显性的。这不仅意味着说话者始终可能直接实施他事实上间接地实施的以言施事行为,而且意味着说话者始终可能说出完整的、非指示性的而且不存在任何歧义现象的句子。[业已表明,如果句子是指示性、省略的或歧义性的,听话者就必须诉诸推导，以从句子的意谓，确定说出那个句子所直接实施的言语行为（参见第 33节）。]

根据塞尔（Searle 1969）和诸如 J. J. 卡茨（Katz 1972，1977）等其他理论家的观点，话语始终可能是显性的。如果话语不是显性的，那是因为外在的非实质性因素所致。卡茨（Katz 1977：19）说，我们使用指示性语句是为了更加简洁；只是为了遵守某些社交规范，比如礼貌规则，至少在某些情形下，言语行为间接地实施而非直接地实施（Searle 1975a：77）。无论怎样，从理论上讲，显性话语比"隐性"话语更加基础："说话者不确切说出其意谓的情形——主要情形包括非字义性、模糊、歧义与不完整——从理论上看，对于语言交际并非必不可少"（Searle 1969：20）。至少在理论上，这些是无关宏旨的情形。研究这些情形使专注于显性话语研究产生的理论图景更加复杂，但并不对这个理论图景构成质疑。

因此，每个话语都可以借由合理的理想化而简约为显性话语。显性话语的特点是，既就行为的语力（通过语言与句子中出现的标示语相关联）而言，又就其命题内容而言，说话者实施的以言施事行为完全反映在说出的句子中。因此，话语的解释基本上就是一种解码过程；理论上，如果不是事实上，理解句子就足以知道说话者通过说出句子实施了哪个言语行为。听话者的语义能力使其能够理解语言的句子，从而直接就是一种语用能力。这个语用能力使听话者能够借由确定说话者实施的言语行为而理解话语。

涉及以言施事语力，可表达性原则说"人们无论何时想要说出一句带有语力 F 的话语，始终可能说出一个句子，句子的意义恰好表达语力 F"（Searle 1968：153），亦即，这个句子包括借由语言的语义规则关联于 F 的标示语。这样地加以定义，可表达性原则似乎隐含对于每个以言施事语力，无论多么具体，都有一个借由语言语义规则与之相关联的标示语。不过，事实显然并非如此；存在具体的以言施事语力，这些语力并没有语言标示。甚至那些将施

为性"前缀语"看作标示语的人也承认这一点,因为施为性动词的列表并不能
穷尽以言施事语力的列表(假如谈论以言施事语力的"列表"有任何意义的
话)。塞尔从来没有质疑过这一点。但是,按照他的观点,并不能借此否证可
表达性原则。他说,尽管不存在关联于具体语力 F 的标示语,但却可能存在
一个标示语;说话者或者说话者社团,始终可能创造一个标示语。因此,确实
"可能"说出一个句子,其意义确切表达语力 F。

　　人们可能像弗格森(Forguson 1973:179;也可参见 Warnock 1981:275)
所做的那样,批评塞尔将语言看作可能成为的样子,而非实际所是的样子。
但是,假如人们注意塞尔提到的"可能性"可以理解为从我们语言的实际特征
推论得到,上述这个质疑就遭到驳回。可以认为,我们语言的一个特征是,通
常以言施事语力拥有语言标示语。据此推论,即使语力 F 空无标示语,人们
也许可以设想(由于所考虑的普遍规则),有这样一个语言标示语。这个事实
是关于语言如其所是的事实,或者至少是从语言如其所是的事实推论得出的
事实。

　　但是,真的通常存在一个标示语关联于每个具体的以言施事语力吗? 人
们仅当——与塞尔一起——接受这样一个论点,根据这个论点,施为性"前缀
语"是标示语,因其复杂性(及其更加"显性"的特性)区别于诸如祈使语气等
其他标示语,才会对这个问题做出肯定的回答。由于理论家在关于以言施事
语力的理论阐述中一般都使用自然语言,所以,他们几乎仅仅谈论那些可以
用自然语言冠名的以言施事语力(即基本上是那些对应于施为性动词的语
力)。因此,如果将施为性动词第一人称现在时看作标示语,就很自然地认为
标示语对应于大多数以言施事语力(事实上,对应于我们可以说出名称的大
多数语力)。但是,甚至在谈论理论家所使用的自然语言中没有名称的以言
施事语力之前,就像我所做的那样,拒绝施为性动词是标示语这个论点就足
矣。拒绝该论点的理由在于,系统性地"标记"具体以言施事语力的观点显然
是站不住脚的。

我不是在否认存在与某些具体以言施事语力相关联的标示语,许多副词性表达式发挥这个功能。但是,我们不能说**一般而言**,对于给定的语力,存在一个语言标示与之对应。大量具体的以言施事语力并不具有任何语言标记。在大多数情形下,我们可以使话语的以言施事语力"显化"的唯一方式是使用对应的施为性动词。但是,正如我们所看到的,使用施为性动词意味着实施一个间接言语行为。诸如"我命令你离开"这种显性施为语的指令性施事语力不是直接通过语言的语义规则与之相关联的,而只是由说话者实施的"宣告"行为所蕴含。这个直接行为的(施为性)以言施事语力根本没有由句子的语言标示出来,本身必须从语境中推论。因此,卡茨的下述主张是错误的。他声称我们可以"在零语境中"(即不考虑语境)确定显性施为语用于实施的以言施事行为(Katz 1977:23 – 24)。显性施为语并非在前面定义的意义上为"显性话语"。

为了拯救可表达性原则以及基于这个原则的基本观念,人们也许可以试图通过使之摆脱涉及显性施为语语义学中任何可能受到质疑的假设,弱化这个原则。例如,人们也许可以说,与大多数以言施事语力相关联的不是具体的标示语,而至少是一个一般性的标示语,从而大多数施事语力可以用语言表达,尽管必须诉诸语境以确定所表达之语力的确切性质。

遗憾的是,大多数施事语力与标示语相关联,甚至是与一般性标示语相关联,这远不是显见的。若真要是这种情况,人们可能就必须拥有少量的一般性语力,而种语力与次种语力就会按照树形原则与这些一般性语力相联系。那样,如果在顶层的一般性语力拥有标示语,这就足以使具体语力本身间接地关联于这些(一般性)标示语。然而,可以使用若干标准将以言施事语力分类,这些标准的多样性及其相对的独立性并不支持一种树形表征。施事语力看来形成一个复杂网络,一个维特根斯坦式的"家族",而不是一个系谱(即一个系统,在该系统中根据某些标准一个具体的语力与另一个语力相似,而根据不同的标准,又跟其他某个语力相似)。在第 38、39 节,我承认低于一定程度的具体性,树形分类却是可能的。这就将"传达内容"型以言施事行为区分成两种主要类型:施为性语力与述谓性语力。提到了三种具体类型的施为性语力:指令类、承诺类与宣告类。这样,人们如果考虑这第一个分类尝试,看来标示语根本就不系统地对应于倒立树形顶端的以言施事语力。施为性语力和述谓性语力本身并没有任何标示语。拥有标示语的以言施事语力更加具体;例如,作为施为性语力的一种,指令性语力与祈使语气相关联。然而,这并不系统。承诺类语力作为施为性语力的一种,正好与指令性语力处于同一层面,但却没有任何标示语,而一些更加具体的语力则具有标示语(至少假如人们承认发问是一种指令性行为,情况就如此;但人们并不明显地承认这一点)。

因此,我们所能说的是,**存在**关联于某些(一般性或具体)施事语力的标示语;但这种关联根本不具有系统性,并不构成"规则"。然而,存在以言施事语力的标示语这个事实本身表明,在我们的语言中,施事语力的语言"标记"原则在发挥作用,尽管缺乏系统性。由于这个事实,(原则上)任何语力都可能关联于一个标示语。我认为,这足以佐证一个弱式可表达性原则。

让我们将下面这种语言称作"S-语言",在这种语言中,每个施事语力都一般性地对应于一个语言标示语。可表达性原则有两个版本。"强式"可表达性原则与我批评过的显性施为语分析一致。根据"强式"可表达性原则,我们的语言是 S-语言。在这样一种语言中,话语始终可以是显性的;每当人们想要说出带有语力 F 的话语,始终(或几乎始终)可能说出一个句子,其意义恰好表达语力 F。根据弱式版本,可表达性原则并没有走得那么远。这个版本承认,言语不可能总是显性的,因为若干施事语力并没有任何标记;但是,该弱式版本指出,这是偶然性事实,因为在我们的语言中,施事语力标记原则发挥着作用。因此,我们的语言与 S-语言的差异是一个程度问题,而不是一个性质问题。这样,理论家可以忽略这个差异。尽管我们的语言不是 S-语言，理论家可以在研究中将之仿佛当作是一种 S-语言。

假如我们接受这种弱意义上的可表达性原则，那么看来，就也应当接受将言语行为理解简约为句子理解的做法。这个观点的论证如下：理解句子与理解说出这个句子所实施的言语行为之间存在实践上的差异；这个差异源于诸如指示性、非字义性、间接性等各种现象。但是，这些现象由于可以从 S-语言中排除掉，所以从理论上讲是无关紧要的（尽管这些现象实际无法从我们的语言中排除掉）。"弱式"可表达性原则允许出现双重理想化：从我们的语言与 S-语言的差异中加以抽象；这使我们转而能够从言语行为理解与句子理解的差异中加以抽象。结果，话语的解释被看作实质上是一种语言解码。

作弱式理解时，可表达性原则独立于涉及显性施为语的任何可加以质疑的观点。但是，还存在其他理由拒斥将言语行为理解简约为句子理解。在下文，我将力图表明，理解句子**永远不**足以确定说出该句子所实施的言语行为——始终需要语境中的推导。我将论辩，即使句子意义与说话者交际意向完全一致，情况依然如此。因此，显性话语的概念结果证明是歧义的。如果将显性话语定义为可以"在零语境中"理解的话语（即无需诉诸语境推论就能够知道所实施的这个或那个言语行为的话语），那么，我否认可能存在任何在这个意义上的显性话语。如果当句子意义准确反映了说出句子所实施的以言施事行为时，就说一个话语是显性的，那么，我要说，即使为了理解这个意义上的显性话语，也仍然需要语境推论。可表达性原则认为，所有话语都"可能"为显性的，这条原则以第一种解释（因为没有话语能够在这个意义上为显性的）将遭到拒绝；作第二种解释时，这条原则可以接受——至少以其弱式版本可以接受——但是，该原则（即使在理论上）不再蕴含言语行为理解可以简约为句子理解。

第 49 节　字义性原则

我在第 5 章提到了在话语解释中发挥作用的三种推论。这些推论中的两种涉及推定说话者遵守格赖斯准则或可能起着类似作用的任何其他原则。基于说话者直接实施一个表面上违背准则的言语行为，并且基于推定说话者遵守这些准则，听话者推论说话者间接地实施第二个言语行为，从而当考虑到这一点时，话语结果证明毕竟就不违背准则。这种推论使人们能够确定通过会话含义间接地实施的言语行为。正如我们继威尔逊与斯珀伯之后所指出的那样，推定说话者遵守准则还能帮助确定间接地实施的**具体**言语行为。当说出的句子是指示性的、模糊的、省略的或歧义的时，就有若干言语行为与句子的以言施事行为潜势相容。人们不得不确定这些行为中的哪一个行为得到实施；人们不得不基于句子提供的（不充分的）标示，以确定言语行为具体的以言施事语力和具体的命题内容。因此，由于必须在若干可能的备选项中选择直接言语行为，听话者以会话准则为向导；①他排除那些假如由说话者实施就可能（甚至显然）违背准则的言语行为。只有当在那些属于句子以言施事行为潜势的言语行为中，没有言语行为直接符合准则时，听话者才可以假定说话者看来违反了一条准则。于是，听话者的任务是调和话语与直接言语行为表面上违背的准则。这样做的一种方式是假定间接实施了第二个言语行为。在这种情形下，听话者利用关于准则得到遵守的推定，以选择直接行为＋间接行为的对子。

第三种推论不涉及推定说话者遵守准则，而涉及推定说话者遵守字义性原则（第 32 节）。按照字义性原则，人们除非试图实施属于句子以言施事行

---

① 这应当加以限定。代词"我"尽管是一个指示性表达式，但始终指称说话者。其指称对象可以在语境中确定，而无需依赖于推定说话者遵守会话原则。

为潜势的行为,否则不应当说出带有某个以言施事行为潜势的句子。推定遵守这条原则,使人们能够推断,说话者在说出一个带有以言施事潜势 F ∗ (p∗)的句子时,直接实施了 F ∗ (p∗)类型的言语行为;推定遵守这条原则,使人们能够从说出带有某个意义的句子的话语,推断实施某个类型的言语行为。于是,听话者必须设法具体确定在那些属于潜在的 F ∗ (p∗)中说话者实际上在实施**哪个**言语行为。因此,这三种推论以下述方式相联系,即每一种推论(当然除了第一种推论)以前一种推论的结果作为输入。听话者首先推论说话者在实施一个言语行为,这个言语行为属于所说出句子的潜势;然后,听话者考虑说话的情景,确定相关的言语行为;最后,假如这个直接行为显然违背会话准则,听话者就会推论第二个行为间接地得到实施。

假如句子意义(亦即其以言施事行为潜势)与说话者在说出句子时意在实施的无论什么言语行为完美契合,后面两个推论就是多余的。一方面,说话者并不实施任何间接言语行为(如果他实施了这种行为,句子意义与说话者意向之间就不可能完全匹配);另一方面,由于直接言语行为完全反映在句子意义之中,所以,听话者不必要诉诸推论,以基于句子提供的不充分标示来具体确定直接言语行为。然而,即使在这种情形下,从明确标示实施具体以言施事行为的句子之话语到这个行为的实际实施,仍然需要做出一种推论。必须假定,说话者遵守字义性原则,说话当真。没有这个假定,就不可能推断说话者实际上实施的言语行为,这个行为的实施由说话者说出的句子标示。

鉴于我在第 7 章表征交际的方式,我刚才做出的阐述可能听起来有点似是而非。说话者说出明确标示实施具体以言施事行为句子只能显露他的意向,即为听话者提供"理由相信"这个行为的典型性条件得到满足。根据第 7 章中的定义,可以推论,即使说话者并非当真,而且他意在公开提供的"相信的理由"并不意在是一个"好的理由",交际行为也必然得到实施。因此看来,不需要任何当真性假设;当句子说出时,句子标示的以言施事行为必须认为得到了实施,至少假如我们坚持将(弱意义上的)"以言施事行为"认同于"交际行为"，情况如此。

　　与其坚持这个认同，我提出，我们应当区分交际行为与弱意义上的以言施事行为。实施弱意义上的以言施事行为是通过话语 u 显现说话者的意向，即 u 提供**很好的**理由相信某些"典型性条件"得到满足。（如果这些条件实际上得到满足，以言施事行为就得到"许可"，并且成为强意义上的以言施事行为。）不当真的说话者并不意在自己的话语提供很好的理由相信 PC；他并不真正地声称在实施强意义上的以言施事行为。他意在自己的话语提供"理由相信"PC，从而实施一个交际行为，但这个交际行为不足以成为以言施事行为，即使是弱意义上的以言施事行为。① 在第 9 章，我们将看到，由不当真的说话者实施的交际行为是奥斯汀所说的"以言表意行为"而不是完备的以言施事行为。从以言表意行为到实际地实施（弱意义上的）以言施事行为，需要推定当真性。有时确实，说话者并**不**实施句子不同程度地标示实施的以言施事行为——说话者表演言语行为，而不实际地实施该行为。我下面就将探究这样的情形。这种情形的存在表明，基于字义性原则的推论根本不是无足轻重的，并且可能被阻断。

---

① 交际行为与弱意义上的以言施事行为之间的区分产生了一个表面上的困难。我们在第 47节中看到，进行交际的意向，亦即，实施交际行为的意向，一经显现与辨识，便得以实现。鉴于进行交际的意向具有这个特殊性质，就可能阐释显性施为语的自我证实性，假定由施为性动词指表的弱意义上的以言施事行为不过是交际行为。我们一旦区分这两种行为，就不再能够依赖这个简单的阐释。那么，我们应当怎样阐释显性施为语的自我可证实性？

　　事实上，我对显性施为语自我可证实性的最初阐释解释过了点头，交际行为与弱意义上的以言施事行为之间的区分是一个受欢迎的矫正。在第 47 节，我指出，仅当说话者被认为是说话当真的时，显性施为语才是自动地自我证实的。假如像"我命令你去"这种显性施为语是反语地或开玩笑地说出，说话者表达意向要实施的以言施事行为不能真正地实施。不过，假如施为性动词指表交际行为，显性施为语就会在所有情况下都是自我证实的，无论说话者说话是否当真，这是因为人们不能通过当下话语表达实施交际行为的意向而不实际地实施这个行为。换言之，交际行为与弱意义上的以言施事行为之间的区分使我们能够阐释显性施为语中自我证实性的限度。说话者不能表达实施弱意义上的以言施事行为的意向而不表达进行交际的意向。进行交际的意向一经显现并得到辨识，就得以实现；据此推论，通过说出显性施为语，说话者无论是否当真，都实施了交际行为。但只在"当真的"情况下，说话者才还实施了弱意义上的以言施事行为，借此"证实"话语表达的命题。

第 50 节　转义及其解释

　　继格赖斯(Grice 1975)之后,许多理论家认为,转义(隐喻、反语、夸张、曲言法,等等)涉及会话含义。基于这种阐释,隐喻或反语话语是借以实施会话隐含的间接言语行为的话语。因此,在一个情景中,亨利刚表明自己特别吝啬;这时说话者说出"亨利真大方",就公然违背了"质准则"。根据质准则,不应当说自己认为成假的话。为了调和这句话与会话准则,听话者假定说话者意在间接地实施一个以言施事行为,从而有关准则就得到遵循。在眼下这个例子中,听话者假定说话者意谓亨利吝啬。同样,如果说话者说"亨利是头猪"(从字面上理解,这句话显然成假),听话者假定说话者意谓亨利令人讨厌(这是真的)。

　　这个阐释导致两个密切联系的问题。其一,难以看到听话者如何能够确定说话者究竟意谓什么。例如,当说话者说出"亨利真大方",说出某句明显的假话时,听话者如何推论说话者所意谓的正好与其所言说的内容**相反**? 在其他隐含的言语行为实例中,这个问题通过诉诸如下规则解决:说话者间接地实施的言语行为是其为调和话语与明显违背之会话准则而实施的行为。但是,假定说话者意在间接地实施第二个以言施事行为并不能使反语性话语与推定说话者遵守准则相一致——这是格赖斯解释引起的第二个问题。通过比较反语的实例与第 31 节中分析的隐含言语行为,就能够明白这一点。

　　当哲学教师说,他所评价的学生拼写很好、上课出席始终守时,而不谈该学生哲学专业的成绩时,他就违背了量(的第一条)准则,因为他传达的信息太少。然而,仅当说话者只是实施直接以言施事行为、陈述拼写很好、上课出席始终守时,才违背该准则。如果假定除了他直接陈述的内容,他还间接地传达了额外的信息,亦即,该学生的哲学很差,这足以调和其话语与准则。换句话说,直接以言施事行为与间接以言施事行为的结合符合量准则的要求,而在这一点上,若没有间接行为的辅助,直接以言施事行为就不能满足该要求。

就隐喻与反语的例子而言,陈述亨利很大方或者他属于猪的物种的直接言语行为违背了质准则;格赖斯推定的间接以言施事行为将亨利刻画为吝啬或令人讨厌的,就符合这个准则的要求。这与前面例子的不同在于,这两个以言施事行为的**结合**并不能满足准则的要求。提供太少信息的直接陈述与提供所缺少信息以补全该陈述的间接陈述,两个陈述的结合满足听话者的信息需要,符合量准则;但一个公然成假的直接陈述与一个成真的间接陈述的结合并不能满足质准则的要求,即说话者应当讲真话。真话与假话的结合并不是真话。在此,为了调和话语与准则,不应当假定说话者实施了间接言语行为**添加**到直接实施的行为之上,而是说话者实施了间接以言施事行为,取代直接以言施事行为,直接以言施事行为只是表面上实施。斯珀伯与威尔逊(并参见 Holdcroft 1978:123)揭示了这一点:

> 说话者可能有时意在传达除话语字面意义之外的某种意义。当说话者想要传达除字面意义之外的某个意义时,会话含义概念就具有相关性……然而,就比喻性语言来说,说话者通常意在传达某个意义,而不是传达话语的一个字面意义;会话含义必须看作取代字面意义。关于含义可能实际上与话语字面意义相矛盾——正像在反语的情形下会是这样——的观点并不契合格赖斯的核心主张,即含义在证明说话者在说出所言中遵守了会话准则的论证中起着前提的作用。据此推论,反语话语的解释若简约为搜寻会话含义,就会严重地歪曲含义概念本身。
> [Sperber & Wilson 1981:299]

正如斯珀伯与威尔逊所强调的那样,应当区分在转义中起作用的机制与在含义中发挥作用的机制。但这并不意味着会话原则或准则在转义解释中不起作用。在这两种情形下,听话者都推定说话者遵守会话原则,搜寻话语的一个解释,使他能够对这个推定不提出质疑。转义的特殊性在于,除了第一个以言施事行为之外,假设第二个以言施事行为是行不通的,不能使人们坚持这个推定。相反,听话者必须假定说话者并不真正地意在实施直接言语行为,该直接言语行为即使以间接施事行为补全,依然与[遵守准则的]推定不相容。换言之,为了坚持关于说话者遵守会话原则的推定,听话者必须放弃关于说话者遵守字义性原则的推定;听话者必须自制,以避免假定说话者说出一个带有某个施事行为潜势的句子、意在实施属于该潜势的以言施事行为。鉴于"直接"以言施事行为实际上并没有实施,而正如我们将要看到的那样,只是使人想起这个行为,所以,话语并未真正违背会话准则;假如直接行为实际上得到实施,就会违背这些准则。因此,并没有必要假定说话者实施了间接的第二个以言施事行为,以调和话语与说话者遵守准则的推定。

正如我们可以看到的那样,会话原则在话语解释的所有层面发挥作用。首先,会话原则用于选择属于句子潜势的以言施事行为,该行为在给定的语境中符合会话原则。这种行为不存在时,会话原则用于选择一个间接以言施事行为,从而这个行为与属于句子潜势的行为的共同实施符合会话原则。如果这个策略不能奏效,会话原则用于质疑字义性原则,根据这个原则,说话者意在依照说出句子的潜势实施以言施事行为。

针对曲言法,刚刚建议的关于在转义中发挥作用的解释机制出现了一个问题,因为在曲言法的情形下,字义性原则似乎并不与会话原则相抵触。假如人们知道某人砸碎了所有家具,就这个人说话者说"他有点醉了",那么,说话者就违背了量准则,显然提供了不充分的信息[关于这个例子,参见格赖斯(Grice 1975:53)以及威尔逊与斯珀伯(Wilson & Sperber 1981:163 – 164)];但是,如果人们假定说话者意在间接地传达所说的那个人酩酊大醉的信息,结果证明量准则毕竟得到了遵守,这正像在哲学教师那个例子中一样。

格赖斯说,在这种情形下,就违背了质准则。这就相当于说降调陈述是成假的陈述,而我并不这样认为。"有点醉了"可能看上去与"酩酊大醉"相矛盾,但为了消除这个表象,只需要换一个例子。假定说话者说"不错"意谓"好极了",显然,"不错"与"好极了"并不矛盾。一般而言,如果不是始终如此,说话者做出降调陈述违背量准则,而不违背质准则。这样,假如仅仅考虑直接实施的言语行为而表面上违背的量准则,当将直接言语行为与间接言语行为都考虑在内时,结果证明毕将得到遵守。

为了清除这个质疑,除了量准则,还必须引入另一条准则:模态准则。模态准则并不像量准则与质准则那样涉及交际的**内容**,而涉及交际的**方式**。按照模态准则,说话应当清楚而有条理、避免歧义,等等。从这条准则,很容易引出一条次则。根据这条次则,说话应当尽可能地"直接",亦即,假如没有有效的理由不直接提供相关信息,应当避免间接提供相关信息。在哲学教师的例子中,说话者具有有效的理由不明确表达关于学生能力的观点。在醉汉的例子中,不存在这样的理由,因此,假定说话者除了直接陈述之外,还在实施一个间接施事行为,就不足以调和话语与会话原则。依据量准则,就会出现直接行为(陈述所指称的那个人有点醉了)与间接行为(陈述他酩酊大醉)的共同实施。但两种行为共同实施会违背模态准则。因此,可以坚持我们的分析。根据这种分析,假如会话原则与字义性原则相矛盾,就将话语作比喻性理解。尽管表面上不然,甚至在曲言法的情形下,也存在这样一个矛盾。如果假定说话者遵守字义性原则,实施一个直接以言施事行为,该行为与句子的潜势相容,那么说话者的话语就违背或者似乎违背量准则。为了调和话语与量准则,就必须进一步假设,除了这个直接以言施事行为,还有一个间接施事行为。在这种情形下,缺少的信息由所隐含的内容提供。但是,这个旨在调和说话者话语与量准则的假设隐含说话者违背了模态准则,因而不能导致话语与会话原则的整体调和。为了维持话语符合这些原则的推定,唯一的办法是像在"亨利真大方"和"亨利是头猪"的例子中那样,假定没有遵守字义性原则。

在这个分析中,"他有点醉了"这句话作比喻性解释,因为说话者没有站得住脚的理由不公开说砸碎家具的那个人酩酊大醉。为了证实——或否证——这个分析,人们必须假设一个语境,在这个语境中,说话者具有很好的理由不开诚布公地说话;这个分析预言,在这样一个语境中,话语将不会作比喻性解释。事实上,如果某人假定说话者没有把事情直接说出以避免伤害在场的某个人(无论是那个醉汉或另外某个人),那么,这句话就解释为简单的委婉语,直接失去比喻意义,不再能够作为审美上得到满足的来源;更加具体地说,这句话就不再能像有趣的故事或玩笑那样博人一笑。

第 51 节   一符多音现象

如果我的论述正确,那么,一句话要作比喻性解释,就必须引导听话者假定说话者尽管说出带有某个以言施事行为潜势的句子,但并不意在实施属于这个潜势的行为。根据威尔逊与斯珀伯(Wilson & Sperber 1981)的观点,说出比喻性话语的说话者并不实际地实施属于句子潜势的以言施事行为,而"使人想起"实施这样一个行为。[①] 因此,"他有点醉了"这句话

> 使人想起……一个世界,在这个世界中,处于酩酊大醉状态的某个人说出"他有点醉了"**会**被认为是恰当的;或许在这样一个世界中,烂醉如泥与暴力行径更加普遍遇到,并且带来更加引人注目的后果。另外,[话语]也许唤起……关于说话者的一个意象,即该说话者无可争议地是一个恬淡寡欲、沉着冷静的人,甚至对于醉酒施暴他都无动于衷。
> [Wilson & Sperber 1981:164]

————————————

① 这并非从字面上是威尔逊与斯珀伯的观点,而是我在言语行为理论框架中对他们观点的改写。

根据这个阐释,说话者并不实施属于句子以言施事潜势的言语行为,他表演由一个虚构的说话者实施这样一个言语行为。借此,真正的说话者唤起一个情景,在这个情景中,实施这个行为就会是恰当的,或者相反,他强调在当前的环境中实施这样一个行为是荒唐。那样,这个话语就是**反语性的**;通过在某个情景中模仿实施某个言语行为,在这个情景中该行为显然要被取代,并且会违背会话准则,说话者取笑虚构的说话者,将这个行为归于虚构的说话者,其方式相同于模仿者通过模仿其缺陷以取笑模仿对象。在斯珀伯与威尔逊(Sperber & Wilson 1981:310)看来,"所有通常的反语实例……都解释为模仿一句话或一个观点,这句话或这个观点说话者想表征为可笑地不恰当的或不相干的"。因此,在我描述的情景中借由说出"亨利真大方",说话者并不实际地陈述亨利慷慨大方;他模仿做出这个陈述,给定有关语境,表明这是多么地站不住脚;说话者呈现这个陈述,由听话者自己去体会话语中的嘲笑。

按照斯珀伯与威尔逊的观点,反语是一种模仿性提及。出现在反语中的"提及"与出现在转述引语中的提及显然不属于同一类型。在诸如"彼得说:'亨利很大方'"和"彼得说亨利很大方"这种转述引语中,说话者说的话不能与他转述其话语的人说的话相混淆的。说话者并没有说亨利很大方;他说彼得这样说。另一方面,就反语而言,提及性话语与被提及的话语之间并不存在明显的差异。为了唤起"亨利很大方"这个陈述,说话者说亨利很大方。他反语性地说了这句话,可他确实说了这句话,而在转述引语的例子中,说话者仅仅说出**关于**这个陈述的某种东西。因此,反语同有时称作"自由间接引语"的话语相联系。通过说出"皮埃尔依然多疑;他的看守人迫害他,他预料说不定哪天就会被谋杀",说话者并不是在陈述皮埃尔的看守人迫害皮埃尔。这个陈述归于皮埃尔自己,而不为说话者所接受。然而,在一种意义上,说话者"说"皮埃尔的看守人迫害他,尽管这样说时表达了皮埃尔的想法,而非说话者自己的想法。

反语与自由间接引语两者都是杜克罗特称作"一符多音现象"的例子。

按照杜克罗特的阐释,如果"说话者"与"交际者"不是同一个人,那么,某个话语就会出现一符多音现象(Ducrot et al. 1980:44−45)。粗略地说,说话者是说出句子的人,而交际者是其实施得到标示的施事行为(可能)的归赋对象,无论这个对象是真人还是虚构的。(假如句子是疑问语气,其实施得到"标示"的以言施事行为是发问;假如句子是祈使语气,其实施得到"标示"的以言施事行为则为指令,以此类推。)在包含反语或自由间接引语的实例中,交际者不同于说话者;这意味着说话者并不实施其实施得到标示的以言施事行为,而是将该行为归于另外某个人。

"说话者"与"交际者"可能不是同一个人,这个事实本身就迫使我们将两种角色在理论上加以区分。这个区分只是言说——奥斯汀称之为"以言表意行为"——与以言施事行为之间更具普遍性区分的一个方面。说话者如果说出一个句子以表达(经语境充实的)意义,就言说了某事;鹦鹉不"言说"任何东西,就跟小学生背诵一首诗而几乎不理解其意不言说任何东西一样。言说某事是说话者向听话者传达话语的意义。这个意义存在于一组标示之中,这组标示相对于话语假定实施的以言施事行为。"交际者"是对这个以言施事行为负有责任的人。假如说话者对语言标示实施的以言施事行为不负有责任(即如果说话者不遵守字义性原则),那么,就出现了一符多义现象。在这种情形下,说话者言说某事,实施某个以言表意行为,但却不实施相应的以言施事行为。

鉴于说话者假定遵守的会话准则,正是话语语境使听话者能够确定说话者是否发挥交际者的作用。雅克琳·奥捷(Jacqueline Authier)在涉及自由间接引语的讨论中强调了语境在解释一符多音话语中的这个作用:

> 尽管句子如果包含某些词汇成分(图式地:说……,说"……")就是直接引语或间接引语的实例,这**独立**于语言语境与语言外语境。但自由间接引语却并非如此。并没有任何句子内在地以自由间接引语出

现……按照语言语境与语言外语境,一个句子(或句子片段或句子序列)可以**解释**为自由间接引语。[Authier 1979:125]

就反语而言,这一点甚至更加明显。无论话语多么显化,独立于语境,不可能知道话语是否当真。这隐含始终需要语境推论,以从说话者说出了某句话的事实推断他实施了某个以言施事行为。假如话语(在这个表达式唯一可以接受的意义上)是"显性的",听话者就可能无需语境推论而知道说话者实施了哪个以言施事行为,如果说话者实施了这样的行为;但听话者将永远不知道这个以言施事行为是否实际地实施(Bach & Hamish 1979:10,19)。言语行为理解不可简约为句子理解,不仅(偶然)事实上这样,而且原则上也是如此。

第 9 章
以言表意话语与以言施事话语

第 52 节　句子意义、话语意义与以言施事语力

在第 8 章结尾，我区分了两类行为。其一，存在言说某物的行为。言说某物就是表达某个意义，这个意义由涉及所实施的以言施事行为的一组标示组成。言说"地球是扁平的吗?"就是将某个以言施事行为(亦即，询问地球是否是扁平的行为)呈现为通过这个话语得到实施。其二，存在以言施事行为本身。之所以必须区分这两种行为，是因为将行为呈现为得到实施的说话者不一定实际上实施了该行为。例如，在说反话时，呈现为实施的以言施事行为没有实际地实际，只是得到表演。这就是为何人们永远不能从说话者言说了某物的事实推论说话者实施了某个以言施事行为。正如我将表明的那样，这个区分正是奥斯汀做出的"以言表意行为"与以言施事行为之间的区分。以言表意行为包括言说某物，以言施事行为是人们在言说某物中实施的行为。

这个领域的大多数作者认为以言表意/以言施事的区分不尽如人意，业已放弃(巴赫与哈尼希是个例外)。奥斯汀的区分的确很不清楚。在各种可

能的解释中,无一看来是真正令人满意的。除了别的因素,看来他心中所想到的是言语行为内容与其语力之间的区分,好像以言表意行为在于表达某个内容(一个命题),以言施事行为则定义为表达这个内容外加某个语力。因此,奥斯汀的区分被看作接近于命题内容与施事语力之间这个现已成为经典的区分。然而,这个解释与奥斯汀关于该论题所著的大部分论述并不相容。按照奥斯汀的论述,实施以言表意行为,不仅表达某个命题内容,而且以某种语气(祈使、疑问,等等)表达该内容。因此,与言语行为的命题内容不同,话语意义,其"以言表意行为"意义,部分地为语用性的。但是,通常提出反对这种以言表意行为观的异议是,这种观点没有能将之与以言施事行为区别开来。诸如要求你离开这种以言施事行为与以祈使语气表达你将离开这个命题的"以言表意行为"之间的差异是什么? 看来,以祈使语气表达命题你将离开就**是**实施要求你离开的以言施事行为。

在这一章,我将按照上一章中做出的论证重新解释奥斯汀的区分,进而为该区分做出论辩,反驳这个区分遭到的质疑。特别是,我将表明奥斯汀使话语的(以言表意行为)"意义"与话语的"语力"相对立,这种做法是正确的。这个对立似乎没有根据,因为话语意义部分地是语用性的,从而话语的语力似乎是其意义的一个方面,这个方面的意义像话语意义其他方面一样,可能由有关句子不完整地表达,因而部分地依赖于话语语境。这个观点通常关联于我在全书中批判的理论,下面这段话概述了这个理论:

(U) 显性施为语是这样一个话语,其以言施事语力吸纳在所说出句子的语言意义中。相反,"基本"施为语的以言施事语力超乎其语言意义;施事语力是语用性的,因而属于话语意义而非句子意义。

我们看到,显性施为语的施事语力事实上不是说出句子之意义的一部分,因为施为性动词不是"标示语"。据此推论,显性施为语和基本施为语一样；在这两种情形下，以言施事语力都是语境的事情。那么，是否可以推论，在这两种情形下，语力是**话语**意义（与**句子**意义对立）的一部分？我认为，从我的上述阐述无法推论这一点，除非我们接受主张(v)，这个主张隐含于(U)：

（v）话语的施事语力要么属于句子意义，要么属于话语意义。

我在本书的结尾部分正是要反驳这种主张。我将表明，在奥斯汀意义上理解的话语语力必定始终超乎话语的意义，不管那是句子意义还是话语意义。正像奥斯汀所强调的那样，我们实际上拥有三个不同维度：句子意义、话语意义与施事语力。

第 53 节　以言表意行为的三个成分

奥斯汀在《如何用语词做事》的第 8 讲引入了以言表意行为概念。与**在言说某事中**实施的以言施事行为不同，以言表意行为正是言说某事的行为。在说出"乔治会来"这个句子时，我言说乔治会来（以言表意行为），在言说乔治会来中，我做出了一个陈述、警告、恐吓或预言（以言施事行为）。同样，在说出"跟上"这个句子时，我告诉你跟上（以言表意行为），在说出这句话时，我可能向你发出命令或者给予你许可或忠告，或者也许要求你或激将你跟上（以言施事行为）。

按照奥斯汀的观点，以言表意行为包括三个成分：发音行为、出语行为和表意行为。言说某事以实施以言表意行为，首先必须发出一串声音；这是发音行为。此外，发出的这串声音必须算作某个语言中的句子，必须作为该语言中的句子说出。如果满足这两个条件，发音行为也是出语行为。奥斯汀把发音行为的产物称作"音子",把出语行为的产物称作"语子"。鹦鹉发出音子,但不产出语子。

语子是一个合乎语法的句子,作为合乎语法的句子说出。作为合乎语法的句子,必定具有意义。此外,出语行为的实施者知道该语子具有意义,因为他是将之作为合乎语法、有意义的句子说出的。但是,他并不一定懂得说出句子的意思。借用塞尔在另一语境中使用的一个例子(Searle 1969:44),假设在第二次世界大战中,一位美国士兵被意大利军队抓获,他试图通过背诵在学校学会的一句德文诗句以被当作德国人(整个过程中他希望抓他的意大利军人一点不懂德语)。这位美国士兵很可能已经忘却诗句的意思;可是,他实施了一个出语行为,因为他说出了作为德语句子的德语句子。现在假定这句德文诗的意思是"柠檬树花儿盛开,我心中充满欢乐"。通过说出这个诗句,美国士兵**言说**了柠檬树花儿盛开,我心中充满欢乐吗? 看来他没有。说出意谓 p 的句子并不自动地言说 p。要使以言表意行为得到实施,不止需要仅仅实施发音行为和出语行为;还必须实施**表意行为**。

我只是说出一个我知道具有意义的句子,并不实施一个表意行为;我还必须知道句子具有**哪个**意义,我必须说出作为具有**这个**意义的句子。实施一个表意行为是借由说出一个句子而**意谓某事**:说话者心中必须想到某个确定的东西,他意在传达这个东西。通常,说话者意义超乎句子的语言意义。我如果说出"我读过那个男孩的书",必定要么意谓我读过属于那个男孩的书,要么意谓那个男孩写的书。在出现误解时,我有责任把自己的意思澄清。有时,句子的语言意义必须加以"充实"以契合说话者意义(关于这个概念,参见 Sperber & Wilson 1986);有时,如果句子是歧义的,必须选择一个意义作为说话者意在传达的意义,以排除任何其他意义。此外,(正像几乎始终会的那样)如果我的句子包含指称性表达式,我肯定意在通过说出带有这些表达式的句子,指称某物,如果需要,我必须能够确切描述我指称什么。简而言之,我如果想使自己的出语行为成为表意行为——如果通过说出这个句子,我想言说什么,就必须将确定的涵义和(在恰当的地方)确定的指称对象归赋给语子的成分。

这样,在奥斯汀看来,意义既在语子层面涉及,又在"意子"(意子是在表意行为过程中产生的东西)层面涉及。存在两种类型的意义:语子的可确定的意义(即句子的语言意义)和意子的确定意义。弗格森很好地揭示了出语性意义与表意性意义的差异:①

> 每个语子都具有某个范围的"表意行为潜势"。这个范围……由语子中指称性表达式可能用于指称的不同的可能性指称对象与语子的其他有意义成分可能具有的不同涵义构成…… 语子在具有可确定的意义,意子则具有确定的意义。具体描述话语确定的意谓,就包括……具体描述针对涵义与指称的说话者意向,这些意向在语言规约设定的限度内发挥作用。因此,表意行为为语子的意义**消除歧义**。[Forgoson 1973:163 - 164]

直接引语用于转述出语行为("他说:'跟上'"),间接引语用于转述表意行为("他说跟上")。在转述表意行为中,重要的是意在表达的意义;表达这一意义的语子只是一个媒介。这解释了为何可能使用同一个句子转述两个"表意上等值的行为"(即两个不同的语子用于大致相同的表意意义):

语子 1:跟上　　　　　　他说跟上
语子 2:请跟上,亲爱的　(表意行为)

假如赋予语子的表意意义不清楚,始终可以依靠出语行为,在这种实例

---

① 在下文中,我将不加区分地使用"表意意义"与"以言表意行为意义"这两个表达式,指称话语意义,与句子意义(或"出语意义")相对。

中出语行为可以直接转述。人们甚至可以选择在直接引语中只转述意义模糊不清的意子部分。这正如奥斯汀的例子所示（Austin 1975：97）："他说我应当到'牧师'那里去，但没有说哪位牧师。"

以言表意行为是发音行为、出语行为和表意行为的总和。按照奥斯汀的观点，因为表意行为预设出语行为（出语行为预设发音行为），所以，每当存在表意行为就存在以言表意行为。像鹦鹉那样，实施不是出语行为的发音行为是可能的，或者像在背诵不理解其意的一句话时，实施一个不是表意行为的出语行为是可能的；但是，不可能实施一个表意行为而不同时实施一个以言表意行为（Forguson 1973：166）。实施以言表意行为只不过是说出一个句子，将语境中确定的意义附于该句子。当某个"语力"添加于在表意行为过程中赋予句子的以言表意行为意义时，话语行为即成为以言施事行为。以言表意行为与以言施事行为的区分简约为"意义"与"语力"的区分。实施一个以言表意行为就是通过话语表达某个意义；实施以言施事行为则是表达额外带有某个语力的某个意义。

第 54 节　以言表意行为意义与命题内容

在《如何用语词做事》的第 8 讲讨论这一点之后，奥斯汀接着论述其他主题。稍后在第 11 讲，他扼要重述，做出了十分出人意料的评论（Austin 1975：133）：

> 我每当"言说"任何东西时（或许除了像"该死的"或"哎哟"这种只是一个感叹），就会实施以言表意行为和以言施事行为两者。

尽管从字面上看，括号中涉及"该死的！"和"哎哟！"的评述可以两种方式理解,奥斯汀的意图十分清楚;他并不认为,在说出"该死的!"或"哎哟"时,说话者实施了以言表意行为。然而,这一点并非显见,究其原因,(例如)我在说出"哎哟!"时,(i)我发出一个声音;(ii)这个声音对应于英语中的一个词,可以在任何词典中查到;(iii)独立出现时,这个词构成一个合乎语法的英语句子(一个"感叹句");(iv)我说出一个词,这个词属于英语词汇,作为符合英语语法的句子;(v)我知道"Ouch!"(哎哟)在英语中意谓什么;(vi)正是由于这个词意谓其意谓的东西,我才在当下语境中说出这个表达式;最后(vii)我在这个语境中说出"哎哟!"时,意谓某种确定的东西。难道不能据此推论在说出"哎哟!"时,我实施了一个发音行为[借由(i)]、一个出语行为[借由(ii)、(iii)和(iv)]和一个表意行为[借由(v)、(vi)和(vii)]?如果确实如此,为什么我们不应当说在说出"哎哟!"时我实施了以言表意行为?

像"哎哟!"这种语子的一个特性是不包含其指称对象可以在表意行为过程中确定的指称性表达式。我在说"哎哟!"时,不像在说出"猫在席上"时指称猫和席那样,指称任何东西。注意到这一点就提供了解释奥斯汀出人意料之评论的出发点,尤其是当我们考虑他在第 11 讲中涉及施为性与述谓性之分的另一个评论,更是这样。奥斯汀说,这个区分是描述现实的话语与用于实施以言施事行为(借此对现实做出贡献)之话语的区分。但是,他接着说,每个话语都用于实施以言施事行为。在说出"猫在席上"时,我**陈述**猫在席上,陈述是一个以言施事行为,正像警告或命令一样。与其将描述现实的话语同用于实施行为的话语相对立,我们应当区分话语可能具有的两种功能:语用功能,通过这个功能话语用于实施以言施事行为;描述功能,借此功能话语与世界相联系或与世界相对应。奥斯汀强调,描述功能并不仅仅属于"述谓性"话语。无论"猫在席上"具有警告的语力或陈述的语力,这句话都表征猫在席上的事实。尽管用一种不同的语气,借由"猫在席上吗?"这个疑问句,同样一个事态也得到了表征。述谓性话语的概念是只具有描述功能之话语的概念,而施为性话语的概念则是仅具有语用功能之话语的概念。这些是两个抽象,在一种情形下忽略话语的语用维度,在另一种情形下忽略其描述功能。奥斯汀以下述方式概括了自己的立场,这个立场正如我试图表明的那样(参见第19节),基于一个混淆(Austin 1975:145-146):

> 对于述谓性话语,我们从言语行为的以言施事……维度加以抽象,专注于以言表意:此外,我们使用与事实相符这个过于简单化的概念…… 对于施为性话语,我们尽可能多地关注话语的以言施事语力,从与事实相符的维度加以抽象。

在这段文章中,显然奥斯汀将言语行为的以言表意维度等同于"与事实相符的维度",仿佛"以言表意"意谓"表征性的"或"描述性的"。无论奥斯汀心中想到的是什么理由能够证明这个观点,这隐含着诸如"哎哟!"这种话语没有以言表意维度,因为不与任何事态相符或描述任何事态——与诸如"猫在席上"这样的话语不同,这种话语没有描述内容。

奥斯汀所说的"与事实相符的维度",我在此称作描述性功能。奥斯汀在各种场合撰写的论文,包括他与斯特劳森关于成真性的争鸣中(Austin 1950,1952,1954),都探讨了这个维度。在这些论著中,奥斯汀勾勒了一个语义理论,对澄清他在《如何用语词做事》中那些晦涩难解的论说大有助益。下面是典型的一段文章(Austin 1950:121-122):

> 我们通过语言进行的那种交际如果要发生的话,就必须备有某种符号,交际者("说话者")可以"任意"说出这些符号,交际对方("听话者")可以观察这些符号:这些符号也许可以称作"词"……还必须存在不是词的某种东西,词用于交流关于这种东西的信息:这种符号也许可以称作"世界"…… 最后……必须存在两套规约:

> **描述性**规约：将词(＝句子)与世界上存在的情景、事物、事件等的**类型**相关联。
>
> **论证性**规约：将词(＝陈述)与世界上存在的**历史**情景相关联。

在"(那只)猫在(那张)席上"这个句子中，"cat"(猫)这个词借由英语的描述性规约与某一类型的事物相关联；另一方面，表达式"那只猫"用于指称那类事物中的特定对象。描述性规约将词(作为类型)与事物类型相关联；论证性规约将词(作为例型)同特定对象相关联。当说话者说出一句话时，关于这些规约的知识使听话者能够不仅确定话语表征什么类型的情景，而且确定话语表征什么特定的("历史")情景。

这两组规约决定词语与事物之间的关系。词语的意义至少部分地存在于通过这些规约与事物关联的方式之中。可是，奥斯汀将话语的以言表意方面既定义为意义的维度(实施以言表意行为是说出带有确定意义的句子，而实施以言施事行为是说出一个带有某个"语力"的句子)，又定义为与世界相符的维度。为了调和这两种立场，我们也许可以尝试假设，奥斯汀在谈论话语的"以言表意行为意义"时，所考虑的由描述性规约与论证性规约决定的意义方面，这个意义方面我至此称作话语的"描述内容"。

在《如何用语词做事》第 8 讲中，有一段文章看来支持这个假设。表意行为是说出语子(句子)或者句子成分的行为，所说出的语子或其成分"带有某个'意义'，意义这个词用于恰当的哲学涵义，即带有某个涵义并且带有某个指称"(Austin 1975：94)。意义等同于涵义与指称，表意行为本身据说包括两个"辅助行为"，一个指称行为，另一个行为将确定的涵义赋予语子的成分。奥斯汀将第二个行为称作"命名"(Austin 1975：97)。在此，命名是将某个词与某种事物相关联。"ball"(舞会；球)是歧义的，因为英语的描述性规约将之至少与两种不同事物相关联。我如果说出包含"ball"这个词的语子，必须以这些涵义中的这种或另一种使用这个词。我必须能够明确我说的"ball"是什么意思——例如,通过说"我说的'ball'意指一种社交活动"或者"我说的'ball'意指某些比赛中使用的圆形物体"。这样,我就使自己话语的表意意义或以言表意意义的一部分得到明确。同样,我可以通过将指称对象派赋给语子中的指称性表达式而使另一部分得到明确,例如,通过说"我说的'她'指称露西"。因此,表意行为将语子——在其表意行为潜势的限度内,亦即,由我所说的语言之描述性规约与论证性规约所确立的限度——与我的话语所表征的某个事态相关联。按照这个观点,像"Ouch!"(哎哟!)这种话语是语子,但不是意子,因为这种话语并不通过英语的描述性规约与论证性规约与任何事态相关联。

我们看到,对于奥斯汀而言,当且仅当将实质上相同的(表意)意义派赋给两个不同的语子时,说出这两个语子产生两个"以言表意地等值的"行为。将话语的以言表意意义等同于其描述内容,这就意味着两个话语以言表意地等值,当且仅当两个话语具有相同的描述内容——如果这两个话语表征相同的事态。据此推论,我们直觉上不会判定为甚至是大致地意义相等的两个话语却可能以言表意地等值,因为两个话语具有相同的描述内容。例如,"天气冷"和"天气冷吗?"这两句话尽管语气不同,但表征相同的事态,因而以言表意地等值,尽管两句话的意义在直觉上大相径庭。

"天气冷"和"天气冷吗?"之间的差异是语用意义上的差异,而非描述内容上的差异。这两句话描述同一个事态,在以言表意上是等值的,但第一句话具有断言的语力,第二句话具有发问的语力。根据这个观点,话语的以言表意行为意义只不过是话语以言施事上中性的命题内容,以言表意行为意义与以言施事语力之间的区别大致与我在第 5 节中确立的话语意义两个方面(即描述意义与语用意义)的区别。根据对奥斯汀观点的这种解释,不能说"哎哟!"具有以言表意行为意义,因为它没有描述内容,只有语用意义。

第 55 节　反对"命题"解释的异议

按照刚才论述的对奥斯汀的解读,话语的以言表意行为意义是话语的命题内容。这种解读得到广泛接受,许多作者看来认为这是不言自明的。然而,针对这种解读,可以提出三点质疑。

首先,毫无疑问,语用意义是话语意义的一部分。若不是这样,"天气冷"和"天气冷吗?"这两句话就会具有相同的意义,但这两句话并不具有相同的意义。诚然,许多哲学家在"描述性意义"的意义上使用"意义"一词。[①] 但是,这种限制性用法是奥斯汀称作"描述性谬误"的症状。这种谬误混淆了意义与描述性内容。奥斯汀孜孜不倦地与这种谬误作斗争,从不错过一次机会引起对带有非描述性语用意义的表达式的关注,从而表明话语意义不能简约为对某个事态的描述。因此,奥斯汀不大可能意在以"意义"这个词只是代表命题内容本身,而排斥语用意义,因为那样就会与他关于这个问题最为坚决的主张相矛盾。

其二,应当指出,针对以言表意行为意义概念的"命题性"解读只不过基于奥斯汀几处零散的论述——一处关于"该死的"和"哎哟";一处关于话语的以言表意方面作为与事实相符的维度;一处关于表意行为的两个成分:命名与指称(以及关于"涵义与指称"作为以言表意行为意义的两个成分)。奥斯汀在关于以言表意行为的讨论中,没有在任何地方明确阐发一种以言表意行为意义观,这种意义观会使以言表意行为意义与命题内容相同;他也没有做

---

① 当然,弗雷格是这样一个例子。奥斯汀在将意义释义为"涵义与指称"时提到了弗雷格。维金斯推断,奥斯汀想以弗雷格的方式,将意义仅限于那些对真值条件产生影响的东西,"毕竟奥斯汀翻译了弗雷格的《基础》"(Wiggins 1971:20)。像这样将奥斯汀刻画成弗雷格的追随者,我感到尤为离谱。

出任何暗示,例如,祈使性话语与陈述性话语之间可能存在表意上的等值。当然,始终可能奥斯汀只不过忽略了阐明他关于这个问题的想法。然而,塞尔(Searle 1968:155,注 1)转述与奥斯汀的一次会话,在这次会话中,奥斯汀赞成区分言语行为的命题内容与其以言施事类型,没有给人一点印象将这个区分等同于以言表意行为意义与以言施事语力的区分。这趋于支持下述观点,即在奥斯汀心目中,这些区分并不等值。

其三,命题性解读隐含在转述表意行为——正如我们所见,表意行为与转述话语的表意意义相同——时,并不转述关于话语施事语力的标示(这些标示通过话语的语气带有),因为施事语力标示属于话语的语用意义而不属于其描述性意义。但是,正如许多人指出的那样,奥斯汀在所转述的表意意义中恰恰包括了由句子的句法类型提供的施事语力标示。奥斯汀提供了发语行为转述与表意行为转述下面这样的例子(Austin 1975:95):

发语转述	表意转述
他说:“(那只)猫在(那张)席上”。	他说(那只)猫在(那张)席上。
他说:“我将去那儿”。	他说他将去那儿。
他说:“那是在牛津还是在剑桥?”	他问我那是在牛津还是在剑桥。

显然,“He *said that*”(“他说”)、“He *told me to*”(“他告诉我”)与“He *asked whether*”(“他问我”)这些表达式反映话语的以言施事语力,话语的意义得到转述;或者至少反映句子本身借由语气(陈述、祈使或疑问)所传达的那部分以言施事语力。因此,话语的语用意义至少部分地属于表意意义或以言施事意义,这种意义借助于诸如这些表达式加以转述。据此推论,我们不能将话语的以言表意意义认同于话语的命题内容,命题内容在语用上是中性的。

约翰·塞尔的研究使以言表意行为意义概念的命题性解读流行开来。他明确将奥斯汀关于以言表意行为意义与以言施事语力与由诸如莱欣巴赫(Reichenbach 1947)、海尔(Hare 1949)、斯特纽斯(Stenius 1967)等哲学家做出的命题内容与语用义值之间的区分相联系。然而,塞尔认识到调和这个解读与奥斯汀暗示的解读很困难。塞尔论辩,奥斯汀实际上混淆了两种十分不同的区分,亦即,一方面,以言施事行为的命题内容与其语力的区分;另一方面,话语(部分地语用性的)意义与话语语力之间的区分。塞尔的这个论述是相当可信的。正如我们所看到的那样,奥斯汀定义以言表意行为与以言表意行为意义的努力并不完全融贯一致。有时,他说以言表意行为存在于说出带有确定意义的句子,这个意义可以通过诸如"他说……""他告诉我"或者"他问我……"这种话语以间接引语转述。因此,这个意义不仅包括话语的描述性意义,而且包括句子的句法类型传达的语用意义。在其他时候,奥斯汀将意义分成涵义与指称,将之定义为话语借以与世界相符的东西,否定"该死!"和"哎哟!"具有这种涵义的意义。在第一种情形下,以言施事语力通过语用标示语反映在意义之中;在第二种情形下,语力和意义相分离,意义对应于以言施事上中性的命题内容。这个矛盾为关于奥斯汀在以言表意行为意义(与以言表意行为)的概念下混淆了两种不同概念的观点提供了佐证。

(假如塞尔正确)"以言表意行为意义"和"以言表意行为"在奥斯汀的著述中就有两种涵义。为了使问题简化,我将只以其中的一种涵义使用这两个表达式。我将把"以言表意行为"这个表达式留作意指说出带有某个"以言表意行为意义"的行为。以言表意行为意义既包括话语的命题内容,又包括与句中出现的标示语相关联的语用标示。话语的描述性内容或命题内容我将称作话语的描述性内容或命题内容,而不称作话语的以言表意行为意义。(同样,需要时,我将采用塞尔的做法,将表达命题的行为称作"命题行为"。)现在出现的问题如下:究竟什么是以言表意行为? 有证据证明以言表意行为与以言施事行为的区分是合理的吗?

第 56 节 塞尔的解释

按照塞尔的观点(Searle 1968),除了当等值于命题内容与以言施事语力的区分时,以言表意/以言施事的区分是没有道理的,至多只不过是一个多余的术语创新。因此,塞尔提出放弃以言表意概念或以言表意行为概念。

塞尔的主要论点已经为 L. J. 科恩采用(Cohen 1964:426 - 427;也可参见 Hare 1971:107 - 108)。这个主要论点如下:假如像奥斯汀暗示的那样,话语的以言表意行为意义包括由所说出句子传达的语用标示,从而以言施事语力与句子语气相关联,那么,说出带有某个以言表意行为意义的句子就自动地说出带有某个语力的句子。每个以言表意行为从而就是一个以言施事行为,奥斯汀的区分也就不复存在了。确实,我们可以很容易地观察到,按照奥斯汀的观点用于转述表意行为或以言表意行为的表达式——"他说猫在席上""他让我滚出去""他问我到底是在牛津还是在剑桥"——与以言施事行为的描述语存在怪异的相似性。这些表达式根本不像那些用于转述出语行为的表达式("他说:'猫在席上'",诸如此类)。但是,很难将这些表达式与用于转述以言施事行为的表达式区分开来。按照塞尔的观点,造成这个困难的原因很简单。如果以言表意行为的描述语不能与以言施事行为的描述语清晰地加以区分,这是因为同奥斯汀主张的相反,这些行为之间不存在差异:以言表意行为是以言施事行为。

塞尔将下述论证归于奥斯汀,这个论证旨在表明,以言表意行为与以言施事行为确实是不同的。假定说话者说出"往下继续"(出语行为)这个句子。在这样做时,说话者实施以言表意行为,该行为包括告诉听话者往下继续。然而,尽管知道说话者告诉听话者往下继续,但我们仍然不知道说话者实施了什么以言施事行为。说话者可能在乞求、命令或请求听话者往下继续,等等。因此，对以言施事行为的描述与对以言表意行为的描述并不相同：

> 出语行为：S 说"往下继续"。
>
> 以言表意行为：S 告诉 H 往下继续。
>
> 以言施事行为：S 乞求 H（命令 H，等等）往下继续。

针对这个论述，塞尔的回应是，"S 告诉 H 往下继续"和"S 命令 H 往下继续"这两个表达式都描述以言施事行为。像任何其他东西一样，以言施事行为能够以不同的精确程度描述。"S 告诉 H……"和"S 命令 H……"这两个描述是对同一个以言施事行的不同描述，正像"梗类犬"与"狗"是对同一动物的不同描述一样（Searle 1968：149）。由于句子意义包括以言施事语力的标示，说出带有某个意义的句子始终是说出带有某个语力的句子；不存在任何不同时也是以言施事行为的以言表意行为。但是，由句子标示的语力通常是可确定的一般性语力。说话者在说出"往下继续"时，其所言的以言表意行为意义只标示话语的"一般性"以言施事语力；因此，他做出的以言表意行为转述是一般性以言施事行为的转述（"S 告诉 H 往下继续"）。奥斯汀称作"以言表意"行为的行为——诸如言说、告诉、询问——从而是**一般性**以言施事行为，这些行为与诸如下述**具体的**以言施事行为相对：警告、乞求、建议，等等。奥斯汀错误地将"以言施事行为"这个术语专门留作指称这些行为。这两种行为都借由说出带有某个语力的句子实施。两者的不同只是在于，在转述"以言表意"行为中描述的以言施事语力是一般性或可确定的语力，该语力在句子层面标示；而在转述"以言施事行为"中描述的以言施事语力是具体的语力，这个语力不仅由句子的语言意义决定，而且由语境显示的说话者意向决定。

这样地加以解释，以言表意/以言施事的区分就简约为众人熟知的句子意义与说话者话语意义的区分；这"只是字面意义与意在表达的意义、句子意谓与说话者说出话语的意谓之间区分的一个特例;这个区分同以言施事语力的普遍理论并无特别相关性。究其原因,这是因为意在传达的以言施事语力仅是一个方面(涵义与指称是其他方面),在语力这个方面,意在表达的说话者意义可能超乎句子的字面意义"(Searle 1968:149)。正如塞尔所强调的,说话者意义不超乎说出句子的语言意义,这种情况非常罕见。例如,假若我说"你又见部长了吗?"只有语境能告诉你我心中想到的是哪位部长——比如,法国农业部长,或者塞内加尔外交部部长。同样,如果我告诉你往下继续(以言表意行为)唯有语境能够表明我是在准予你、忠告你,还是在命令你(以言施事行为)。因此,奥斯汀的区分不仅模糊不清,而且平淡无奇。由于这个区分错误地暗示以言表意行为与以言施事行为是两种独立类型的行为,所以,彻底放弃这个区分、回到句子意义与话语意义这一更加传统的区分(无论怎样,奥斯汀的区分简约为这个更加传统的区分),我们会做出更好的阐释。

第57节　奥斯汀的三元组与斯特劳森的解释

塞尔的论断是,以言表意与以言施事的区分简约为句子字面意义与语境确定的话语意义之间的区分。他的这个论断站不住脚,因为该论断隐含表意意义或以言表意行为意义与句子意义完全同一。然而,正如我们在第53节中看到的那样,奥斯汀确实区分句子意义与话语意义,而他只将话语意义认同于表意意义或以言表意行为意义,而并不将句子意义认同于这种意义。对于奥斯汀而言,句子意义是其出语意义,是语子的"可确定的"意义(正如弗格森所言,是其"表意行为潜势")。话语意义是在表意行为中归于语子的"确定的"意义。在表意层面归赋意义在于为带有多重涵义的表达式消除歧义,并且将指称对象派赋给语子的指称性表达式(更不用说斯珀伯与威尔逊所说的"充实"了)。假如听话者看来没有理解说话者意在归赋给语子的表意意义,说话者可以澄清这个双重操作,比如,通过像"我说的'靠不住的人'意指骗子,我说的'那个坏蛋'指的朱尔斯"这种评述加以澄清。正像弗格森指出的那样,在由发语意义(也就是说由句子意义)确定的限度内,表意意义由说话者意向决定。因此,塞尔暗示的将表意意义或以言表意行为意义认同于句子意义完全歪曲了奥斯汀的意图。

当然,同话语的命题内容不同,在表意层面或以言表意行为层面,话语"语力"是可确定的而非确定性的,这一点依然是正确的。将以言表意行为与发语行为区别开来的是语境对内容的具体规定,而将以言施事行为与以言表意行为区别开来的是语境对语力的具体规定(即把我们从"他告诉我……"带到"他命令我……"的东西)。这仿佛奥斯汀在语用意义与描述意义之间建立了一个非对称关系,在这个过程中试图区分三个意义层面而非两个意义层面:①出语层面,亦即,句子意义,包括"以言施事语力潜势"和"命题内容潜势";②以言表意层面,在这个层面,命题内容而非语力在语境中得到具体规定;③以言施事层面,在这个层面,具体语力得以确定。无论怎样,这是斯特劳森(Strawson 1973)对奥斯汀的解读。按照他的解读,以言表意层面与发语层面由以下事实加以区分,即(同在发语层面上出现的情况相反)在以言施事层面上命题内容是确定的。(同在以言施事层面上出现的情况相反)以言表意层面由下述事实区别于以言施事层面:在以言表意层面,语力**不**是确定的。以言表意行为意义不包括话语确定的以言施事语力,然而这种意义由以下事实区别于语用中性的命题内容,即以言表意行为意义至少包括由句子的句法类型传达的大致的语用标示。对奥斯汀概念的这种解释在于"至少在所言的以言表意行为意义中"包括"冠以诸如**陈述**类、**祈使**类、**疑问**类以及或许再加一两项这种名目的对所言的**大致**分类。这会使以言表意行为意义大大超乎有限的涵义与指称,同时又使之普遍地不足以完全成为以言施事语力"(Strawson 1973:55)。

斯特劳森强调,以这种方式理解,以言表意行为意义概念并不像可能看起来那样新颖。将话语表达的命题认同于话语的描述性内容,如今是很普遍的。

但是,"命题"还有另一层涵义,与弗雷格所说的"思想"之意谓更加接近。在这第二个涵义上,命题(或思想)是真值的载体。不过,我们不应当说,发出命令或指令的人借此言说了某种成真或成假的东西,尽管其话语(比如,"约翰,现在买单")显然具有描述性内容——亦即,与陈述话语"约翰即将买单"具有相同的描述性内容。如果承认,借由"约翰,现在买单"不言说任何成真成假的东西,那就也得承认,这句话不表达第二个涵义上的命题,不表达思想。不过,这句话却在第一个涵义上(即描述性内容)表达一个命题。确实,弗雷格认为,与陈述性话语不同,祈使性话语尽管显然具有描述性内容、表征事态,但不表达任何"思想"。第二个涵义上的命题不只是描述性内容,而且是以某个语气(即陈述语气)表达的描述性内容。① 以祈使语气表达的描述性内容不是这个意义上的命题,而是斯特劳森称作"祈使"的不同东西。"加加林将登月"这句话表达命题加加林将登月,而"加加林,登月"表达祈使加加林应登月。按照斯特劳森对奥斯汀的解释,这个命题与这个"祈使"构成这些话语各自的以言表意行为意义。因此,正如奥斯汀暗示的那样,以言表意行为意义拥有语用元素,但并不包括完备的以言施事语力:加加林将登月这个命题可以带有陈述、预言、警告等语力得以表达。同样,加加林登月这个祈使可以带有祈祷、劝告、命令等语力表达。因此,实施以言施事行为就是表达带有确定语力的以言表意行为意义。图 10 概括了斯特劳森关于以言表意行为与以言施事行为之区分的解释(Strawson 1973:60)。

与我描述的前面两种关于以言表意行为意义的解读("命题性"解读与塞尔的解读)不同,这个解读与奥斯汀的文本相容。现在出现的问题是,这样解释的以言表意行为意义概念是否合理。我们是否想要在句子意义(命题内容

---

① 弗雷格在其论述涵义与指称的论文中,将由陈述句表达的思想与由祈使句表达的命令或请求相对立。"命令、请求确实不是思想,但却与思想处于同一层面"(Geach & Black 1960:68)。后来,在其《逻辑研究》中,弗雷格也允许一般疑问句表达思想。

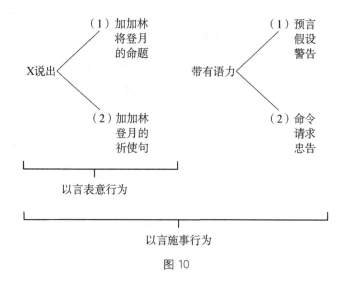

图 10

潜势加上以言施事语力潜势)与完备的话语意义（命题内容加上以言施事语力）之间，引入一个意义中间层面，包括潜在的可确定以言施事语力与一个确定的内容？斯特劳森解释的奥斯汀三元组是否优越于传统的二价观？

乍看起来并非如此。正如 L. J. 科恩（Cohen 1964:429,440）所指出的那样，正像意义的其他方面一样，语力也是意义的一个方面。奥斯汀的观念在不同意义维度之间引入了不对称性，将语境中确定以言施事语力置于一个层面，而将在语境中确定描述内容置于另一个层面。① 为了证明这个非对称性的合理性，就必须表明，（例如）为了确定话语具体的以言施事语力，就必须确定话语的命题内容。但这看来并不符合事实：我完全可以依靠语境确定你在向我下达命令，却并不理解究竟你在向我下达什么命令。施事语力的具体确定并不预设命题内容的具体确定，就像命题内容的具体确定并不预设以言施

---

① 在后来的一篇论文中，科恩（Cohen 1974:197-198）采取了一种略为不同的立场，提出施事语力在语境中除歧在许多方面不同于内容在语境中除歧，这也许证明奥斯汀之非对称性的合理性。然而，这个论证的效度被下述观点减弱了，即内容除歧的概念本身是异质性的。正如科恩所言，消除指示性歧义，或者更加普遍地消除指称性歧义，与消除句法性歧义或词汇歧义几乎没有什么相似之处。

事语力的具体确定一样。这就给我们留下了如下选择：要么奥斯汀在句子意义与话语意义之间引入一个中间意义层面似乎没有得到任何证实，是错误的；要么我刚才按照斯特劳森的阐释提供的关于奥斯汀的三层面意义理论阐释是不正确的。在我们推断奥斯汀是错误的之前，我们应当追问奥斯汀的三元组理论是否可以通过另一种解释而得到辩护。

第 58 节　奥斯汀三元组与间接言语行为

让我们先从做出两个重要区分入手：其一，句子的语言意义与说话者借由该句子之话语表达的所言之间的区分；其二，说话者所言与说话者话语所传达的内容之间的区分。自格赖斯关于会话含义的研究以来（Grice 1975），第二个区分得到广泛了解。当说话者所传达的内容超乎说话者所言时，这个区分就具有相关性。由于这两个区分共有一个术语，我们一共有三个术语——句子意谓、说话者所言、说话者所传达的内容。我们现在想要知道这三个术语同奥斯汀的三元组有何关系。

奥斯汀关于出语意义与表意意义或以言表意行为意义的区分等值于句子意谓与说话者所言之间的区分。同时，数位哲学家指出，以言表意/以言施事之间的区分与所言与所传达的内容之间的区分存在相似性。塞尔（Searle 1968：157，注 14）提出，奥斯汀在对比以言表意与以言施事话语时，也许在考虑一个类似于格赖斯所做的区分，而斯特劳森（Strawson 1973：48 - 49）将以言施事语力与会话含义置于同一层面；按照斯特劳森的观点，这是意义的两个成分，添加到说话者所言上时，就构成了话语的完整意义。最后，科恩坚持认为，意义与语力之对立看来证明合理的极少情形是实施间接言语行为的情形。例如，"我想知道现在是什么时间"具有发问的语力，这个语力绝不可能属于话语意义，而是由话语意义以间接方式传达的（Cohen 1964：436 - 438）。

这样看来,这个三向区分有助于理解奥斯汀的三元组。

依循这条路径可能有助于我们在塞尔的评述上添加一个可接受的结构,大意为:以言表意/以言施事区分简约为句子意义与说话者话语意义的区分。这是因为塞尔使用后面这个区分以涵盖两种不同的东西。塞尔在《奥斯汀论以言表意行为与以言施事行为》中说,涵义与指称是两个"方面…… 在这两个方面,说话者意在传达的意义可能超乎句子的字面意义"(Searle 1968:149)。他这样说时,将句子的字面意义认同于句子"可确定的"语言意义,而将说话者意在传达的意义认同于说话者在说出这个句子时的所言(比较 Forguson 1973:179)。但是,在《间接言语行为》中,他称作"句子意义"的东西是说话者字面地言说的东西,他所称的"说话者话语意义"是说话者实际上传达的内容:

> 仅举几例,在暗示、影射、反语与隐喻中,说话者的话语意义与句子意义以各种方式相分离。这种实例中很重要的一类是,在这种实例中,说话者说出一个句子,意谓其所言,但还意谓某些别的内容。例如,说话者可能说出句子"我想让你做此事"而请求听话者做某件事情。[Searle 1975a:59]

在这个例子中,说话者说出一个拥有可确定意义的句子:"我"可以代表任何说出这个句子的说话者,"你"可以代表对之说出这个句子的任何听话者,"此事"可以代表说出这句话之前可能提及或暗示的任何行为。此外,说话者将一个确定的意义赋予这个句子,从而言说某事;(例如)他说自己(朱尔斯)想让听话者保尔实施刚才谈到的行为,亦即,把垃圾拿出去的行为。最后,朱尔斯在言说自己想要保尔把垃圾拿出去时,意在间接地要求他做此事。说话者的所言超乎所说出句子所意谓的内容,说话者意在传达的内容超乎其所言;说话者具体地意在请求保尔把垃圾拿出去。为此目的,说话者通过说出仅仅意谓说话者想要听话者做某事的一个句子,以告诉保尔自己想让他做此事。

塞尔利用这个例子以例示说话者所传达的内容与其所言之间的差异,将句子的语言意义搁置一旁;与其先前的术语相矛盾,他把说话者所言称作"句子意义",将说话者所传达的内容称作"话语意义"。

在一定程度上,这两个区分具有相似性。塞尔不加区别地采用句子意义/话语意义这对术语指称这两个区分。正像说话者可以言说比说出的句子所意谓的更多的内容一样,说话者可以传达比其所言更多的东西。但还存在一个不同,这可以通过比较塞尔的两篇论文看到。在《奥斯汀论以言表意行为与以言施事行为》中,话语意义(即说话者所言)是句子意义的函数。在由句子意义决定的限度内,话语意义可以超乎句子意义。句子意义实际上标赋一个"视域",划定说出某个句子的话语可能具有的表意意义空间。但是,在《间接言语行为》中,话语意义(即说话者传达的内容)不受制于这个约束;说话者所传达的内容可能以不由所言决定的方式超乎所言。

我们看到,以言表意/以言施事的区分不能简约为第一个涵义上的句子意义/话语意义的区分,亦即,不能简约为句子意谓与该句子话语的所言之间的区分。对于奥斯汀而言,以言表意行为意义实质上是说话者所言,而非说出句子("语子")的意谓。现在的问题是决定奥斯汀关于意义与语力的区分能否简约为**第二个**涵义上的句子意义/话语意义的区分,亦即,能否简约为说话者所言与说话者传达的内容之间的区分。如果能,那么,奥斯汀的三元组(出语意义/以言表意行为意义/以言施事语力)就是句子意谓、说话者所言与说话者所传达的内容之间三向区分(如图 11 所示)的一例。

句子的语言意义	所言	所传达的内容
第一种涵义上的"句子意义"	第一种涵义上的"话语意义"＝第二种涵义上的"句子意义"	第二种涵义上的"话语意义"
出语意义	以言表意行为意义	以言施事语力

图 11

乍一看,奥斯汀的三元组似乎确实对应于塞尔例子中我们区分的三个层面的意义。我们也许可以用奥斯汀的术语重述我们对这个例子的分析:说话者说出句子"我想要你做此事"(出语行为);在说出这个句子时,说话者说想让保尔把垃圾拿出去(以言表意行为);在这样说时,他请求听话者做此事(以言施事行为)。以言表意行为在于说出带有语境中确定意义的句子,以言施事行为在于以某个语力表达这个意义。在这个实例中,即以请求的语力表达该意义。

然而,对奥斯汀的这一解读是不能接受的。正如科恩所指出的那样,这隐含着只有间接以言施事行为才应当与以言表意行为加以区别。因而这就将以言表意/以言施事的区分简约为直接言语行为与间接言语行为之间的区分。直接言语行为与句子的以言施事潜势相契合,间接言语行为通过直接行为实施。在塞尔的例子中,说话者实施了**两个**以言施事行为:他告知听话者希望后者将垃圾拿出去。通过这个直接以言施事行为,说话者间接地让他做此事。基于对奥斯汀的这个解读,正是这个直接以言施事行为称作"以言表意行为":

- **说话者说"我想让你做此事"**(出语行为)。
- **说话者说他想让听话者把垃圾拿出去**("以言表意"行为＝直接以言施事行为)。
- **说话者要听话者把垃圾拿出去**("以言施事"行为＝间接以言施事行为)。

这样,将奥斯汀的三元组简约为句子意谓、说话者所言与说话者所传达的内容之间的三向区分相当于将出语意义认同于句子的以言施事行为潜势,将以言表意行为意义认同于从该潜势中可以获得的那些行为中选出的以言施事行为在语境中的具体规定,将"以言施事行为"这个术语留给那些以言施事行为,这些行为虽然不属于句子的以言施事行为潜势,却通过话语得到实施。这样地加以解释的以言表意/以言施事之区分存在一个主要的缺陷。开始作为以言施事行为与另一种行为之间的区分,结果证明只不过是两种以言施事行为之间的区分,即那些被"标示"的行为(即语义上与行为借以实施的句子相关联的行为)与不带标示地得以实施的行为之间的区分。

第 59 节　以言施事行为:得以标示与/或得以实施

我们刚才讨论的解释尽管不充分,但却让我们步上正确的轨道。我们不想把"以言施事行为"这个术语仅仅留作指称那些不被标示地实施的以言施事行为(即那些在语义上并不关联于用于实施这些行为之话语的行为)。但是,我们也许可以为那些得到标示的行为保留"以言表意行为"的名目。可以肯定,这个举措如果导致每个以言表意行为均为以言施事行为的主张,那就必须加以排除。这是因为那样的话以言表意/以言施事的区分就会不复存在。但真地会出现这个后果吗? 将"以言表意行为"认同于"标示的以言施事行为"是否蕴含每个以言表意行为皆为以言施事行为? 人们可能倾向于做出肯定的回答,但依我看这是错误的。

这个倾向通过以下论述加以论证:我如果口袋里有一只白鼠,那我口袋里就有一只老鼠,因为白鼠是老鼠。同样,说话者如果实施了一个以言表意行为,以言表意行为是标示的以言施事行为,那么,说话者就实施了一个以言施事行为,因为标示的以言施事行为是以言施事行为,正像白鼠是老鼠一样。因此,将以言表意行为认同于标示的以言施事行为,其结果是实施以言表意行为就是实施以言施事行为,从而这两种行为的区分也就不复存在。

在我看来,这个论证并不令人信服,因为"标示的"是一个内涵谓词,与"白色的"大不相同。考虑一下另一个内涵谓词"彩绘的"。如果我的起居室里有我女儿彩绘的一头独角兽,并不能据此说我的起居室里有一头独角兽,其具有说服力的理由在于,独角兽不存在。彩绘的独角兽不是独角兽,而是彩绘的独角兽画(Goodman 1949:70)。正像可以有彩绘的独角兽而不存在独角兽那样,可以有标示的以言施事行为而**不存在**对应的以言施事行为。这意味着说话者的话语可能标示某个以言施事行为的实施,而该行为并没有实际地实施。据此而论,我们可以将表达式"以言表意行为"用于标示的以言施事行为作为标示的以言施事行为,而不必放弃以言表意/以言施事的区分。按照这个观点,说某个说话者实施某个以言表意行为 x,就是说借由其话语的意义,说话者**将自己呈现为实施**以言施事行为 x。但是,当然,这并不隐含说话者实际地实施了这个以言施事行为;这甚至都不隐含存在一个他实施的以言施事行为。

如此地加以解释,以言表意行为概念在说话者不实施其话语标示实施的以言施事行为时,尤其具有相关性。我们已经遇到过这种实例(参见第50、51节)。如果我反语性地说"亨利真大方",而事实上亨利刚刚表明自己很吝啬,我实际上并没有实施我假装实施的以言施事行为,我将自己呈现为实施该行为。我实施表演断言亨利大方这个以言施事行为的(以言表意)行为;这个以言施事行为的实施在语义层面上得到标示;但在语用层面,该行为没有得到实施,就像彩绘的独角兽在现实中并不存在一样。

假如我们接受下述观点,即奥斯汀的"以言表意行为"只不过是标示的以言施事行为,或者更加确切地说,是**标示**实施某个以言施事行为(无论是否实际地实施)的行为,那么相反,奥斯汀的"以言施事行为"必定是实际地**实施**的以言施事行为,无论该行为是否得到标示(即语义上关联于行为借以实施的话语)。于是,奥斯汀的以言表意/以言施事之区分的合理性可以通过以下论述证明:由于存在语义上标示而并未实际地实施的以言施事行为以及语义上未予标示却得到实施的以言施事行为,因此,区分标示的以言施事行为(=以言表意行为)与实施的以言施事行为(=名副其实的以言施事行为),也就是说,区分言语的**语义**层面与**语用**层面,是完全合理的。

至此,我们可能要问,这个解释是否与奥斯汀的论说一致。事实上看来
并不一致。奥斯汀说,以言表意行为在于说出带有语境中确定意义的句子,
而以言施事行为则在于额外带有某个"语力"表达这个意义。但按照我们的
解释,就不清楚奥斯汀为何将语力限于以言施事行为层面,因为语义上关联
于话语的以言施事行为和实际上实施的以言施事行为两者都拥有某个语力
与某个内容。因此,在以言表意层面应当有语力,在以言施事层面应当有语
力,前一种语力是语义上与话语关联的语力,后一种语力是实际不传达的语
力。那么,奥斯汀为何只将语力单独与以言施事行为相关联? 难道这个立场
与我刚才对其观点的解释不相矛盾吗? 正如我们将在下一节中看到的那样,
这并不矛盾;表面上的矛盾源于"语力"这个词的歧义性。

第 60 节　语力、行为实施标示与语气标示

语力概念回溯到弗雷格。像其他许多人那样,弗雷格区分领会一个思想
与将之判断为成真。在语言层面上,在表达思想与断言思想之间存在一个对
应的区分。所断言的思想是以断言性"语力"表达的思想。

按照达米特对这个区分的解释(Dummett 1973,第 10 章),陈述性话语表达
的思想大致对应于我说的描述性内容。因此,陈述性话语表达的思想在语用上
是中性的:陈述性话语与祈使性话语可以拥有相同的内容(表达相同的思想);
在这种情形下,两者的不同只在于其语力,一者为断言,另一者为指令。

这个解释并不符合弗雷格的观点,即祈使性话语不同于陈述性话语,祈
使性话语不表达思想。正如斯特劳森所强调的(Strawson 1973:58 - 59),弗
雷格式思想不能简约为描述性内容,因为描述性内容在语用上是中性的,因
而为陈述性话语与非陈述性话语所共有。但达米特决定修正弗雷格的观点,

主张祈使性话语和其他非陈述性话语确实表达思想。达米特为其主张进行辩护,提出弗雷格-斯特劳森观点(按照这个观点,"正像断言句表达思想那样,疑问句表达发问,祈使句表达命令,希求句表达祝愿")是"肯定错误的",至少当结合弗雷格关于所表达的思想与表达思想所带有的语力之区分加以理解时如此(Dummett 1973:307)。

在此,达米特佐证其观点的一个论证尤为有趣。他隐含如果唯独只有陈述句能够表达思想——从而如果弗雷格式思想不是语用上中性的——那么,弗雷格用以标示思想带有断言语力得到表达的断言符号就会成为多余,因为思想始终会具有断言语力,从来不会具有疑问语力或指令语力(Dummett 1973:308)。这个论述与科恩、塞尔以及海尔用于表明奥斯汀关于意义与语力的区分不能成立的论述很接近。他们提出,按照奥斯汀的定义,以言表意行为意义已经包括以言施事语力的标示。这个论证是错误的,表明这一点将有助于理解奥斯汀将语力专门与以言施事行为相关联的理由,尽管存在与以言表意行为相关联的语力,亦即,话语语义地标示的以言施事语力。

达米特的论述是错误的,因为"语力"这个词是歧义的。R. M. 海尔两次指出了这个词的歧义性——或者,更加确切地说,弗雷格与罗素用于标示断言语力的符号的歧义性——一次是在其 1950 年的学位论文中,另一次在二十年之后发表的论文《意义与言语行为》中。

在"|-p"这个式子中,"p"代表语用上中性的命题内容,断言符号"|-"标示命题 p 带有断言语力表达。按照海尔的观点,这个式子有两个功能。第一个功能是标示语气。句子(1)和(2)海尔用作例子(Hare 1949:7),这两个句子具有相同的描述性内容——表达同一个命题①——但却不具有相同的

---

① 也许可以认为,这两句话并不表达同一个命题,理由是,代词"你"和"她"尽管具有相同的指称,但并不具有相同的弗雷格涵义。我自己的观点是,只有[卡普兰(Kaplan 1977)意义上的]指示词语的指称在使包含这种词语的话语所表达的命题个体化中发挥作用。无论怎样,眼下的论述根本不依赖这一点。因此,我们在这个语境中可以假定(1)与(2)表达同一个命题。

语气：

  (1) 玛丽，请带布莱德加斯特夫人到她房间去。

  (2) 玛丽将带你去你的房间，布莱德加斯特夫人。

我们可以用"|-p"表征(2)，而用"! p"表征(1)。这样使用的符号"|-"和"!"即语气标示语，海尔用的术语是"tropics"（Hare 1970）。这些符号所传达的是句子通常用于实施的以言施事行为类型。

  除了作为语气标示的功能，断言符号还具有"命题标示"的功能。该符号标示说话者"接受"的他以某种语气表达的命题（即他实际上实施的由语气标示的以言施事行为类型）。考虑一下下面这些例子：

  (3) 保尔说玛丽将带你去你的房间，布莱德加斯特夫人。

  (4) 如果玛丽带你去你的房间，布莱德加斯特夫人，我就离开。

  (5) "玛丽将带你去你的房间，布莱德加斯特夫人。"如果这是你所
  认为的，我要说，你错了。

在这些例子中，玛丽将带布莱德加斯特夫人去她的房间这个命题以陈述语气表达而没有实际地被断言。在(3)中，内嵌小句所表达的命题没有被断言（即呈现为成真），而只是作为保尔说的话加以**提及**。一般而言，为了使以陈述语气表达的命题得到断言，表达该命题的句子必须独立地说出。像在(4)中那样，当句子作为条件句的前件时，所表达的命题尽管不是提及，但也不被断言；该命题呈现为一个假设，基于该假设，可能得出某个推论。只有推论关系是断言的。然而，一个命题要得到断言，仅仅独立地说出句子还不够，这正如可以从例(5)看到的那样。例(5)像例(3)一样，是一个提及的例子，尽管"玛丽将带你去你的房间，布莱德加斯特夫人"这个句子是单独地说出的。例(5)

中的引号标示命题(或者也许是表达命题的句子)被提及,而没有被断言。但是,正如我们在第51节中看到的那样,即使没有引号也可以有提及。例(6)我从杜克罗特那里借用。在这个例子中,单个命题表达了两次,首先断言,然后提及,提及并没有用引号标示:

> (6) ——你是个傻瓜。
>
> ——哦,我是傻瓜!多谢你!

例(3)~(6)表明,命题可以用某个语气标示——以某个语气——表达,但却不带有行为实施标示。具体地说,在(6)中,说话者"说……"他是傻瓜,但并不接受其所言。借由陈述语气标示,他的话语是"说……"(而非"告诉……")的例子,但不是真正的断言——这句话缺少行为实施标示(即海尔称作neustic的东西)。

当哲学家开始对非陈述性话语产生兴趣时,断言符号的"语气标示"功能就变得显见了[例如参见莱欣巴赫(Reichenbach 1947,§57),他将断言符号"|-"同祈使符号"!"以及疑问符号"?"加以对比]。但是,弗雷格和罗素并不对非陈述性话语感兴趣。他们将断言符号用以把以陈述语气表达的命题区分为实际地断言的命题与没有实际地断言的命题。对他们而言,断言符号起着行为实施标示的作用——标示说话者接受其所言。罗素将之定义如下:

> 符号"|-"称作"断言符号",意谓其后接内容被断言。区分我们断言的完整命题与命题中包含但未被断言的任何从属命题,就需要这个符号。在日常书面语中,句号之间包含的一个句子指表一个被断言的命题,否则,书中就存在错误。在我们的符号体系中,前缀于命题的符号"|-"起着这个相同的作用……前面不带符号"|-"陈述的命题没有被断言,仅仅提供考虑,或者作为断言命题的从属部分。[Whitehead &

Russell 1910:8]

弗雷格从他的角度指出,陈述句可能并不始终具有断言性"语力",这个语力
由断言符号代表:

> 当我们不当真地说话时,就出现了这个情况。正像戏台上的雷声只
> 是虚假的雷声,戏台上的打斗只是虚假的打斗,不当真的断言只是虚假
> 断言。这只是一种表演,只是虚构。演员在扮演角色时,不断言任何东
> 西;即使他言说某个东西他相信是假的,他也不在撒谎。在诗歌中,我们
> 拥有的实例是表达了思想,却不将之呈现为成真的,尽管句子采用了断
> 言形式……因此,甚至关于以断言句子形式所呈现的东西,该句子形式
> 是否真正包含断言,这个问题依然会出现。如果缺少必需的当真性,这
> 个问题必须做出否定的回答。[Frege 1977:8]

按照弗雷格的观点,陈述句形式的作用是语气标示,标示句子借由语言
的语义规约而实施的以言施事行为类型。但是,话语要具有断言的语力,说
出的句子包含陈述语气标示还不够。说话者必须是当真的,并且**实际地实施**
句子通过语气标示而语义上相关联的以言施事行为。因此,达米特将断言语
力等同于句子意义的一部分,借由这部分意义,句子"规约性理解为表达一个
断言,而非表达(例如)命令"(Dummett 1973:302)。达米特的这一做法是错
误的。究其原因,在刚才引用的那段文章中,弗雷格的观点恰恰是话语的**语
力**超乎话语的**意义**。借由其陈述形式,话语很可能让人理解为具有断言的语
力;可是,这并不意味着话语事实上就具有这个语力。正如科林·麦金在反
驳达米特对弗雷格的解释时所述:

> 不可能是句子**本身**的任何特征赋予其话语以所需的语力,否则,其

话语就会始终不变地被认为具有该语力。语气无疑通常规约性地**标示**语力，但语气不能**确保**语力。语力是言语行为的性质，语气是句子的性质。[McGinn 1977：303]

据此而论，即使弗雷格思想不是语用中性的，而是包含陈述语气标示，在思想符号"p"前面加上断言符号"⊢"也不是多余的，因为该断言符号现在是一个简单的实施行为标示。在式子"⊢-p"中，"p"就会既代表描述性内容，又代表陈述语气；"⊢-"就会标示说话者的"当真性"，他"接受"所表达的思想。

奥斯汀的"语力"概念同弗雷格的概念十分接近。奥斯汀在说话语具有诸如断言的语力时，意谓说话者有效地实施了断言的以言施事行为，而非话语借由与句子的陈述语气相关联的语用意义将自己呈现为断言。① 奥斯汀煞费苦心地区分话语标示的语力与话语的实际语力。像弗雷格一样，奥斯汀将"语力"这个术语留作指称话语的实际语力。因而就容易明白为什么按照奥斯汀的观点，语力与以言施事行为关联，而不与以言表意行为相关联。无疑，在以言表意层面，在话语意义层面，话语标示实施某个以言施事行为，该行为由语力与内容组成。但是，在这个层面的话语语力是**标示的**以言施事语力，而非**实际的**以言施事语力。我们也许可以称作话语"以言表意"语力的东西是话语意义的一个方面，而奥斯汀称作"以言施事语力"的东西是语用现象，相对独立于意义。无论话语多么显化，对话语意义的了解永远不足以确定话语在这个意义上的以言施事语力。究其原因，在这个意义层面，当真性问题

---

① 这个观点从奥斯汀在罗约蒙分析哲学大会上的讲话中清楚地显现出来："像'我昨晚睡眠很不好'这种[话语]看起来完全是**事实性的**、完全是**述谓性的**，这种话语在**现实中**能够成为伪装的命令、请求、威胁吗？我的回答是：当然能。除了我们根据表达式的'意义'所理解的东西——我很清楚地意识到'意义'这个术语有多么地模糊不清，即使将其局限于普通的日常使用——我们始终具有我们可以称作(为了有个名字起见)'语力'的东西。我们始终能够将一个意义派赋……给像'我昨晚睡眠很不好'这样一个表达式，而不至接近在一个完全不同层面出现的问题：这是一个述谓性话语吗？这是一句抱怨吗？这是一个警告吗？这是一个威胁吗？不一而足。可以说，我们在此拥有第二个维度。"(Austin 1963：43，强调体为后加)

根本没有得以解决，而需要考虑语境。这是充分的证据，证明奥斯汀做出下述区分的合理性，即区分以言表意行为意义（该意义带有对话语以言施事语力有影响的标示）与话语实际的以言施事语力。①

弗雷格说，戏台上的断言缺乏真正断言的语力——那样的断言缺少行为实施标示。达米特（Dummett 1973:310 – 311）反对弗雷格的例子，指出戏台上的断言并不**缺**少任何东西：

> ［演员］不做出断言的原因并不在于他做得比断言**少**——比如，仅仅表达思想——而在于他比断言做得**多**——他在表演做出断言。［Dummett 1973:311］

达米特推断，戏台断言确实具有断言语力，通过**额外**成分的出现而区别于真正的断言。这个质疑看来部分地源于我在前面涉及"语力"这个词的歧义性时所提到的混淆。无论怎样，我认为，我们可以通过无疑是一种形而上学的方法，将达米特的论证颠倒过来，以证明弗雷格是正确的。如果以言表意/以言施事的区分具有相关性，正如我试图表明的那样，那么，真正的断言实际上是一种带有额外成分的戏台断言。实施以言表意行为的说话者是在表演做出断言；假如说话者真正接受其所言，并且认同自己扮演的戏剧角色

---

① 按照海尔（Hare 1970:93）的观点，语气标示赋予话语以语力"潜势"，该潜势可能实际地实现，也可能得不到实现。这个潜势的/实际的区分不应当同句子"可确定的"意义与话语"确定的"意义之区分相混淆。在某些实例中，话语归于自己的语力在以言表意层面可能已经是确定的（比如，假若句子包括高度具体的以言施事标示，或者语境使可能推导说话者呈现自己在实施的具体以言施事行为的性质），但只是在以言施事层面，在当真性问题解决之后，该语力才不再是（在第二个涵义上）潜在的了。

　　对奥斯汀关于以言表意/以言施事区分的这个解释使我们毕竟能够把在语境中具体确定话语内容与在语境中具体确定语力置于同一层面。因此，这就规避了按照斯特劳森所解释的奥斯汀之区分遭到的质疑。然而，斯特劳森的解释忠实于奥斯汀的文本。很有可能奥斯汀的文本意在将话语语力的语境确定与实际实现两者均置于以言施事层面。如果确实是这样，那么，奥斯汀在以言表意/以言施事的区分中，混淆了不是两个（参见第 55 节）而是三个独立的区分。

（用杜克罗特的术语说，"交际者"的角色），以言表意行为就成为奥斯汀意义上的以言施事行为。在以言表意意义上，言说某事就是表演实施以言施事行为；但是，人们假如希冀理解演员真正的语用活动，与其在戏台上扮演的人物相对，那么最好看看幕后。

参考文献

[1] Alston, W. P. (1964). *Philosophy of Language*. Englewood Cliffs, N. J. :Prentice-Hall.

[2] Alston, W. P. (1982). Review of Holdcroft (1978), *Noûs*, 16:623 – 626.

[3] Anscombe, G. E. M. (1963). *Intention*, 2nd ed. Oxford:Blackwell.

[4] Anscombre, J. – C. (1973). "Meme le roi de France est sage," *Communications*, 20:40 – 82.

[5] Anscombre, J. – C. (1979). "Delocutivite benvenistienne, délocutivité généralisée et performativité," *Langue française*, 42:69 – 84.

[6] Anscombre, J. – C. , and O. Ducrot (1976). "L'argumentation dans la langue," *Langages*, 42:5 – 27.

[7] Anscombre, J. – C. , and O. Ducrot (1983). *L'argumentation dans la langue*, Bruxelles:Mardaga.

[8] Armstrong, D. M. (1971). "Meaning and Communication," *Philosophical Review*, 80:427 – 447.

[9] Arnauld, A. , and P. Nicole (1683). *La Logique ou l'Art de penser*, 5th ed. , Paris: Desprez.

[10] Austin, J. L. (1946). "Other Minds," reprinted in Austin (1971). pp. 76 – 116.

[11] Austin, J. L. (1950). "Truth" reprinted in Austin (1971). pp. 117 – 133.

[12] Austin, J. L. (1952 – 1953). "How to Talk," reprinted in Austin (1971). pp. 134 – 153.

[13] Austin, J. L. (1954). " Unfair to Facts," reprinted in Austin (1971). pp. 154 – 174.

[14] Austin, J. L. (1963). "Performative-Constative," translated from French by G. J. Warnock, in C. Caton (ed.), *Philosophy and Ordinary Language*, Urbana: University of Illinois Press. pp. 22 – 54.

[15] Austin, J. L. (1971). *Philosophical Papers*, 2nd ed. , Oxford University Press.

[16] Austin, J. L. (1975). *How to Do Things with Words*, 2nd ed. , Oxford:Clarendon

Press.

[17] Authier, J. (1979). "Problèmes posés par le traitement du discours rapporté dans une grammaire de phrase," *Linguisticae Investigationes*, 3(2):211 - 228.

[18] Bach, K. (1975). "Performatives Are Statements Too," *Philosophical Studies*, 28: 229 - 236.

[19] Bach, K. , and R. M. Harnish (1979). *Linguistic Communication and Speech Acts*, Cambridge, Mass. :MIT Press.

[20] Bar-Hillel, Y. (1954). "Indexical Expressions," *Mind*, 63:359 - 379.

[21] Bennett J. (1976). *Linguistic Behaviour*, Cambridge University Press.

[22] Benveniste, E. (1958a). "De la subjectivité dans le langage," reprinted in Benveniste (1966). pp. 258 - 266.

[23] Benveniste, E. (1958b). "Les verbes délocutifs," reprinted in Benveniste (1966). pp. 277 - 285.

[24] Benveniste, E. (1963). "La philosophic analytique et le langage," reprinted in Benveniste (1966). pp. 267 - 276.

[25] Benveniste, E. (1964). "Les niveaux de l'analyse linguistique," reprinted in Benveniste (1966). pp. 119 - 131.

[26] Benveniste, E. (1966). *Problemes de linguistique générale*, Paris:Gallimard.

[27] Berlin, I. , et al. (1973). *Essays on J. L. Austin*, Oxford:Clarendon Press.

[28] Berrendonner, A. (1982). *Elements depragmatique linguistique*, Paris:Minuit.

[29] Blackburn, S. (1984). *Spreading the Word :Groundings in the Philosophy of Language*, Oxford:Clarendon Press.

[30] Bloch, O. , and W. von Wartburg (1968). *Dictionnaire étymologique de la langue française*, 5th ed. , Paris:PUF.

[31] Bourdieu, P. (1982). *Ce que parley veut dire. L'économie des échanges linguistiques*, Paris:Fayard.

[32] Brockway, D. (1981). "Semantic Constraints on Relevance," in H. Parret, M. Sbisà, and J. Verschueren (eds.). *Possibilities and Limitations of Pragmatics*, Amsterdam:j. Benjamins, pp. 57 - 78.

[33] Brown, P. , and S. Levinson (1978). "Universals in Language Usage:Politeness Phenomena," in E. N. Goody (ed.), *Questions and Politeness*, Cambridge University Press, pp. 56 - 289.

[34] Burks, A, W. (1949). "Icon, Index, and Symbol," *Philosophy and Phenomenological Research*, 9:673 - 689.

[35] Carnap, R. (1942). *Introduction to Semantics*, Cambridge, Mass. : Harvard University Press.

[36] Chomsky, N. (1966). *Cartesian Linguistics*, New York:Harper &. Row.

[37] Cohen, L. J. (1964). "Do Illocutionary Forces Exist?" reprinted in K. T. Fann (ed.), *Symposium on J. L. Austin*, London:Routledge &. Kegan Paul, 1969,

pp. 420 – 444.

[38] Cohen, L. J. (1974). "Speech Acts," *Current Trends in Linguistics*, 12: 173 – 208.

[39] Cornulier, B. de (1973). *Les incises en Français contemporain*, thèse de troisième cycle, Université de Provence.

[40] Cornulier, B. de (1975). "La notion d'auto-interprétation," *Revue de linguistique appliquée*, 19:52 – 82.

[41] Cornulier, B. de (1976). "La notion de derivation délocutive,"*Revue de linguistique romane*, 40(2):116 – 144.

[42] Cornulier, B. de (1980). *Meaning Detachment*, Amsterdam:J. Benjamins.

[43] Cornulier, B. de (1984). review of Recanati (1981). *Le Français Moderne*, 52(1 – 2):115 – 121.

[44] Cresswell, M. (1979). review of Lyons (1977). *Linguistics and Philosophy*, 3(2): 289 – 295.

[45] Davison, A. (1975). "Indirect Speech Acts and What to Do with Them," *Syntax and Semantics*, 3:143 – 185.

[46] Ducrot, O. (1969). "Présupposés et sous-entendus," *Langue Française*, 4: 30 – 43.

[47] Ducrot, O. (1972). *Dire et ne pas dire*, Paris:Hermann.

[48] Ducrot, O. (1973). *La Preuve et le Dire*, Paris-Tours:Mame.

[49] Ducrot, O. (1975). "Je trouve que," *Semantikos*, 1(1):63 – 88.

[50] Ducrot, O. (1977). "Illocutoire et performatif," *Linguistique et Sémiologie*, 4:17 – 53.

[51] Ducrot, O. (1980a). "Analyses pragmatiques," *Communications*, 32:11 – 60.

[52] Ducrot, O. (1980b). *Les Echelles argumentatives*, Paris:Minuit.

[53] Ducrot, O. , et al. (1980). *Les Mots du discours*, Paris:Minuit.

[54] Dummett, M. (1973). *Frege:Philosophy of Language*, London:Duckworth.

[55] Evans, G. (1982). *The Varieties of Reference*, edited by J. McDowell, Oxford: Clarendon Press.

[56] Fauconnier, G. (1979). "Comment contrôler la vérité," *Actes de la recherche en sciences sociales*, 25:4 – 22.

[57] Forguson, L. W. (1973). "Locutionary and Illocutionary Acts," in Berlin et al. , pp. 160 – 185.

[58] Fraser, B. (1975). "Hedged Performatives," *Syntax and Semantics*, 3:187 – 210.

[59] Frege, G. (1977). *Logical Investigations*, translated and edited by P. T. Geach and R. H. Stoothoff, Oxford:Blackwell.

[60] Furberg, M. (1971). *Saying and Meaning*, Oxford:Blackwell.

[61] Gardiner, A. H. (1932). *The Theory of Speech and Language*, Oxford:Clarendon Press.

[62] Gazdar, G. (1979). *Pragmatics*, New York: Academic Press.

[63] Geach, P. T. , and M. Black (1960). *Translations from the Philosophical Writings of Gottlob Frege*, 2nd ed. , Oxford: Clarendon Press.

[64] Ginet, C. (1979). "Performativity," *Linguistics and Philosophy*, 3(2):245 – 265.

[65] Goodman, N. (1949). "On Likeness of Meaning," reprinted in L. Linsky (ed.), *Semantics and the Philosophy of Language*, Urbana: University of Illinois Press, 1952, pp. 67 – 74.

[66] Green, G. M. (1973). "How to Get People to Do Things with Words," reprinted in *Syntax and Semantics*, 3(1975):107 – 141.

[67] Grevisse, M. (1969). *Le Bon Usage*, 9th ed. , Gembloux: Duculot.

[68] Grice, H. P. (1957). "Meaning" *Philosophy Review*, 66:377 – 388.

[69] Grice, H. P. (1961). "The Causal Theory of Perception," *Proceedings of the Aristotelian Society* [Suppl.] 35:121 – 152.

[70] Grice, H. P. (1967). *Logic and Conversation*, William James Lectures delivered at Harvard University (to be published by Harvard University Press).

[71] Grice, H. P. (1969). "Utterer Meaning and Intentions," *Philosophical Review*, 78: 147 – 177.

[72] Grice, H. P. (1975). "Logic and Conversation," *Syntax and Semantics*, 3: 41 – 58.

[73] Grice, H. P. (1978). "Further Notes on Logic and Conversation," *and Semantics*, 9:113 – 127.

[74] Grice, H. P. (1982). "Meaning Revisited," in N. Smith (ed.), *Mutual Knowledge*, London: Academic Press, pp. 223 – 243.

[75] Hare, R. M. (1949). "Imperative Sentences," reprinted in Hare (1971). pp. 1 – 21.

[76] Hare, R. M. (1950). *Practical Reason*, unpublished dissertation, University of Oxford.

[77] Hare, R. M. (1970). "Meaning and Speech Acts," reprinted in Hare (1971). pp. 74 – 93.

[78] Hare, R. M. (1971). *Practical Inferences*, London: Macmillan.

[79] Hedenius, I (1963). "Performatives," *Theoria*, 29:115 – 136.

[80] Hintikka, J. (1968). "Logic and Philosophy," in R. Klibansky (ed.), *Contemporary Philosophy*, Vol. I, Florence: La Nuova Italia, pp. 3 – 30.

[81] Holdcroft, D. (1978). *Words and Deeds*, Oxford: Clarendon Press.

[82] Hume, D. (1740). *A Treatise of Human Nature*, III, London: Longman.

[83] Kaplan, D. (1977). *Demonstratives*, draft #2, mimeograph, UCLA Department of Philosophy.

[84] Kasher, A. (1979). "What is a Theory of Use?" in A. Margalit (ed), *Meaning and Use*, Dordrecht: Reidel, pp. 37 – 55.

[85] Katz, J. J. (1972). *Semantic Theory*, New York: Harper & Row.

[86] Katz, J. J. (1977). *Propositional Structure and Illocutionary Force*, New York: Crowell.

[87] Katz, J. J., and P. M. Postal (1964). *An Integrated Theory of Linguistic Descriptions*, Cambridge, Mass. : MIT Press.

[88] Le Bidois, G., and R. Le Bidois (1971). *Syntaxe du français moderne*, 2nd ed., Paris: Picard.

[89] Lemmon, E. J. (1962). "On Sentences Verifiable by Their Use," *Analysis*, 22: 86 – 89.

[90] Letoublon, F. (1980). "Le vocabulaire de la supplication en grec: performatif et dérivation délocutive," *Lingua*, 52:325 – 336.

[91] Lewis, D. (1969). *Convention*, Cambridge, Mass. : Harvard University Press.

[92] Lewis, D. (1970). "General Semantics," reprinted in D. Davidson and G. Harman (eds.), *Semantics of Natural Language*, Dordrecht: Reidel, 1972, pp. 169 – 218.

[93] Lyons, J. (1977). *Semantics*, Cambridge University Press.

[94] McDowell, J. (1980). "Meaning, Commmiication, and Knowledge," in Z. van Straaten (ed.), *Philosophical Subjects: Essays Presented to P. F. Strawson*, Oxford: Clarendon Press, pp. 117 – 139.

[95] McGinn, C. (1977). "Semantics for Nonindicative Sentences," *Philosophical Studies*, 32:301 – 311.

[96] Montague, R. (1968). "Pragmatics," in R. Klibansky (ed.), Contemporary *Philosophy*, *Vol. I*, Florence: La Nuova Italia, pp. 102 – 122.

[97] Morgan, J. L. (1978). "Two Types of Convention in Indirect Speech Acts," *Syntax and Semantics*, 9:261 – 280.

[98] Morris, C. W. (1936). "Semiotic and Scientific Empiricism," in L. Rougier (ed.), *Actes du congrès international de philosophic scientifique*, Vol. I, Paris: Hermann, pp. 42 – 56.

[99] Morris, C. W. (1938). *Foundations of the Theory of Signs*, University of Chicago Press.

[100] Morris, C. W. (1946). *Signs*, *Language and Behavior*, Englewood Cliffs, NJ. : Prentice-Hall.

[101] Pap, A. (1962). *An Introduction to the Philosophy of Science*, Glencoe, 111. : Free Press.

[102] Recanati, F. (1978). "Performatifs et délocutifs: à propos du verbe *s'excuser*," *Semantikos*, 2(2 – 3):69 – 87.

[103] Recanati, F. (1979a). *La Transparence et l'Enonciation*, Paris: Seuil.

[104] Recanati, F. (1979b). "Encore un mot *d'excuse*," *Semantikos*, 3(1):27 – 34.

[105] Recanati, F. (1980). "Some Remarks on Explicit Performatives, Indirect Speech

Acts, Locutionary Meaning and Truth-Value," in J. R. Searle, F. Kiefer, and M. Bierwisch (eds.), *Speech Act Theory and Pragmatics*, Dordrecht:Reidel, pp. 205 – 220.

[106] Recanati, F. (1981). *Les énoncés performatifs:contribution à la pragmatique*, Paris:Minuit.

[107] Recanati, F. (1982). "Declaratif/non déclaratif," *Langages*, 67:23 – 31.

[108] Recanati, F. (1986). "On Defining Communicative Intentions," *Mind and Language*, 1 (3):213 – 242.

[109] Recanati, F. (1987). "Rigidity and Direct Reference," *Philosophical Studies*, 52: 53 – 67.

[110] Reichenbach, H. (1947). *Elements of Symbolic Logic*, New York:Macmillan.

[111] Sadock, J. M. (1970). "Whimperatives," in J. M. Sadock and A. Vanek (eds.), *Studies presented to Robert B. Lees by His Students*, Edmonton: Linguistic Research, pp. 223 – 238.

[112] Saussure, F. de (1971). *Cours de linguistique générale*, 3rd ed. , Paris:Payot.

[113] Schelling, T. (1960). *The Strategy of Conflict*, Cambridge, Mass. : Harvard University Press.

[114] Schiffer, S. (1972). *Meaning*, Oxford:Clarendon Press.

[115] Searle, J. R. (1965). "What Is a Speech Act?" in M. Black (ed.), *Philosophy in America*, Ithaca:Cornell University Press, pp. 221 – 239.

[116] Searle, J. R. (1968). "Austin on Locutionary and Illocutionary Acts," reprinted in Berlin et al. , pp. 141 – 159.

[117] Searle, J. R. (1969). *Speech Acts*, Cambridge University Press.

[118] Searle, J. R. (1975a). "Indirect Speech Acts," *Syntax and Semantics*, 3: 59 – 82.

[119] Searle, J. R. (1975b). "*A* Taxonomy of Illocutionary Acts," in K. Gunderson (ed.), *Language, Mind and Knowledge*, Minneapolis:University of Minnesota Press, pp. 344 – 369.

[120] Sperber, D. (1982). "Comments on Clark and Carlson's Paper," in N. Smith (ed.), *Mutual Knowledge*, London:Academic Press, pp. 46 – 51.

[121] Sperber, D. , and D. Wilson (1981). "Irony and the Use-Mention Distinction," in P. Cole (ed.), *Radical Pragmatics*, London:Academic Press, pp. 295 – 318.

[122] Sperber, D. , and D. Wilson (1983). *Relevance:Foundations of Pragmatic Theory*, mimeograph, UCLA Department of Linguistics.

[123] Sperber, D. , and D. Wilson (1986). *Relevance:Communication and Cognition*, Oxford:Blackwell.

[124] Stenius, E. (1967). "Mood and Language-Game," *Synthese*, 17:254 – 274.

[125] Strawson, P. F. (1964). "Intention and Convention in Speech Acts," reprinted in Strawson (1971). pp. 149 – 169.

[126] Strawson, P. F. (1971). *Logico-Linguistic Papers*, London: Methuen.

[127] Strawson, P. F. (1973). "Austin and 'Locutionary Meaning,'" in Berlin et al., pp. 46 – 68.

[128] Travis, C. (1975). *Saying and Understanding*, Oxford: Blackwell.

[129] Tugendhat, E. (1982). *Traditional and Analytical Philosophy: Lectures on the Philosophy of Language*, translated by P. A. Gomer, Cambridge University Press.

[130] Urmson, J. O. (1952). "Parenthetical Verbs," reprinted in C. Caton (ed.), *Philosophy and Ordinary Language*, Urbana: University of Illinois Press, 1963, pp. 220 – 240.

[131] Urmson, J. O. (1977). "Performative Utterances," *Midwest Studies in Philosophy*, 2: 120 – 127.

[132] Vanderveken, D. (1982). "Pragmatique, sémantique et force illocutoire," *Philosophica*, 27: 107 – 126.

[133] Vendler, Z. (1970). "Les performatifs en perspective," *Langages*, 17: 73 – 90.

[134] Vendler, Z. (1972). *Res Cogitans. An Essay in Rational Psychology*, Ithaca: Cornell University Press.

[135] Walker, R. C. S. (1975). "Conversational implicatures," in S. Blackburn (ed.), *Meaning, Reference and Necessity*, Cambridge University Press, pp. 133 – 181.

[136] Warnock, G. J. (1973). "Some Types of Performative Utterance," in Berlin et al., pp. 69 – 89.

[137] Warnock, G. J. (1981). "A Question About Illocutions," *Philosophia*, 10(3~4): 275 – 281.

[138] Waterston, G. C. (1965). *Une étude sémantique du mot "ordre" et [de] quelques mots de la même famille dans le français du Moyen Age*, Genève: Droz.

[139] Whitehead, A. N., and B. A. W. Russell (1910). *Principia Mathematica*, abridged edition, Cambridge University Press, 1962.

[140] Wiggins, D. (1971). "On sentence-sense, word-sense and difference of word-sense," in D. D-Steinberg and L. A. Jakobovits (eds), Semantics, Cambridge University Press, pp. 14 – 34.

[141] Wilson, D., and D. Sperber (1981). "On Grice's Theory of Conversation," in P. Werth (ed.), *Conversation and Discourse*, London: Groom Helm, pp. 155 – 178.

[142] Wittgenstein, L. (1953). *Philosophical Investigations*, Oxford: Blackwell.

术语表